"바보야, 문제는 돈이 아니라니까"

몸과 우주의 정치경제학

"바보야, 문제는 돈이 아니라니까": 몸과 우주의 정치경제학

발행일 초판5쇄 2020년 2월 15일(庚子年 戊寅月 戊子日) | **지은이** 고미숙 |
펴낸곳 북드라망 | **펴낸이** 김현경 | **주소** 서울시 종로구 사직로8길 24 1221호(내수동, 경희궁의아침 2단지) |
전화 02-739-9918 | **이메일** bookdramang@gmail.com

ISBN 979-11-86851-30-2 03100 | 이 도서의 국립중앙도서관 출판시도서목록(CIP)은 서지정보유통지원시스
템 홈페이지(http://seoji.nl.go.kr)와 국가자료공동목록시스템(http://www.nl.go.kr/kolisnet)에서 이용하실
수 있습니다.(CIP제어번호: CIP2016011319) | **Copyright ©** **고미숙** 저작권자와의 협의에 따라 인지는 생략했
습니다. 이 책은 지은이와 북드라망의 독점계약에 의해 출간되었으므로 무단전재와 무단복제를 금합니다. 잘못
만들어진 책은 서점에서 바꿔 드립니다.

책으로 여는 지혜의 인드라망, 북드라망 **www.bookdramang.com**

"바보야, 문제는 돈이 아니라니까"

몸과 우주의 정치경제학

고미숙 지음

BookDramang
북드라망

1.

나는 '길치'다. 낯선 곳은 말할 것도 없고, 식당이나 공원, 지하철 등 익숙한 장소에서도 늘 헤맨다. 거의 날마다 길을 잃고, 또 길을 찾는 셈이다. 그러다 보니 길을 잃었을 때의 적막과 다시 찾았을 때의 환희를 동시에 경험한다.

인생이라는 길도 다르지 않다. 남들은 뻔하다는 곳에서 나는 늘 헤맨다. 예를 들면, 뉴스나 통계를 보면 늘 살기가 팍팍하다고 한다. 그런가? 내가 보기에 우리나라는 정말 부자다. 단군 이래 의식주가 이렇게 풍요로웠던 적이 있었던가? 그런데도 왜 입만 열면 '돈타령'을 할까? 백수와 저소득층은 그럴 수 있다. 하지만 중산층도, 상류층도 그런다면 좀 이상하지 않은가? 그럼 대체 얼마만큼 돈을 벌어야 "이젠 됐어! 충분해!"라고 할까? 결코 그런 순간은 오지 않으리라. 왜? 그 코스의 끝에는 벼랑이 기다리고 있을 테니까. 그렇다면 방법은 하나다. 다른 길을 찾는 수밖에.

2.

나는 '시간의 달인'이다. 천재지변(에 준하는 일)이 일어나지 않는 한, 약속은 꼭! 지키는 편이다. 길치가 약속을 지키려면 시간을 클로즈업 하는 수밖에 없다. 말하자면, 길을 잃고 헤매는 시간까지를 다 헤아리면서 움직이는 것이다. 본디 시공은 하나다! 시간은 공간의 펼침이고 공간은 시간의 주름이다. 이런 이치를 적극 활용… 한 것은 아니고, 공간감각의 무능을 메우기 위한 자구책이었다. 이세돌 9단과 대결했던 인공지능 알파고가 한다는 '딥러닝'이라고나 할까.^^

'시공은 하나다'라는 원리를 인생의 지도로 삼게 해준 것이 『동의보감』이다. 『동의보감』이 선사한 '몸과 우주'라는 키워드는 시간과 공간, 몸과 마음, 사람과 기계 사이에 가로놓인 경계를 단번에 주파하게 해주었다. 그러자 슬슬 감이 오기 시작했다. 부(富)의 총량이 늘어날수록 왜 더 마음이 가난해지는지, 살기가 편해질수록 왜 더 몸이 아픈지, 구글이 지구촌 곳곳을 다 투시해서 보여 주는데도 왜 여전히 길을 잃고 헤매는지… 등등에 대해서.

3.

나는 '정치경제학'에 문외한이다. 정치경제학을 모르면 살아갈 수 없는 시대가 있었다. 1980년대가 그런 시대였다. 그땐 나도 '정치경제학'의 고전들을 탐독했고, 또 믿었다. 정치가 바뀌고 경제가 달라지면 아주 다른 삶을 살게 될 거라고. 물론 많은 것이 달라졌다. 참 역설적이게도 가장 달라진 점은 이젠 정치와 경제를 모르고도 얼마든지 살아갈 수 있게 되었다는 사실이다. 그건 거꾸로 '정치와 경제'의 범주와 외연이 폭발적으로 늘어났다는 뜻이기도 하다. 그렇다면 '정치경제학'이라는 영역도, 그것의 전제가 되는 테제들도 전면적으로 바뀌어야 하는 게 아닐까? 여전히 '정치는 선거를 의미하고, 경제는 GDP의 성장'이라고 한다면, 그거야말로 낡아 빠진 동어반복에 지나지 않는다.

4.

이것이 내가 '몸과 우주'라는 새로운 지도로 '정치경제학'을 만나게 된 연유다. 더 정확하게 말하면, '몸과 우주'라는 키워드로 새로운 길을 찾다 보니 '정치경제학'이라는 생생한 현장과 다시 조우하게 된 것이다. 몸과 우주, 그리고 정치경제학, 이들은 지금껏 정면으로 마주친 적이 없다. 솔직히 좀 떨린다. 하지만 금융자본의 버블이 꺼져 가는 이 시점에서 우리에게 필요한 건 성장에 대한 집착이 아니라 '부드러운 몰락'의 기예다. 그게 가능하냐고? 가능하다! 생명(혹은 자연)이라는 매트릭스로 진입하면 된다. 생생불식生生不息하고 수시역변隨時易變하는!

5.

"바보야, 문제는 경제야!"는 1992년 클린턴이 대통령선거 때 내건 슬로건이었다. 그때부터 이 말은 우리시대의 주술적 구호가 되었다. 정치인은 물론이고 기업가, 언론인, 교육자 등 각계각층의 모든 이들이 틈만 나면 이 구호를 외쳐 댄다. '문제는 경제', 아니 더 노골적으로 말하면 '문제는 돈'이라고. 경제가 살아나면, 돈만 들어오면 만사형통이라고. 한때 나도 그렇게 믿었(던 것 같)다.

하지만 살아 보니 그건 픽션이고 판타지였다. 의식주의 기본을 제외하고 돈으로 해결되는 일은 거의 없었다. 타인의 마음을 살 수도, 마음을 치유할 수도, 운명의 비전을 탐색할 수도 없었다. 돈으로 가능한 건 소비와 상품뿐이었다. 그것이 길이라고 할 수는 없지 않은가. 이것이 "바보야, 문제는 돈이 아니라니까"를 제목으로 삼게 된 이유다.

이 말의 청자는 나 자신이다. '문제는 경제야'라는 풍문에 휩싸여 엉뚱한 곳을 헤매다가 이제야 비로소 길을 찾은 것이다. 적막 뒤에 오는 환희는 역시 짜릿하다. 이제 나는 나 자신에게 '자신 있게!' 말할 수 있다. "바보야, 문제는 돈이 아니라니까!"

돈이 없어 절망하고, 돈이 생긴 다음에 더 크게 절망한 경험이 있는 독자들에게도 이 '환희'가 전달되기를 열렬히 소망한다.

2016년(병신丙申년) 봄

깨봉빌딩 2층 '감이당'에서

저자 고미숙

※ 2015년 '남산강학원'에서 '몸과 우주의 정치경제학'이라는 제목으로 강의를 했다. 좌충우돌의 연속이었지만 끝까지 경청해 준 수강생 여러분께 감사드린다. 또한 그 강의를 바탕으로 1년간 『월간 중앙』에 같은 주제로 연재를 했다. 이 무모한 실험에 흔쾌히 동의하고 지면을 마련해 준 한기흥 기자에게도 고마움을 전한다.

'몸과 우주'가 '정치경제학'을 만나면?

"최고 권력을 상징하던 죽음의 오랜 지배력은
이제 은밀하게 육체의 경영과 생명의 타산적
관리에 포함된다."

—— 미셸 푸코

(『성의 역사』 1권, 이규현 옮김, 나남, 2007, 156쪽)

움베르토 보치오니, 「신체의 다이너미즘」(Dynamism Of The Human Body), 1913

실제로 모든 권력과 체제는 늘 이 몸의 주도권을 둘러싸고 벌어진다. 노동력을 생산의 원
천으로 삼는 자본주의야 말할 나위도 없다. 자본주의를 '생체권력'으로 규정하는 푸코는
단도직입으로 말한다. "내 몸, 이 가차없는 장소." 하지만 그동안 우리는 이 몸을 소외시킨
채 별도로 정치와 경제, 시스템과 제도를 구성해 왔다. 그 결과 신체는 점점 무력해진다.

미리 말해 두지만, 나는 정치에는 완전 문외한이다. 정세분석은 고사하고 유명 정치인들 이름도 잘 모르는 수준이다. 경제학이야 말할 나위도 없다(물론 돈은 '쫌' 좋아한다^^). 하지만 평생 백수로 지낸 터라 기업이 어떻게 돌아가는지, 정규직이 돈을 어떻게 굴리는지 알 턱이 없다. 정치(혹은 경제)와 관련한 나의 경험이라곤 15년 정도 백수공동체를 운영해 본 게 전부다. 그럼 운동권 경력이라도? 없다! 대학 때는 '의식화'가 전혀 안 됐을뿐더러 무엇보다 겁이 많아 운동권에 낄 처지가 아니었고, 대학원에선 늦깎이로 마르크스의 서적들을 읽고 큰 감동을 받긴 했으나 '특급비염'을 앓는 바람에 대열의 꽁무니에서 겨우겨우 따라가는, 그야말로 '후방의 군중'에 불과했다.

그랬던 내가 왜 이 나이에 새삼 '정치경제학'인가? 그래서 참

사람 팔자 알 수 없다는 것이다. 10여 년 전 우연히 『동의보감』을 만나고, 그 다음에 '몸과 우주'라는 키워드로 글쓰기를 시도하는 과정에서 자꾸만 시선이 '세상으로' 향하는 것이다. 현대정치의 결론은 언제나 시스템과 제도다. 한데, 참 이상하다. 세월호 참사가 단적으로 보여 주었듯이, 왜 '그놈의' 시스템과 제도는 수시로 오작동하는 것일까? 역시 시스템이 문제인가? 아니면 그것을 작동시키는 주체가 문제인가?

아주 비근한 예를 하나 들어 보자. 주 5일제와 노동시간 단축은 오랫동안 정치경제학적 과제였다. 그런데 놀랍게도 사람들은 휴일에도 쉬지 못한다. 불금^{불타는 금요일}이라며 술과 춤과 노래로, 쇼핑으로, 여행으로 노동할 때보다 더 과격한 에너지를 발산한다. 더 어이없는 건 '워크홀릭'workholic의 만연이다. 노동시간을 줄이기 위해 그렇게 투쟁을 해왔는데 일중독이라니! 결국 휴식도 노동도 '미치지' 않고는 불가능하다는 뜻인가? 그럼 이것은 제도의 한계인가? 주체의 복속인가? 사회 비리가 터질 때마다 사람들은 말한다. 사회가 온통 썩었다고. 맞다. 근데, 왜 자신의 '썩은' 습관은 바꾸려고 하지 않을까? 노동해방을 갈망하면서 자신의 신체를 '중독의 늪'에 빠뜨리는 이런 배치에는 왜 분노하지 않을까? 그런 문제는 정치적 자유와 경제적 평등 같은 가치들과는 무관한 것일까? …

솔직히 말하자!

그와 동시에 '몸과 우주'라는 키워드는 80년대를 통과하면서 품었던 역사와 혁명의 비전들에 대해 많은 상념을 불러일으켰다. 그때 나는 '군중의 일원'이었지만 나름의 확신이 있었다. 역사에 대하여, 혁명에 대하여, 인간해방에 대하여(후미에서 쫓아간다고 '사상이 없을 거'라고 생각하면 큰 오해다!^^). 시대와 더불어 이념은 속절없이 흘러갔고, 지금은 그 잔영들만 희미하게 남았다.

하지만 그것을 되짚어 보는 것은 중요하다. 왜? 나는 그 전제들에 입각하여 글을 쓰고 밥벌이를 하고 인생의 길을 열었으니까. 한마디로 그것은 내 '피와 살과 뇌수'를 형성했으므로. 그런 점에서 사유야말로 물질적 토대다. 해서, 다시 짚어 봐야 한다. 앞으로 또 '먹고 살고 써야' 하니까. 하지만 막상 입 밖으로 꺼내자니 많이 부끄럽다. 언급했듯이 현실정치와는 담을 쌓고 살았던 터라 '자다 봉창 두드리는' 소리가 되지 않을까 싶어서다. 하지만 어쩌겠는가. 아무리 '유치찬란'한 질문일지라도 누군가에게는 '화두'가 된다. 화두란 질문의 절실함에 있지 내용 자체에 있지 않다, 고 믿는다. 그래서 솔직히 말하겠다. "대개 인간의 연구란 자기를 연구하는 것이다. 천지든, 산천이든, 일월이든, 성신이든 모두 자기의 다른 이름에 지나지 않는 것이다."(나쓰메 소세키, 『나는 고양이로소이다』, 송태

욱 옮김, 현암사, 2013, 429쪽) 그렇다! 모든 질문과 탐구는 결국 나로 귀
환하는 여정일 뿐이다. 정치가 됐든, 경제가 됐든, '정치경제'가 됐
든.

'유치찬란'한 질문 '두서너' 가지

첫번째 질문. 노동조합이 합법화되면 모든 노동자가 철학자가 될
거라고 생각했다. 1980년대, 그 엄혹한 시절에도 노동자가 있는
곳엔 야학과 책이 있었고, 지적 열정이 흘러넘쳤기 때문이다. 해
석에서 변혁으로!──이 말 한마디가 얼마나 많은 이들의 심금을
울렸던가! 전태일은 근로기준법이라는 '반동적'이며 지루하기 짝
이 없는 텍스트를 읽고도 자신의 몸을 불살랐는데, 정치경제학 저
서들이야 말해 무엇하리. 그런데 지금 노동자는 지성의 해방과는
거리가 멀어 보인다. 고용안정과 임금인상, 이 두 가지면 충분한
가? 지적 해방에 대한 주체적 열망은 어디로 사라진 것일까?

두번째 질문. 80년대엔 전교조가 합법화되면──최근 다시
'법외노조' 판결을 받긴 했지만──보충수업·자율학습이 다 폐지
되고 '참교육'이 구현될 줄 알았다. 그런데 웬걸! 전국의 모든 학
교가 무차별적으로 보충수업과 자율학습을 실시하고 있다. 이것

이 80년대가 그토록 열망했던 '교육민주화'의 실체란 말인가? 그리고 그렇게 학습량이 늘었는데도 아이들은 똘똘해지지 않았다. "여긴 어디? 난 누구?"가 요즘 시대의 고사성어다. 그렇다면 대체 무슨 영광을 보려고 이렇게 주야장천晝夜長川 공부를 해대는 거지? 게다가 초·중·고의 종착지인 대학은 더 이상 지성의 전당이 아니다. 대학생은 책을 읽지 않는다. 지성이라는 단어도 잊은 지 오래다. 책을 읽지 않는 대학생, 지성이 없는 대학? 형용모순의 최고 경지다.

사회구조가 문제란다. 그럴 것이다. 한데 좀 의아하다. 언제는 사회구조가 문제적이지 않았던 적이 있었던가? 80년대도, 70년대도 제도와 시스템은 늘 '이상하고 괴상했다'. 산업화세대는 더 그랬을 것이다. 더 거슬러 올라가 『조선왕조실록』을 보라. 그 위대한 세종대왕 시절도 재난과 비리의 연속이었다. 그래서 '제도 탓이야, 구조 탓이야'는 하나 마나 한 말이다. 내가 궁금한 건 이런 구조적 모순에 균열을 일으키는 청년의 패기가 왜 전혀 발동되지 않는가 하는 점이다. 제도가 너무 '빡센' 건가? 아니면 청년들이 너무 무기력한 건가? 그도 저도 아니면 혹시 제도와 청년들 사이의 '은밀한 결탁'이 진행 중인 건 아닌가?

세번째 질문. 여성의 사회적·법적 권리가 향상되면 여성들이 자율적인 주체가 될 줄 알았다. 그런데 어느 날 돌아보니 성형중독, 쇼핑중독, 연애중독에 빠져 있었다. 임금인상을 목 놓아 외치면서 그 임금의 몇 배를 쇼핑으로 한방에 날려 버린다. 또 온갖 질병에 시달리면서도 성형을 위해서는 기꺼이 목숨도 내놓는다. 교육의 기회가 확장되고 사회적 진출이 가능해졌는데 왜 여성들은 이렇게 타인의 시선(특히 성적 욕망의 시선)에 예속되어 버렸을까?

네번째 질문. 대통령을 직접 뽑고 풀뿌리 민주주의가 이루어지면 정치가 '일상의 축제'가 될 줄 알았다. 한데, 여전히 정치는 여/야, 진보/보수 같은 80년대식 담론의 틀에 묶여 있다. 또 이렇게 민주주의가 정착되었는데, 정치인들은 왜 그렇게 돈에 약할까? 중앙정치인들은 특권층이라 그렇다 치고, 지방자치제의 대표들은 그야말로 국민 중의 한 사람들 아닌가. 돈 앞에 서면 중앙과 지방, 특권층과 보통사람, 좌와 우의 구별이 무색해진다. 이 참을 수 없는 욕망의 정체는 무엇일까? 구조적으로 '썩었기' 때문이라고? 참 진부한 분석이다. 부패를 넘어 스스로를 파괴하는 지경에까지 이르는 이 생리적 메커니즘, 그것이 알고 싶다!

'복지천국'에선 대체 무슨 일이?

이외에도 숱한 질문들이 아우성을 치고 있지만 일단 여기까지만.

아마 이런 반론이 제기될 수 있다. 물정 모르는 소리하고는! 노동자가 철학을 할 시간이 어디 있으며, 대학생들이 오죽하면 책과 지성을 버렸겠느냐, 여성들이 외모 때문에 얼마나 차별을 받는지 알기나 해?… 등등. 결국 남는 건 다시 증세와 복지, 빈부격차, 일자리와 임금, 갑을관계 등등이며, 이 모든 것의 종착지는 결국 화폐다. 그래서 정치는 결국 경제학이 되어 버린다. 또 그때 경제학이란 단지 화폐의 양적 분배로 귀결되어 버린다.

이렇게 '유치찬란'한 질문을 던지게 된 이유도 거기에 있다. 정치경제학은 그런 것이 아니라고 말하고 싶어서다. 정치건 경제건 핵심은 삶이다. 삶의 리듬과 현장을 창안하는 것이다. 한 정의에 따르면 경제학은 '인생, 우주, 그리고 모든 것'에 관한 궁극적 질문을 다루는 학문이란다. 정치는 본디 '사람과 사람 사이의 관계'에 대한 탐구다. 경제학이 정치와, 정치가 인문적 사유와 만나야 하는 이유도 거기에 있다. 그런데 왜 질문이 온통 그렇게 일방향으로 쏠려 있는가? 정치건 경제건 오직 성장과 복지라는 목표가 전부다. 그럼 GDP가 상승하면, 일자리가 늘어나면, 임금이 오르면 만사형통인가? 그렇다고 치자. 그럼 그 다음엔 대체 어떤 삶이 펼쳐지는가? "우리는 인류 역사상 어느 때보다 더 풍요로운 삶을 살고 있는데도 불평을 그치지 않는다. 최근 한 연구에 의하면 현재 서구 세계에 사는 이들의 삶에 대한 만족도는 50년 전과 다르지 않다고 한다."(토마스 휠란 에릭센,『만약 우리가 천국에 산다면 행복할 수 있을까?』, 손화수 옮김, 책읽는수요일, 2015, 4쪽) 우리의 국가적 롤모델이기도 한 노르웨이 학자의 보고서에 나온 말이다. 그들의 삶은 우리가 부족하다고 여기는 것들을 모두 갖추고 있다. 국민의 대부분이 중산층의 안정과 권리를 누리는 복지천국! 그런데 삶은 권태롭고, 그래서 불평투성이란다. 그렇다면 저기에 도달하는 게 무슨 의미가 있지?

왜 '몸과 우주'인가?

그래서인가. 언제부턴가 '행복지수'라는 말이 심심치 않게 들린다. 어떻게 측정하는지는 모르겠지만 확실한 건 총소득과 행복지수는 크게 연관이 없다는 것, 때로 반비례하기도 한다는 것이다. 그렇다면 또! 이상하다. 성장해도 행복하지 않다면, 성장하지 않아도 특별히 더 불행할 것도 없지 않을까? 일자리가 있어도 만족도가 오르지 않는다면, 일자리가 없다 해도 크게 불만족스러울 건 없지 않을까? 물론 우리시대의 정치경제학은 이런 문제에 대해 응답하지 않는다. 아니, 그런 걸 파고들 능력이나 겨를이 없는 듯하다. 결국 정치경제적 담론과 삶의 현장 사이에는 크나큰 간극이 발생한다. 이 간극에서 억압과 소외, 번뇌와 질병이 만연한다. 그것을 고스란히 감당해야 하는 것이 바로 몸이다. 기꺼이 노동을 감내하는 것도 몸이고, 부를 향해 달려가는 것도 몸이고, '행복하다, 권태롭다'고 느끼는 것도 몸이다.

그렇다! 살아 있다는 것은 몸이 있는 것이고, 몸이 사라지면 죽는 것이다. 이보다 자명한 현장이 또 있을까. "나는 전적으로 신체일 뿐, 그밖의 아무것도 아니며, 영혼이란 것도 신체 속에 있는 그 어떤 것에 붙인 말에 불과하다."[프리드리히 니체, 「신체를 경멸하는 자들에 대하여」, 『차라투스트라는 이렇게 말했다』, 정동호 옮김, 책세상, 2000, 51쪽] 동시에 이 몸은 빅뱅 이후 우주적 사건들의 '리포트'이고 생물학적 진화의 '정보통'이자 문명의 궤적을 고스란히 담고 있는 '장서각'이다. 요컨대, 다시 니체를 빌리면, "몸은 하나의 거대한 이성이며 하나의 의미로 꿰어진 다양성이고 전쟁이자 평화이며 가축의 무리이자 양치기"[니체, 앞의 책, 51쪽]다.

실제로 모든 권력과 체제는 늘 이 몸의 주도권을 둘러싸고 벌어진다. 노동력을 생산의 원천으로 삼는 자본주의야 말할 나위도 없다. 자본주의를 '생체권력'으로 규정하는 푸코는 단도직입으로 말한다. "내 몸, 이 가차없는 장소."[미셸 푸코, 「유토피아적인 몸」, 『헤테로토피아』, 이상길 옮김, 문학과지성사, 2014, 28쪽] 하지만 그동안 우리는 이 몸을 소외시킨 채 별도로 정치와 경제, 시스템과 제도를 구성해 왔다.

그 결과 신체는 점점 무력해진다. 중독되거나 마비되거나.

　이 '가차없는' 현장을 외면한 덕택(?)에 보수와 진보, 여와 야는 점점 닮아 간다. 그러면 일치단결하여 좋은 정치가 이루어질 것 같지만, 천만에! 결론은 정치의 실종이다! 상극相剋이 없는 상생相生이란 무력할 따름이다. 우리의 우주는 카오스, 곧 상극의 매트릭스이기 때문이다(자세한 내용은 앞으로 나올 장들에서 더 다루게 될 것이다). 요컨대, 몸의 리듬과 일상의 현장을 창조하는 데 개입할 수 없다면 정치와 경제란 그저 숫자놀음과 통계조작으로 전락하고 만다. 주지하듯이, 20세기 내내 정치경제학은 시대와 문명의 내비게이션 역할을 했다. 기존의 가치를 전복하고 또 재구성하는, 이름하여 혁명의 파토스를 담지하고 있어서다. 20세기 역사가 증언하듯, 수많은 실험이 시도되었으며, 더러는 성공하고 대개는 실패했다. 그리고 바야흐로 21세기가 되었다. 혁명적 실험들이 가능했던 출발점은 산업혁명이다. 하지만 지금은 애덤 스미스도 마르크스도 예상하지 못한 디지털혁명의 시대다. 한마디로 판이 확 뒤집힌 것이다. 달리 말하면, 이전의 내비게이션이 졸지에 무용지물이 되었다는 뜻이기도 하다.

　이럴 땐 날렵하게! 처음으로, 근원으로 돌아가면 된다. 그래서 몸이다. 한데, 몸을 알려면 우주를 알아야 한다. 우주는 시공간이다. 존재와 시공간은 분리되지 않는다. 그런 점에서 시공간 또

한 정치경제학의 토대다. 어떤 문명, 어떤 사회도 시공의 매트릭스로부터 벗어날 수 없다. 하지만 서구식 사유에는 이런 전제가 부재한다. 자연과의 연대를 일찌감치 끊어 버리고 인간중심주의로 올인한 탓이다. 그것이 산업혁명을 이루고 식민지 개척을 하고 자본의 무한증식을 향해 달려간 원동력이리라. 하지만 이제 그것은 명백하게 한계에 봉착했다. 따라서 그 담론 안에선 출구가 없다. 하여, 몸을 통해 생명을, 생명을 통해 우주의 원리를 엿보고, 그것을 '힌트 삼아' 정치경제학의 지도를 다시 그려 볼까 한다.

통치와 치유는 하나다!

당연히 그 사상적 베이스는 동양고전이다. 동양의학의 최고 경전인 『황제내경』黃帝內經에 따르면, 통치자는 철학자이자 의사다. 몸을 다스리는 실마리로 천하를 경영하고, 천지의 원리를 궁구하여 세상을 통치하는 존재, 그것이 곧 황제다(쉬운 예로, 다스릴 '치'治는 '고치다'의 의미도 함께 지니고 있다).

①"한 사람의 몸은 곧 한 나라의 형상이다. 가슴과 배는 궁과 같고 팔다리는 교외郊外와 같고 뼈마디가 나뉜 것은 여러 부서와 같

다. 신神은 임금과 같고, 혈血은 신하와 같고, 기氣는 백성과 같으니 몸을 다스릴 줄 알면 나라도 다스릴 수 있다." 『포박자』抱朴子

②"오장육부는 곧 몸을 다스리는 기관의 형상이다. 심장은 군주의 기관으로 신명神明이 나온다. 폐는 재상의 기관으로 온몸의 진액과 기운을 조절한다. 간은 장군의 기관으로 모려謨慮가 나온다. 담은 인재를 판단하는 기관으로 결단이 나온다. 단중膻中은 군주의 명령과 의사를 전달하는 기관으로 기쁨과 즐거움이 나온다."

『황제내경』「소문」素問

이렇듯 동양사상에선 몸과 정치를 고스란히 오버랩시킨다. 몸이 곧 생명과 우주의 교차지대라 여긴 탓이다. 그러므로 몸을 떠난 통치의 기술, 자연의 이치가 생략된 문명은 상상할 수 없다. 유儒·불佛·도道 삼교회통三敎會通 및 주자학과 양명학 등으로 이어지는 사상사의 흐름이 말해 주듯, 동양의 정치에선 한 번도 '천인감응'天人感應, '천인상관'의 원리를 배제한 적이 없다. 하지만 서구의 도래와 더불어 자연과 정치 사이의 이러한 대칭성은 여지없이 붕괴되어 버렸다. 그럴 때 선택지는 두 가지뿐이다. 혁명의 파토스에 몸을 던지거나 아니면 자본의 무한증식에 올인하거나.──20세기 역사가 보여 준 바대로다. 성장과 혁명의 동력이 다 떨어진 지금,

그 결과는 한없이 누추하다. '정치' 하면 좌우의 노선 가운데 하나를 선택하는 것이고, '경제' 하면 투자와 증식의 기술만 떠올리는 수준으로 전락해 버린 것이다.

그래서 떠도는 농담(?) 하나. 보수는 부패로 망하고, 진보는 분열로 망한다! 하지만 이것도 다 옛말이다. 보수나 진보 모두 부패에서 자유롭지 못하다. 철학적 비전이 빈약해지면 결국 물질에 승복할 수밖에 없다. 그래서 비전이 없으면 둘 다 부패한다. 그 경우, 진보가 더 치명적이다. 부패한 진보는 더 지루해지는 법이므로. 대중은 부도덕한 것보다 지루한 걸 더 못 참는다. 공익다큐멘터리보다 막장드라마가 더 '땡기는' 것과 같은 이치다. 왜 그럴까? 막장에는 최소한 현장의 활력이 살아 있기 때문이다. 즉, 중요한건 현장성 혹은 실감이다. 감응과 소통, 상생과 상극이 어우러지는! 그것이 생명의 이치다.

'몸과 우주', '정치경제학'——이 둘은 지금까지 결합된 적이 없는 항목들이다. 이 느닷없는 마주침이 어떤 '케미'를 연출할지 참으로 흥미진진하다. 하지만 지식이 워낙 일천한 관계로 이 여정에는 『동의보감』, 『장자』, 『그리스인 조르바』 같은 고전을 비롯하여 루쉰과 푸코, 스피노자, 이반 일리치와 들뢰즈·가타리 등 동서양의 고수들이 함께 동행하게 될 것이다.

우리가 앞으로 다루게 될 테마는 대강 여섯 가지 정도. ①

혁명의 '역사'와 우주의 '리듬', ②생명주권과 사주명리학, ③계몽이성 vs *Let it go*, ④계급투쟁에서 세대갈등으로, ⑤영혼없는 화폐에서 증여의 소용돌이로, ⑥백수는 미래다!——이 테마들을 중심으로 다양한 버전들이 파생될 것이다. 인트로인 만큼 이번 장에서는 밑그림에 해당하는 한두 가지 이슈만 간략하게 터치해 보기로 한다.

설탕지옥, 자본천국!

다들 알다시피, 자본주의의 기원은 산업혁명이다. 산업혁명으로 인해 부르주아혁명이 일어나고 다시금 프롤레타리아 대투쟁으로 이어지고. 여기까지는 익히 아는 바다. 한데, 반드시 짚어야 할 사항이 하나 있다. KBS 다큐멘터리 〈바다의 제국〉을 보면, 산업혁명은 설탕무역에서 시작되었다. 설탕과 노예무역을 통한 '부의 빅뱅'이 있었고, 그것이 기계와 공장, 금융과 보험 등 각종 근대적 시스템을 탄생시켰다. 쉽게 말해, 사탕수수라는 식물의 단맛이 세계사의 지도를 바꾼 것이다. 처음 설탕을 맛본 유럽인들은 그 단맛에 열광했다. 그 이후 설탕은 곧 부의 상징이자 문화의 척도가 되었다. 당연히 설탕값은 치솟았고, 유럽인들은 그것을 확보하기 위한 무역전쟁에 돌입하였다.

하지만 불행히도 사탕수수는 열대작물로, 유럽에서는 재배할 수가 없었다. 콜럼버스에 의해 종자는 아메리카 대륙으로 옮겨졌고, 그 노동력은 아프리카 노예들로 충당했다. 설탕이 졸지에 유럽, 아메리카, 아프리카 등 세 개의 대륙을 연결해 버린 것이다. 그 과정에서 아메리카 원주민에 대한 대학살이 자행되었고, 아프리카 노예들 약 천만 명 정도가 희생되었다. 설탕의 단맛이 지옥의 문을 연 셈이다. 그 지옥에서 확보한 부로 서구는 총을 만들고 무기를 개발하여 식민지 개척에 박차를 가했다.

이 사실만으로도 우리는 많은 것을 알 수 있다. 자본주의는 단맛에 대한 도취에서 시작되었다는 것. 설탕지옥이 자본천국의 밑거름이었다는 것. 요컨대, 자본주의는 단순히 문명적 차원이 아니라 신체의 감각을 전면적으로 재배치하는 과정이기도 했다. 이후에도 콜라, 햄버거, 원두커피 등등 미각은 계속 업그레이드되고, 그에 비례하여 우리의 몸도 계속 달아오른다. 그래야 노동을 열망하고 소비에 미치지 않겠는가. 고로, 사회구조는 늘 생리적 회로와 함께 간다. 더 달게, 더 세게, 더 핫하게!—이렇게 욕망의 흐름이 바뀌어야 더 많이, 더 빨리, 더 높이!라는 자본의 명령에 부응할 수 있다. 그리고 그것은 궁극적으로 성호르몬의 항진으로 이어진다(뉴욕 월가의 상징이 '황소의 성기'라는 사실을 환기하라).

이것이 바로 생체권력의 진상이다. 하여, 자본주의와 대결하려면 내 안에 있는 욕망의 회로를 주시하는 것에서부터 시작해야한다.——투명하게 예리하게. 너무 소박한가? 하지만 그 전투는 곧 세계 전부와 대결하는 것이 된다. 즉, 내가 걷는 한 걸음이 전우주의 파동을 바꾼다. 설탕의 단맛이 그러했듯이.

'지대물박'(地大物博)과 '총·균·쇠'

한 인류학자의 말대로 서양이 동양을 지배하게 된 건 서구문명의 우월함 때문도 인종적 우수함 때문도 아니었다. 지중해를 둘러싼 오랜 전쟁과 대항해시대 이후 노예무역 및 식민지 개척과정에서 고도로 발달한 무기로 인해서다. 총과 대포의 화력 앞에서 동양의 오랜 가치들은 여지없이 무너졌다. 그리고 그들이 도래하면서 함께 옮겨 온 바이러스는 전쟁보다 더 많은 인명을 살상했다. 그렇게 서양의 기계문명은 동양에 도래하였다. 그럼 이렇게 물을 수 있다. 왜 동양은 그토록 속수무책이었던가?

1792년 영국 왕 조지 3세는 매카트니 백작을 특사로 중국에 보냈다. 매카트니 백작의 임무는 청나라 건륭제를 설득해 외국인의 무역이 유일하게 허용된 광저우 항구를 벗어나 중국 전역에서 교역할 자유를 얻어 내는 것이었다. 당시 영국은 새로 알게 된 차 맛에 매혹된 탓에 중국을 상대로 엄청난 무역 적자를 내고 있었다. (……) 건륭제는 "우리 청나라는 지대물박地大物博하여 다른 나라의 물품은 필요하지 않으며, 따라서 청나라의 물품을 외국 야만인들의 물품과 교환할 필요가 없다"라고 선언했다.(장하준, 『장하준의 경제학 강의』, 김희정 옮김, 부키, 2014, 393~394쪽)

때는 바야흐로 18세기. 동양이 서양을 압도했던 시절이었다. 건륭황제의 요점은 간단하다. '지대물박'地大物博, 곧 땅은 넓고 물산은 풍부하다. 즉, 충분히 살 만한데 뭣 때문에 서양과 교역을 한단 말인가? 중국땅을 다 밟아 보기도 벅찬데 굳이 바닷길을 열어 서양으로 갈 필요가 있을까? 중화권에 있었던 조선이나 일본 역시 마찬가지였다. 한마디로, 서양은 절박했고, 동양은 무관심했다. 남은 방법은 오직 하나, 폭력뿐이었다. "영국은 인도에서 들여오는 아편의 수출에 박차를 가했다. 그 결과 아편중독이 널리 퍼지자 위기감을 느낀 중국 정부는 1799년 아편무역을 금지했다." "영국은 이에 대응해 1840년 아편전쟁을 일으켜 중국을 완전히 격파했다. 전쟁에서 승리한 영국은 1842년 난징조약을 맺어 아편을 포함한 모든 물품의 자유무역에 대한 승인을 강제로 받아

냈다. 그후 1세기 동안 중국은 끊이지 않은 외침, 내전, 국가적 수모를 견뎌 내야만 했다."[장하준, 『장하준의 경제학 강의』, 394쪽] 아편과 총——서양이 동양의 문을 열 수 있었던 두 가지 수단이다. 세계 전쟁사에서 가장 비열한 전쟁인 아편전쟁, 그것이 서구의 도래를 알리는 신호탄이었다.

이런 역사를 되뇌일 때면 늘 이렇게 말한다. 좀더 일찍 개방을 했더라면, 서양처럼 산업혁명을 하고 상업을 증진시켰다면…, 하지만 과연 그게 가능한가? 동양의 매트릭스에선 결코 '총·균·쇠'가 가능하지 않다. 대지의 은택이 이토록 충만한데, 뭣 때문에 굳이 총을 개발하고 노예를 학살하고 식민지를 개척한단 말인가? 그리고 그것을 지금의 관점에서 요구하는 게 타당한가? 그것은 실로 협소한 역사주의다. 역사도 우주의 운행과 무관할 수 없다. 모든 것은 발산했다가 수렴하는 법. 18세기는 동양문명의 정점이자 황혼이기도 했다. 중화권에 속했던 조선의 경우도 마찬가지다. 건륭황제의 죽음(1799)과 정조의 죽음(1800), 그것은 동양의 중세가 종언을 고했음을 알려준다. 19세기에 들어서면 청나라나 조선 모두 더 이상 위대한 군주들이 등장하지 않는다. 왕조를 지탱할 양기가 고갈되어 버린 것. 왕의 신체가 곧 체제를 대변하는 중세체제의 특성상 왕이 더 이상 생식능력이 없다면 그 왕조는 막을 내릴 수밖에 없다. 그러니 그야말로 천운이라고 할밖에.

그러므로 미리 예방했더라면 서구의 침탈을 당하지 않았을 텐데, 하는 식의 탄식은 참으로 부질없다. 역사는 그런 식으로 발전하는 것이 아니라, 특정한 체제나 배치가 정점을 향해 달려가다 문득 전혀 다른 방식으로 리셋되곤 한다. 이전의 모순이 변증법적으로 해소되어 다음 단계로 가는 경우는 없다. 낮의 모순을 제대로 해소하기도 전에 문득 저녁이 오는 것처럼. 여름의 극점에서 문득 가을바람이 불어오는 것처럼. 그렇게 서구는 동양에 도래하였다. 자본주의라는 아주 낯설고 폭력적인 문명과 함께!

'화극금'(火克金)에서 '금생수'(金生水)로

18세기까지는 동아시아가 세계제국의 중심이었다, 더 나아가 동양사상은 이미 오천 년 전에 서구적 사유의 한계를 돌파했다, 고 하면 이렇게 반문한다. 그런데 왜 유럽처럼 기술문명을 발전시키지 못했는가? 라고. 쉽게 말해 그렇게 잘났는데 왜 그렇게 어이없이 당했는가를 묻는 것이다. 거기에는 정신문명이 높으면 물질적으로도 우월해진다는 전제가 깔려 있다. 하지만 그렇지 않다. 정신적 가치와 물질적 풍요는 비례하지 않는다! 에너지 불변의 법칙, 질량 불변의 법칙, 그 둘을 멋지게 결합한 상대성원리($E=MC^2$)

를 환기해 보라. 정신과 물질은 서로 맞물리면서 갈마드는 관계이지, 함께 비례상승하는 관계가 아니다. 서구문명이 그 증거다. 설탕지옥이 초래한 부의 빅뱅! 거기에 대체 무슨 고매한 가치가 있단 말인가?

그리고 또 하나. 그런 질문은 부메랑처럼 되돌아온다. 근대문명의 이 가열찬 진군에도 불구하고 인간의 정신은 왜 이토록 누추한가, 라고 묻는다면 뭐라 답할 것인가? 이 부를 바탕으로 고귀한 정신이 출현해야 하지 않는가? 그렇기는커녕 서구는 다시 동양의 오래된 가치들을 리바이벌하고 있다. 서구화의 길을 가열차게 밟은 중국도 마찬가지다. 문화혁명으로 전통을 다 쓰레기통에 처넣었던 중국공산당은 다시금 공자와 부처를 끌어내 저잣거리에 내세우고 있다. 20세기 내내 그토록 혁혁한 업적을 일구었는데, 왜 거기에서 더 드높은 정신적 가치를 생성시키지 못했단 말인가?

'총·균·쇠'는 화극금火克金 : 불이 금을 이긴다는 뜻의 문명이다. 서구는 방향상 금金기운이 치성한 곳이다. 서쪽은 태양이 저무는 곳이라 태양신에 대한 숭배가 일찌감치 발달했다. 서구의 점성술인 열두 별자리의 중심은 태양신이다. 빛을 진리로, 어둠을 악마로 상징하는 이분법이나 기독교라는 유일신을 섬기는 종교가 등장한 것도 그 때문이다(크리스마스는 동지 이후 다시 지중해에 태양이 떠오르는 때임을 환기하라). 금은 가을의 살기殺氣이고 전쟁의 기운이다. 서양문화의 시원에 해당하는 고전 『일리아드』와 『오디세이』가 전쟁영웅들의 이야기라는 점도 의미심장하다. 금의 기운을 머금고 불을 열망하는 문명. 이 금을 제련해 주는 것이 곧 불이다. 그것이 서구문명의 고유한 속성이다. 총·균·쇠 모두 '불을 품은 금'이다. 겉은 단단한 금속인데 그 안에 놀라운 파괴력을 품고 있다. 더할 나위 없이 강하지만 그 불은 결국 자연을 태우고, 자신을 태워버린다.

사회주의 역시 그 점에서는 다를 바 없다. 마르크스를 프로메테우스에 비유하는 것도 그런 맥락이다(프로메테우스는 불을 훔친 대가로 독수리한테 간을 쪼아 먹히는 형벌을 받은 영웅이다). 아울러 혁명은 불로 상징되고, 그 불은 늘 쇠와 같이한다. 결국 자본주의와 사회주의는 인식론적 배치, 나아가 우주적 기운의 차원에선 많은 부분을 공유하고 있었던 셈이다. 하여, 영화 〈인터스텔라〉가 잘 보여 주듯, 근대문명의 천적은 자연과 마음이다. 일상을 위협하는 미세먼지, 그리고 분열증에 시달리는 현대인들의 마음. 이것이 불의 문명이 초래한 대재앙이다.

화극금의 배치를 바꾼 것은 결국 디지털 문명이다. 디지털과 더불어 인류는 비로소 산업혁명의 프레임에서 빠져나오게 되었다. 디지털은 고도로 정련된 금이고 이 금은 불을 품지 않고 물을 낳는다. 금생수金生水! 불의 혁명에서 물의 지혜로의 대전환! 인터넷의 세계는 바다요, 대양이다. 정보가 쉬임없이 흘러가고 흘러온다. 마르크스는 "토대가 상부구조를 규정한다"고 했지만 지금 디지털 문명은 토대와 상부구조의 장벽을 허물어 버렸다. 뿐만 아니라 노동과 휴식, 정신과 물질, 성과 속의 경계까지 허물고 있다.

늘 그렇듯이, 화극금의 문명을 충분히 극복하고 모순을 해결하기도 전에 우리는 전혀 다른 배치에 놓이고 말았다. 설탕지옥이 인류의 생리구조를 전면적으로 뒤바꾸었듯이, 스마트폰 역시 신체의 대변혁을 초래할 것이다. 그 방향에 따라 정보의 바다에서 익사할 것인지 아니면 그 바다를 유쾌하게 유영할 것인지가 결정될 것이다. 요컨대, 존재와 세계는 분리되지 않는다. 몸과 우주의 정치경제학이 가능한 이유다.

"나의 몸은 생명의 역사이자 문명의 흔적이다. 모든 자취가 기록되어 있다. 내 안에 일어나는 일은 인류 모두에게 일어날 수 있고, 그 반대도 마찬가지다."(크리슈나무르티)

1장

역사의 '선분'과 우주의 '리듬'

"삶이란 잠시 빌리는 것!
삶이란 먼지나 티끌 같은 것!
삶과 죽음은 낮밤의 교대 같은 것!"
—— 장자
(『낭송 장자』, 이희경 풀어 읽음, 북드라망, 2014, 204쪽)

우주에는 시작도 끝도 없는 법. 몸도 마음도 마찬가지다. 거기엔 성질을 바꾸는 무수한 변곡점들만이 있을 뿐이다. 하여, 우리의 생명은 그 자체로 유동하고 있다. 시작과 끝이 고정되어 있는 멈춘 시간의 철로 위를 달릴 것인가, 변화와 생성의 매트릭스에 몸을 맡길 것인가?

#1. 영화 <인터스텔라> 젊은 아빠가 늙은 딸의 임종을 지켜본다. 이
제 그만 아빠의 길을 가세요! 파파할머니가 된 딸의 유언이다. 딸
의 유언대로 젊은 아빠는 다시 길을 떠난다. 머나먼 우주, 그 어느
행성을 떠돌고 있을 동료를 찾아서….

#2. 애니매이션 <바람계곡의 나우시카> 유라시아의 서쪽 끝에서 발생
한 산업문명은 수백 년 동안 전 지구적 산업사회를 형성하기에 이
르렀다. 대지의 비옥함을 앗아가고 공기를 더럽히며 생명체마저
마음대로 바꾸어 버리는 거대 산업문명은 1천 년 후에 절정기에
이르렀다가 급격한 쇠퇴를 맞게 되었다. '불의 7일간'이라 불리는
전쟁에 의해 도시문명은 붕괴되었고, 대지는 불모의 땅, 곧 부해腐
海로 변해 버렸다. 그후 인류는 영원한 황혼의 시대를 살아가게 되
었다.

역사는 '앞으로' 가는가?—혁명과 기계의 유토피아

보다시피 시간은 앞으로 나아가지 않는다. 두 텍스트 모두 공상의 산물이 아니냐고 반문할 수도 있지만, 그러기에는 너무 리얼하다. 〈인터스텔라〉의 '미세먼지', 〈바람계곡의 나우시카〉의 '부해'腐海는 이미 충분히 보고 듣고 겪고 있다. 그래서 막막하다. 과연 이 운무를 뚫고 우리는 앞으로 나아갈 수 있을까? 이 정체 모를 불안감의 기저에 바로 직선적 시간관이 있다.

고대, 중세, 근대, 사회주의(혹은 복지천국)──우리에게 아주 익숙한(했던) 연대기다. 중세까지는 늘 고대를 이상향으로 삼았다. 서양에선 고대 그리스-로마시대를, 동양에선 요순시대를. 그때 이후 인간은 점점 타락했다. 여기서 '타락'이라는 건 자연으로부터, 신으로부터, 도道로부터 멀어졌다는 뜻이다. 대신 물질이 그 간극을 메웠다. 물질의 진보가 정신의 추락을 대신했던 것이다. 그래서, 그럴수록 늘 거기에 도달하기 위해 애써야 했다. 문명과 제국의 역사는 앞으로 나아가는데, 인간의 정신이 도달해야 할 곳은 아득한 고대였으니, 이것이 역사의 아이러니다. 그래서 시간은 구부러지고 접혀졌다. 그리고 이때 시간은 공간의 다른 이름이기도 하다. 시간은 공간의 펼침이고, 공간은 시간의 주름이다. 시공간 = 우주宇宙.

하지만 〈바람계곡의 나우시카〉에 나오듯, '유라시아의 서쪽' 끝에서 근대문명이 도래하면서 이 주름은 말끔히 펴지고 말았다. 시간은 공간과 분리되었고 그때부터 세계는 논리적으로 명확한 시작을 갖게 되었다. 시작이 있으면 끝이 있다(한편, 동양에선 사물의 시작과 끝을 묻지 않는다. 다만 '어떻게 움직이는가?'라고 물을 뿐이다). 그에 상응하여 역사는 고대에서 중세, 중세에서 근대, 자본주의에서 사회주의(혹은 복지천국)라는 선분을 취하게 되었다. '요순지치'堯舜之治라는 도道에서 혁명이라는 새로운 과제가 설정된 것. 근대적 시간관은 부르주아혁명, 산업혁명, 선거혁명, 볼셰비키혁명 등 수많은 혁명의 비전들을 탄생시켰다. 직선의 레일 위에서 앞을 향해 달려가는 것, 그것이 곧 역사다. 그 레일 위에 서면 선택은 하나다. 더 빨리! 더 멀리! 그러면 어디에 도달하는가? 유토피아! 그런 점에서 역사는 그 자체로 종말론이나 천년왕국설의 변종에 다름 아니다.

실제로 수많은 유토피아주의가 있었다. 토마스 모어의 '유토피아'를 비롯하여 오웬의 공상적 사회주의, 마르크스와 엥겔스의 과학적 사회주의, 캉유웨이康有爲의 '대동세'에 이르기까지. 그 유토피아적 실험이 현실적으로 구현된 것이 1917년 10월 러시아의 볼셰비키혁명이다. "그 혁명에 참여한 이들은 굳게 믿었다. 혁명을 통해 세상을 바꿀 수 있다고. 그럼 어떻게 바뀌는가?" "공장이

자동화되고 트랙터로 밭을 갈며 서민들이 비행기로 여행하고 인류를 노동과 억압에서 해방시켜 줄 기계들. 종교를 부인하던 러시아 혁명가들에게 기관차는 종교이고 발전기는 예수 그리스도였다."{김대식, 「기계 만능 시대의 명암」, 『중앙선데이』 2015년 2월 15일자 칼럼}

그렇다! 노동계급의 혁명과 기계문명의 진군——이것이 역사라는 선분을 이끌어 가는 두 개의 바퀴다. 소비에트혁명 이후 전 세계는 공산주의와 자본주의로 분화되었지만, 사실 둘은 같은 라인 위를 달리고 있었다. 서로가 서로를 견제하면서 상대를 가속의 엔진으로 활용했다. 먼저 지쳐 떨어진 쪽은 사회주의 진영이었다. 1991년 구소련이 붕괴되었다.

디스토피아 혹은 죽음충동?

반대편의 동력까지 흡수한 자본주의는 더욱 액셀러레이터를 밟았다. 신자유주의와 금융자본, 곧 '돈 놓고 돈 먹는' 자본의 근성이 노골화된 것이다. 더 빨리! 더 많이! 양적 확산은 늘 속도전의 양상을 띤다. 좌파들이 혁명만 성공하면 노동자 천국이 될 수 있으리라 여겼듯이, 신자유주의는 자본을 증식하기만 하면 유토피아에 도달할 수 있을 거라고 간주했다. 하지만 결과는 부채자본주의! 자본이 대지를 떠나 허공에서 거품으로 화한 것이다. 2008년 금융위기는 그 거품이 미세먼지가 되어 사방으로 흩어지는 사건이었다. 지금 이 순간에도 자본은 계속 증식된다. 하지만 그럴수록 개인과 국가에는 부채가 쌓여 간다. 과연 살아생전에 갚을 수 있을지 가늠조차 어려운 부채가! 그냥 끌어안고 살아야 한다고? 그래서 미세먼지고 종양이다. 문득 '저장증후군' 환자들의 신체가 오버랩된다. 필요도 없는 상품을 사 대느라 부채를 짊어지는 경제 시스템이나 쓰지도 못하는 물건을 한도 끝도 없이 쌓아 두는 저장 증후군의 생리구조는 지독히도 닮아 있다.

냉전이 끝났는데도, 엄청난 부가 증식되었는데도, 왜 그렇게 액셀을 밟아 댔던 것일까? 솔직히 무슨 대단한 목표가 있었다기보다 그저 멈추는 게 두려웠기 때문이 아닐까. 산업혁명 이후 몇백 년을 쉬지 않고 달려온 관성 탓에 멈추면 곧 추락이라는 것을 무의식적으로 감지했기 때문이 아닐까. 쓰레기를 치우면 허전해서 살 수가 없는 '저장증후군 환자들'이 그런 것처럼. 하지만 2008년 이후 이젠 더 달리기도 민망해졌다. 운무가 자욱하면 속도전도 불가능하다. 그런데도 여전히 우리는 희망을, 미래를 말하고 싶어 한다. 이때 희망과 미래는 오로지 부의 증식과 기술의 혁신이다. 기계문명을 고도로 발전시켜 노동에서 해방되면 본성을 온전히 구현하는 삶에 이르게 될까? 글쎄다! 아니, 그럴 리 없다. 우리는 이미 눈치채고 있다. 구소련의 붕괴로 혁명에 대한 믿음이 사라졌듯이, 스마트폰의 출현으로 혁신이란 기계가 고도로 지능화되는 것이지 인간의 삶이 더 고양되는 건 아니라는 것쯤은(아직도 이걸 감지하지 못했다면, 당신은 간첩, 아니 외계인이다^^). 실제로 첨단기술을 주도하는 과학자들은 이미 예견하고 있다. 기계가 인공지능을 갖게 된다면 그 순간 기계는 인간을 노예로 삼을 뿐 아니라 인간을 그저 '태워서 에너지로 바꿀 수 있는 고깃덩어리' 정도로 여기게 될 것임을(김대식, 앞의 글). 아니, 그 이전에 인간은 기계에 예속될 것이다. 현재도 이미 그렇지 않은가. 사람과 만나는 것보다 스마트폰과 함께 살기를 원하는 인간들이 점점 늘어나고 있다. 그에 상응하여 하체 부실에 실어증, 뇌경색 등의 질병이 만연한다. 출산은커녕 연애하고 친교를 나눌 정력도 달린다. 그 대가로 얻는 것은 고강도의 쾌감! 여기에 무슨 희망과 미래가 있단 말인가?

볼셰비키혁명이 이념에 빠져서 국가 전체가 수용소가 되었듯이, 자본주의 역시 기계를 향해 달려가다 기계의 노예로 전락하기 직전이다. 혁명과 기계가 향한 곳은 유토피아인데, 왜 결과는 디스토피아인가? 더 기이한 것은 그토록 시행착오를 겪었음에도 왜 그렇게 달려가는가? 파탄을 알고도 멈추지 않는 건 일종의 '죽음충동'인데, 그럼 근대문명은 이미 '죽음의 선'을 타기 시작했다는 뜻인가?

기억과 주체 — 망상의 산물

거북선 밑바닥에서 죽어라고 노를 젓던 농민들이 말한다. "나중에 우리 후손 아그들이, 우리가 이라고 개고생한 걸 알까"──〈명량〉의 마지막 대사다. "내는 그래 생각한다. 힘든 세월에 태어나가, 이 힘든 세상 풍파를 우리 자식이 아니라 우리가 겪은 기 참 다행이라꼬."──〈국제시장〉의 주인공이 하는 독백이다.

〈명량〉과 〈국제시장〉, 2014년을 장식한 최고의 영화들이다. 이 대사들은 두 작품의 메시지를 압축하고 있다. 이순신 장군을 도와 죽을 고생을 다해 승리를 쟁취한 것이 후손들을 위한 것이고, 피난에서 파독, 파병 등의 산전수전이 후손들의 고생을 대신한 것이라는 발상, 참 감동적이다. 하지만 이건 가짜다!

미래의 시점에서 현재를 반추하는 방식이기 때문이다. 그게 가능하려면 미래가 현재의 평면적 연장이어야 한다. 즉, 시간이 직선으로 진행되어야 한다. 만약 그게 아니라면 저런 식의 멘트는 무의미하다. 살아 보면 누구나 알지만, 삶은 곡절투성이다. 앞을 향해 나아가지도 않을뿐더러 차근차근 진행되지도 않는다. 좀 먹고 살 만하다 싶으면 예기치 않은 번뇌가 덮쳐 오고, 좀 괜찮아진다 싶으면 엉뚱한 곳에서 함정에 빠진다. 게다가 이 사건들 사이의 인과관계도 불분명하다.

그럼에도 우리는 아주 습관적으로 현재와 미래를 직선으로 잇고는 아주 종종 미래적 관점에서 현재를 조망하곤 한다. 소위 역사의식 때문이다. 이때 역사란 시간적 선분 위에 인간의 영웅적 행위를 중첩시키는 것을 의미한다. 그래서 과거는 늘 부채로 남는다. 그들은 이미 오래전에 우리 같은 후손을 염두에 두고서(헐~) 고난과 역경을 기꺼이 감내하신 분들이다. 그러니 우리는 그 기억을 뼛속 깊이 새겨야 한다. 무엇을 위해? 다시 후손들에게 영광된 조국을 물려주기 위해. 이것이 근대문명이 주체를 호명하는 방식이다.

개인적 차원에선 '추억만들기'라는 것이 있다. 추억을 만든다? 참으로 기묘한 표현이다. 추억이란 지나간 것을 회상하는 것인데, 어떻게 그것을 '지금' 만든단 말인가? 언제부턴가(김현식의 히트곡 중에 '추억만들기'가 있는데, 그때부턴가?^^) 이 말은 일상어가 되었다. "좋은 추억 만들고 싶어요" 혹은 "예쁜 추억 만들어 주고 싶어요" 등등. 미래의 시선으로 '지금 여기'를 '박제화'하는 기이한 역설! 이 또한 시간을 선분화할 때나 가능한 발상이다. 역사의식과 개인의 인생행로는 이런 식으로 오버랩된다.

한데, 만약 시간이 '선분적'이지 않다면 어떻게 되는가? 아버지가 딸보다 더 어리고 '부모 미생未生' 전에 나의 본래면목이 있다면? 역사가 수많은 선분들이 중첩되는 중중무진의 매트릭스라면? 그러면 우리는 과연 후손을 위해 '개고생'을 자처할까? 또 그

'개고생'에 대해 부채의식을 가질 필요가 있을까? 또한 인생이 '뫼비우스의 띠'처럼 휘어져 있다면 그래도 '추억만들기' 따위에 몰두할 수 있을까?

그리고 또 하나. 대체 한 인간의 기억이 망라하는 범위는 어디까지일까? 임진왜란? 삼국통일? 혹은 대항해시대의 노예무역, 아메리카 원주민의 학살, 대장정, 문화혁명, 베트남전쟁, 광주항쟁… 이 모든 것을 다 기억해야 하는가? 아니, 기억할 수 있는가? "역사를 기억하라"고 할 때 그것은 이미 '더 많은 역사'를 망각하라!는 주술과 같다. 쉽게 말해, 다 잊어버리고 오직 특별한 사실, 특별한 공적들만 기억하라는 것. '추억만들기'도 마찬가지다. 특별한 사건, 특별한 감정만 기억하겠다는 것이지 삶의 모습을 '있는 그대로' 되살리겠다는 뜻은 절대 아니다. 그런 점에서 모든 기억(추억)은 날조요 망상이다. 그 기억을 바탕으로 형성된 주체 역시 '만들어진 캐릭터'일 뿐이다.

우주의 리듬, 역(易)

『걸리버 여행기』에는 소인국, 대인국, 흐이늠 등 이상하고 괴상한 도깨비나라가 출현한다. 이들과 마주치면 문명과 진보가 한순간에 '뻘짓'이 된다. 기계문명의 절정을 보여 주는 천공의 성 '라퓨타'에선 사람들이 다 '또라이'가 되었다. 『서유기』에선 더 가관이다. 하늘나라를 들었다 놨다 하는 무소불위의 능력을 터득한 손오공. 이게 인류가 도달하고자 하는 최고 수준일 터인데, 그러면 뭐하는가. 하는 짓이라곤 지 성질을 못 이겨 도처에서 깽판 치는 것밖엔 없는 걸. 또 삼장법사와 함께 서역으로 가는 길에선 온갖 요괴들이 다 출몰한다. 모양도 개성도 하는 짓도 가지가지다. 그렇다! 걸리버가 거쳐간 도깨비나라나 손오공과 108요괴가 보여 주는 건 세상은 요지경, 아니 카오스라는 것. 이 카오스적인 혼돈이 곧 우주의 본모습이라는 것. 거기가 곧 생명의 토대이자 현장이라는 것. 그에 대한 생생한 보고서가 중국의 고대 지리지인 『산해경』山海經이다.

『산해경』에는 소인국, 거인국을 비롯하여 심목국(눈이 푹 들어간 사람들의 나라), 관흉국(가슴에 구멍이 뚫린 사람들의 나라) 등 온갖 해괴망측한 나라가 다 등장한다. 뿐더러 파충류와 포유류, 어류 등이 제멋대로 뒤섞인다. 아이러니하게도 그래서 디지털 문명과 꽤 닮았다. 디지털이 인간과 기계, 육체와 정신의 경계를 해체한다면, 신화시대는 존재하는 모든 것들이 혼융되는 '유동성의 바다'다. "바람이 북쪽으로부터 불어오면 하늘은 샘물을 넘치게 하고 뱀이 물고기로 변하는데 이것이 어부魚婦이다. 전욱이 죽었다가 금방 다시 살아난 것이다." 바람과 샘물과 뱀, 물고기와 사람이 서로 넘나들고, 생사가 동시적으로 교차한다.

그렇다면 인간이 해야 할 일은 이 혼돈 속에서 시공의 좌표를 여는 것이다. 치수의 달인 우임금이 등장하는 대목이 이 지점이다. 우임금이 신하 백익伯益과 함께 천하를 "안으로는 동서남북과 중앙의 다섯 방면의 산을 나누고 밖으로는 여덟 방면의 바다를 구분하여" 각 곳의 보물과 동물, 상서로운 조짐, 특이한 사람들을 있는 그대로 기록하였다. 그것이 『산해경』이다. 『산해경』을 판타지물로 볼 수 없는 이유다.

그럼에도 『산해경』은 우리의 감성과 인식의 지평을 훌쩍 뛰어넘는다. 그에 대한 주석은 이렇다. "우주는 광활하고 뭇생명체는 도처에 산재해 있으며 음양의 기운이 왕성히 일어나"면, 그 변화무쌍함은 가히 측량할 길이 없다. 하긴 그렇다. 우리가 지금 탐사로봇들이 보내는 은하계의 현상을 볼 때 이렇지 않은가? 우주는 자신을 '있는 그대로' 보여 주지만 우리의 감각과 언어는 그것을 감당해 내지 못한다. 그래서 우주는 늘 경이롭고 또 기괴하다. 하여, "사물은 그 자체가 이상한 것이 아니고 나의 생각을 거쳐서야 이상해지는 것이기에 이상함은 결국 나에게 있는 것이지 사물이 이상한 것은"(중국 동진시대 곽박의 말) 아니다.(『산해경』에 대한 논의는 고미숙, 「울퉁불퉁한 우주에 유토피아는 없다」, 『한겨레』 2015년 2월 13일자 칼럼 참조)

하여, 이 '아사리 난장판'의 세계에 차서^{次序}: 시간적 순서와 공간적 질서를 부여한 것이 바로 역법이다. 들뢰즈·가타리 식으로 말하면, 세계의 무상한 흐름을 '절단, 채취'할 때 하나의 시공간이 탄생한다. 무극→태극→음양→오행→천간(10)/지지(12)→육십갑자→원회운세(12만 9천 6백년)

"천지는 처음에 단지 음양의 기^氣뿐이었네. 이 일기^{一氣}가 운동해 마찰을 되풀이하였지. 그 마찰 속도가 빨라지자 많은 앙금이 생겨났는데, 안에는 나갈 곳이 없으니 응결되어 한가운데에 땅이 만들어졌지. 맑은 기는 하늘이 되고 해와 달이 되고 별이 되어 언제나 바깥쪽을 돌고 있네. 땅은 한가운데 있으면서 움직이지 않지만 아래에 있는 것이 아니라네. 하늘에는 봄, 여름, 가을, 겨울이 있고, 땅에는 쇠, 나무, 물, 불이 있고, 사람에게는 인, 의, 예, 지가 있으니, 모두 네 가지가 서로 작용하는 것일세."(주희, 『낭송 주자어류』, 이영희 풀어 읽음, 북드라망, 2014, 144쪽)

음양이 사계절로, 오행으로, 또 '인의예지'로! 즉, 물리적 법칙과 계절의 운행, 그리고 인간의 윤리를 한큐에 꿰고 있다. 이것이 음양의 매트릭스다. 한 번 나아가면 양^陽, 한 번 물러서면 음^陰이다. 더 세분하면 양은 목^木, 화^火로 분화된다. 봄과 여름이라고 생각하면 된다. 음은 금金, 수水로 분화되고 가을과 겨울을 연출한다. 발산하는 기운은 목/화, 수렴하는 기운은 금/수. 그 사이를 중재하는 것이 토土다. 발산과 수렴. 낮과 밤이 무수히 교차하는 것, 이것이 우주의 역易이다. 역은 반복이 아니라 리듬이다. 매번 돌아오지만 다르게 돌아온다. 봄은 봄이건만 지난 봄이 아니다. 강도와 밀도, 곧 강밀도가 다르기 때문이다. 우주는 탄생 이래 한 번도 동일한 순간을 반복한 적이 없다. 이 차이가 곧 생성의 동력이다.

역易이란 '변한다, 쉽다'의 뜻을 동시에 지니고 있다. 변한다는 것만이 불변의 법칙이다. 그러니 얼마나 쉽고 평이한가! 당연히 앞으로 나아가지 않는다. 일치일란一治一亂이 변주되고, 생과 사, 보이는 것과 보이지 않는 것 사이를 넘나들며 상생과 상극이 교차한다. 이것이 동양적 우주론이다. "중국인은 시간의 본질은 그것 자체가 힘이고 에너지를 가진 움직임[운동]이라고 생각했다. 공간의 사물은 그 에너지를 받아들여 활동한다. 시간은 변화시키는 힘이고, 공간은 그 힘을 받아 변화하는 마당이다." 그에 반해, 서구의 자연관은 진공상태의 공간을 필요로 한다. "뉴턴의 절대공간은 그러한 내용이 없는 형식이다. 그래서 시간도 내용이 없는 등질적인 양적 시간으로서 받아들였다." 양적으로 측량하려면 균질화되어야 한다. 그리고 시작과 중간과 끝이 나란히 배열되어야 한다. "서양근대의 불행은 모든 사건을 원인-결과의 관점에서 보는 한 가지 사고, 역사의 미래에 오로지 한 가지 가치만을 인정하게 된 상황에 있다."(유아사 야스오, 『몸과 우주』, 이정배 옮김, 지식산업사, 2004, 95쪽) 혁명과 기계의 유토피아가 탄생하는 지점이다.

상화(相火)와 근대문명 — 자본주의와 분열증

"자본의 수익률이 생산과 소득의 성장률을 넘어설 때 자본주의는 자의적이고 견딜 수 없는 불평등을 자동적으로 양산하게 된다. 19세기에 이런 상황이 벌어졌으며, 21세기에도 그렇게 될 가능성이 상당히 높은 것으로 보인다." 2014년 큰 돌풍을 일으킨 토마 피케티의 『21세기 자본』의 「서문」 중 한 대목이다. 주목할 것은 '자동적으로'라는 표현이다. 신기하지 않은가? 왜 부가 늘어날수록 불균형과 동요가 '저절로' 양산되는가?

대표적인 예로, 1867년 『자본』 제1권이 출간되었을 때 당시 산업 프롤레타리아트들의 생활은 구체제하 농촌의 빈곤보다 훨씬 더 극단적이었다. 그때 제기된 질문은 간단하다. "반세기 동안의 산업적 성장을 이룬 다음에도 대중의 상황이 여전히 그 전처럼 비참하다면, 그리고 8세 미만 어린이들의 공장노동을 금지하는 것이 입법자들이 할 수 있는 일의 전부라면, 산업 발전은 무엇을 위한 것이며 이 모든 기술 혁신과 이 모든 노역과 인구 이동은 도 대체 무엇을 위한 것이란 말인가?" "최초의 공산주의와 사회주의 운동이 전개된 것은"(토마 피케티, 『21세기 자본』, 장경덕 옮김, 글항아리, 2014, 17쪽) 바로 이 지점이다. 그 이후 혁명과 전쟁, 냉전 등 얼마나 많은 희생과 비극을 치러야 했는지는 주지하는 바와 같다. 게다가 그 렇게 숱한 대가를 치렀음에도 이 질문은 여전히 유효하다. 21세 기 문명의 이 눈부신 진보에도 불구하고 양극화, 생태계의 파괴, 전쟁과 학살 같은 비극은 도무지 해결되지 않는 것일까? 대체 왜? 이것은 과연 제도 탓일까? 본성 탓일까?

『걸리버 여행기』에 보면 '야후'(인간)들은 충분히 먹을 것을 줘도 꼭 더 차지하겠다고 싸우고, 자기 것보다 남의 것을 빼앗아 먹는 걸 더 좋아한다는 대목이 나오는데, 딱 그 짝이다. 뺏어 먹 는 쾌감이 더 큰 것이다. 자본주의는 '설탕지옥'에서 시작되었음 을 상기하자. 단맛은 비위의 토土기운을 북돋운다. 단맛이 고도화 되면 토기는 더더욱 항진되어 열이 상체로 쏠리게 된다. 초콜릿 이 주는 쾌감을 떠올리면 된다. 비위의 확장, 그것은 탐식을 야기 한다. 필요한 것 이상을 먹어야 하고, 남을 착취할 때 더 큰 쾌감을 느낀다. 즉, 이 식탐에는 지배욕, 인정욕망 등도 포함된다. 그러다 보니 늘 스릴과 서스펜스를 즐기는 신체가 된 것이다. 한의학적으 로 말하면, '상화相火 망동'이 그것이다.

오장육부 가운데 가장 핵심적인 축은 심장과 신장이다. 심장은 '군주지관'君主之官이다. 이 심장과 맞짱을 뜰 수 있는 장부가 바로 신장이다. 심장이 불이라면, 신장은 정精을 저장하는 '물의 나라'다. 신장은 두 개인데, 좌신과 우명문이 그것이다. 이 명문命門이 곧 '상화'相火다. 심장의 불은 군화君火다. 생명활동에 꼭 필요한 불이다. 반면, 상화는 일종의 잉여다. 따라서 어떻게 쓰느냐에 따라 불의 속성이 전혀 달라진다.

이 상화야말로 문명의 동력이다. 인류 역사에서 '불의 발견'이 차지하는 의미를 환기하면 될 것이다. 생물학적으로도 불에 익힌 음식을 먹으면서 인간은 비로소 직립보행이 가능해졌다고 한다. 상화가 잉여의 불이듯이, 문명 또한 소유와 축적, 잉여와 착취를 통해 이루어지지 않았던가. 그런 속성은 근대문명과 더불어 마침내 절정에 이른다. 자본주의는 이 상화를 최고조로 끌어올리면서 시작되었다. 설탕과 아편, 총·균·쇠, 노예무역과 공장시스템 등등. 어디 그뿐인가. 열정과 꿈, 낭만과 에로스, 광기와 미학 등 우리가 즐겨 쓰는 수사학 역시 다 상화망동을 전제로 한다. 들뢰즈와 가타리가 『안티 오이디푸스』나 『천 개의 고원』에서 자본주의와 분열증을 연결한 것도 이런 맥락이리라. 자본주의는 욕망을 분화하고 미시화하여 극한으로 유도한다. 그래야 화폐를 향해 미친 듯이 돌진할 테니까. 신경증, 정신병, 변태 등이 양산되는 토대도 바로 여기다.

앞에서도 밝혔듯이, 그 점에서는 사회주의 역시 마찬가지다. 자본을 향해 미친 듯이 달려가는 것도 광기지만, 혁명투사나 노동영웅들 역시 '워크홀릭' 상태로 일하다 대부분 과로사했다(스탈린이 대표적인 워크홀릭!). 이런 과정을 거치면서 인류는 상화를 쓰는 패턴을 일반화한 것이 아닐지. 부르주아문명이건 프롤레타리아트혁명이건 이상적 목표를 설정해 놓고선 열정적으로 달려간다. 왜 그래야 하는지, 그 다음에 뭘 할지는 생각할 여유도, 필요도 없다. 이 맞불작전에서 '덜 핫했던' 사회주의가 먼저 몰락했고, '너무 핫해진' 자본주의는 보다시피 거품과 부채에 허덕이고 있다. 이제 어디로 가지? 더 이상 달려갈 선분이 없다. 프랜시스 후쿠야마가 선언한 '역사의 종언'이 도래한 것인가?

북유럽식의 복지국가가 있지 않느냐고 생각할 것이다. 빈부격차를 해소하고 균형과 조화를 이룬 이상적인 사회체. 그런데 거기는 과연 유토피아일까? 이 문제는 차차 탐색하기로 하고, 일단 전 세계가 향하고 있는 종착지가 복지천국인 건 분명한 듯싶다. "바보야, 문제는 경제야!" "바보야, 문제는 분배야!" 거의 매일 신문을 장식하는 언표들이다.

경제와 분배——이것이 정치의 거의 유일한 과제다. 그래서 '일단 나누고 보자'가 좌파라면, '일단 벌고 그 다음에 좀 나누자'

가 우파다. 결국 지향점은 '많이 벌어 많이 나누자!'가 될 수밖에. 그래서 점점 더 차이가 없어진다. 하지만 이 또한 무망한 노릇인 것이, 지구상의 70억 인구가 모두 중산층의 복지를 누린다면 누군가의 말마따나 3.5개의 지구가 필요할 것이다. 다행히 그런 날은 오지 않는다. 더 문제적인 건 이미 언급했듯이, 이 노선은 지루하다. 상화망동의 상태에 젖은, 들뢰즈·가타리의 표현을 빌리면 분열증적 신체를 지닌 현대인들에게 이런 사회체는 영 '땡기지' 않는다. 양극화가 격심해져도 계급적 연대와 저항이 통 먹히지 않는 것도 이 때문이다. 심지어 대중들은 때때로 자신들의 착취와 탄압에 동의하는 노선에 동참하기도 한다. 그럴 때면 좌파들은 말한다. 대중은 속고 있다고. 하지만 과연 그럴까? "그것은 이데올로기의 문제, 오해와 가상의 문제가 아니다. 그것은 욕망의 문제이며, 욕망은 하부구조의 일부이다."(질 들뢰즈·펠릭스 가타리, 『안티 오이디푸스: 자본주의와 분열증』, 김재인 옮김, 민음사, 2014(3판), 187쪽) 이 욕망의 불꽃이 바로 상화다!

입자에서 파동으로

그렇다면 이제 역사가 구성한 '선분'은 오류임이 판명났다. 〈인터스텔라〉나 〈바람계곡의 나우시카〉가 보여 주듯, 시간은 앞으로 흘러가지 않는다. 점진적으로, 변증법적으로 진행하지도 않는다. 『21세기 자본』에도 나오지만, 리카도David Ricardo나 맬서스Thomas R. Malthus처럼 대단한 이론가들도 미래를 전혀 예측하지 못했다. 마르크스 역시 마찬가지였다. 그의 예견과는 달리, 사회주의혁명 은 자본주의가 고도로 발전한 영국이 아니라 지독히 낙후된 러시 아에서 일어났다. 또 중국의 경우, 노동자가 아니라 농민이 혁명 의 주역이었다.

우리나라 또한 마찬가지다. 식민지가 그랬고, 전쟁이 그렇고, IMF가 그랬다. 모든 사건은 '도둑처럼' 왔다! 하긴 물리적 법칙도 그렇지 않은가. 쿤Thomas Kuhn의 '패러다임 시프트'가 말해 주듯, 천동설과 지동설은 계승, 발전의 관계가 아니다. 아리스토텔레스 의 과학과 뉴턴 역학, 양자역학은 전혀 다른 패러다임일 뿐이다. 하여, 비교도 흡수도 불가능하다. 마찬가지로 중세와 근대, 서구 와 동양은 절대 '연속적'이지 않다. 전혀 다른 배치일 뿐이다. 하지 만 관성은 무섭다. 역사의 선분이 증발했는데도, 한치 앞을 예측 할 수 없는데도, 사람들은 여전히 자본을 향해 올인한다.

주지하듯이, 유럽과 미국으로 대변되는 서구문명은 온갖 만 행과 최고의 성취를 동시에 보여 주었다. 한편, 중국은 혁명에 관 한 거의 모든 노선을 다 실험한 국가다. 항일투쟁에서 국공합작,

대장정, 공산화, 문화혁명, 개방·개혁 등등. 그 결과 공산당이 통치하는, 가장 빈부격차가 심한 제국주의로 탈바꿈했다. 이를테면, 초고도의 중앙집중화와 부에 대한 참을 수 없는 욕망이 짬뽕된 체제라고나 할까. 뭐, 이런 희한한 사회체가 다 있담. 『산해경』에 등장하는, 얼굴은 사람인데 몸통은 뱀이고 꼬리는 잉어인 동물 같은 느낌이다. 어찌 됐건 서구와 중국의 실험, 그것은 인류사의 소중한 자산이다. 이제 다시 그 야만과 성취, 온갖 시행착오를 다시 반복할 필요는 없다.

고로, 지금은 바야흐로 역사의 선분에서 우주의 리듬으로 도약해야 할 때다. 선에서 역으로! 그 순간 주체는 입자에서 파동으로 전이한다. 마르크스도 레닌도 감히 상상하지 못했던 스마트폰의 혁명은 우리에게 파동적 존재가 되라고 요구한다. 그것은 더 이상 기술과 혁명의 유토피아를 향해 돌진하는 주체가 아니다. 정보의 바다를 매끄럽게 유영하는 '고도의 유동적' 신체가 되라는 뜻이다. 시작도 없고 끝도 없는, 오직 접속과 변이만이 가능한 파동적 주체! 그러기 위해선 과거도 미래도 아닌 '지금, 여기'의 순간을 온전히 향유하는 신체적 능동성이 요구된다. 바람계곡의 공주 나우시카가 바로 그런 존재다. 그녀는 '메베'라는 날틀을 타고 공중을 날아다니며 제국의 폭력에 맞서 싸우는 '전쟁기계'이자 곤충과 식물과도 깊이 교감하는 '에콜로지스트'다. 문명과 자연을 가로지르는 충만한 신체, 나우시카!

　모두가 구도자가 되라는 말이야? 그렇다! 사회주의는 대중을 혁명적 주체로, 근대국가는 국민으로 호명하였다. 그렇게 해서 일생 동안 투쟁과 노동에 복무하도록 동원했다. 이런 무지막지한 일도 해냈으면서, 왜 '구도'라는 말에는 거부감을 갖는가? 이게 훨씬 쉬운 일인데 말이다. 더 나아가 한번 따져 보라. 모든 대중이 '자기 삶의 구도자'가 되지 않고도 이룰 수 있는 혁명이 과연 있는가? 어쩌면 이제 인류에게 남은 혁명은 모두가 구도자가 되는 코스뿐일지도 모른다(기술 혁신의 아이콘이자 정신적 구루의 풍모를 동시에 지녔던 스티브 잡스가 좋은 예라 할 수 있다).

　현상적으로 이미 비슷한 양상이 진행되고 있다. 앞으로 청년 세대는 학교를 거부하고, 취업을 거부하고, 결혼을 거부할 것이다. 이게 출가자가 아니고 뭔가? 다만 이전처럼 산정으로 물러나거나 제도종교로 진입할 필요가 없이, 자기가 선 자리에서 삶의 전제와 형식만 바꾸면 된다. 전제와 형식을 바꾸는 것, 그것이 곧 구도다. 그것만이 상화망동을 가라앉히고 존재의 평형수를 확보하는 유일한 길이 아닐지.

　우주에는 시작도 없고 끝도 없다. 모든 것은 과정 중에 있다. 여기에서 저기로, 거기에서 여기로. 기억의 주술, 미래적 판타지가 다 허망한 이유다. 고로 이제 우리에게 남은 선택지는 둘 중 하나다. 역사라는 낡은 선분을 고집하면서 유토피아적 망령을 쫓아 달려갈 것인가? 아니면 차이와 생성이라는 역易의 매트릭스로 진입할 것인가?

2장

사주명리학과 생명주권

"우리는 우리 삶의 제작자들이다.
우리 삶의 각 순간들은 일종의 창조이다."

―――― 앙리 베르그손

(『창조적 진화』, 황수영 옮김, 아카넷, 2005, 28쪽)

바실리 칸딘스키, 「작은 세계 V」(Small World V), 1922

당연한 말이지만, 사람마다 타고난 리듬과 강밀도는 다 다르다. 그것은 곧 자신의 무의식이
자 욕망의 발로다. 즉 외부의 초월적 존재에 의해 결정된 것이 아니라, 몸의 '기·형·질'을 구
성하기 위해 나 스스로 선택한 '존재의 패턴'이라는 것. (……) 바로 그렇기 때문에 역설적으
로 모든 팔자는 평등하다! 이것을 얻으면 저것이 부족하고, 저것을 얻으면 이것을 잃는다.

선분에서 역*易*으로! 앞에서 우리가 도달한 결론이다. 과거-현재-미래를 직선의 레일에 세워 두는 한, 우리는 결단코 '현재'를 살 수 없다. 시공간적 이치상 과거와 미래는 없다. 과거는 흘러갔고, 미래는 영원히 오지 않는다. 그렇다면 결국 삶은 '현재' 혹은 '찰나'로만 구성된다는 것인데, 모든 종교와 철학이 '지금, 여기'를 강조하는 것도 그 때문이리라.

'지금here 여기now'와 '자기속도'

『주역』은 동양사상의 시원이다. 하여, 동양에선 아주 오래전부터 역의 이치를 탐구해 왔다. 반면 서구는 유일신사상과 자본주의의 속도전이 결합하면서 유토피아적 선분을 설정하고 그 위를 맹렬하게 달려왔다. 하지만 프랑스 68혁명 이후 서구에서도 그런 선분성을 격파하는 담론이 등장했다. "세계사는 우발들의 역사이지 필연의 역사가 아니며, 절단들과 극한들의 역사이지 연속성의 역사가 아니다."(들뢰즈·가타리, 『안티 오이디푸스』, 246쪽) 당연히 목적도 방향도 없다! 그렇다면? 선분에서 뛰어내려 탈주를 시도해야 한다. 이때 탈주란 '지금, 여기'의 복원이자 '자기속도'의 창안을 의미한다. 여기까지는 참으로 매혹적이다. 문제는 그 다음이다. 참조할 만한 지도가 없기 때문이다.

지도가 없는 길 위에 나설 때는 두 가지 위험이 도사리고 있다. 돈키호테처럼 시대와 어긋난 이상에 도취되어 허공을 향해 하이킥을 날리거나 아니면 1960년대 록스타들이 그랬듯이 약물에 빠져 죽음을 향해 달려가거나. 그야말로 '죽거나 나쁘거나' 둘 중의 하나인 것. 어쩌면 그것이 서구사상의 근원적 한계가 아닐까 싶다. 서구사상은 이미 오래전에 '자연과의 대칭성'을 망각한 탓에 '실존적 주체' 혹은 '사회체'를 벗어난 지도가 없다. 하여, 역사적 선분 위에서 가열차게 진군할 때는 아주 유효하지만 그 라인을 벗어나면 막막하기 그지없다. '끊임없는 탈주' 혹은 '과정으로서의 혁명'이라는 다소 수사적 구호만이 메아리칠 뿐! 들뢰즈·가타리 역시 그 점을 감지한 듯하다. 『안티 오이디푸스』에선 욕망의 탈주를 외치지만 뒤에 쓴 『천 개의 고원』에선 이렇게 덧붙인다. "탈주하라, 그러나 신중하게!" 신중한 탈주? 왠지 형용모순처럼 보인다. 게다가 그 궁극적 지향점은 '도道의 유동성'이다. 푸코가 『성의 역사』에서 그리스-로마시대의 '양생술'로 귀환한 것과 비슷한 맥락이다. 양생술과 '도', 우발성과 탈주의 철학이 '역의 리듬'과 마주치는 지점이다.

음양오행 ― 인드라망 혹은 매트릭스

음양오행은 우주의 다섯 가지 스텝이다. 봄(목木)-여름(화火)-가을(금金)-겨울(수水), 그리고 환절기(토土)가 그것이다. 이 리듬은 편재한다. 하루, 한 달, 24절기, 72절후, 사계절, 10년, 60갑자, 원회운세의 흐름에서 오장육부와 칠정七情: 인간의 기본적인 일곱 가지 감정, 희노우사비경공, 통치와 제도, 지리와 운기에 이르기까지, 우주상의 어떤 존재와 활동도 이 리듬을 벗어날 수 없다. 삼라만상이 끊임없이 생성소멸하는 인드라망 혹은 매트릭스라고나 할까.

당연히 근대식 분과학에는 들어설 자리가 없다. 하지만 삶의 지도 혹은 자기속도를 구현하는 내비게이션으로는 아주 유효하다. 『주역』은 오랫동안 통치의 기술로 활용되었고, 풍수는 지리적 탐사의 원리로, 관상과 명리학은 운명을 읽어 내는 '실용지'였다. 지금도 그렇지 않은가. 기술문명이 발전할수록 역술원은 더더욱 증가한다. 과학이 삶에 대해 제공해 줄 수 있는 힌트가 그다지 많지 않기 때문이다. 2015년의 메르스 사태에서도 보았듯이 사람들은 과학을 신봉하지만 정작 일상에선 그다지 신뢰하지 않는다. 방역당국과 미디어는 바이러스에 대한 정보를 무수히 쏟아 낸다. 하지만 그 예방책은 '손을 씻어라, 마스크를 써라'가 고작이다. 정보는 넘치는데 실천의 장은 협소해질 때, 그때 불안이 증폭된다. 그 결과가 시장의 붕괴다. 메르스 사태가 진행되는 동안 수조 원에 달하는 자본이 증발해 버렸다. 참으로 대단하지 않은가. 어떤 저항과 시위도 이렇게 자본의 흐름에 치명타를 안겨 주진 못하리라.

과학을 신봉하면서도 전혀 '과학적으로' 살지 않는 현대인! 역술원이 늘어나고 주요 일간지마다 '오늘의 운세'가 늘 검색어상위를 차지하는 이유다. 맞고 안 맞고는 중요하지 않다. 의료적 진단이나 출구조사, 일기예보도 수시로 틀린다. 역학이나 운세도 마찬가지다. 농담 삼아 말하면, 틀리니까 역학이다!^^ 따라서 중요한 건 적중률이 아니라 그 담론 구성의 원리다.

근대적 지식은 모든 것을 분할한다. 잘게 쪼갠 다음 깊게 파내려간다. 전공이 끝도 없이 분화되는 이유다. 하지만 너무 잘게 나누고, 깊게 파 내려간 탓인가. 다시 처음으로 돌아와 다른 분야들과 뒤섞이질 못한다. 지난 몇십 년 동안 '융합, 통섭, 횡단'을 외쳤건만 분과학의 경계는 더욱 견고해진 느낌이다. 그러니 정보가 홍수처럼 쏟아질 수밖에. 또 그럴수록 삶은 점점 더 길을 잃을 수밖에.

그에 반해 동양사상은 이 모든 것을 '한큐'에 꿴다. 존재론과 인식론, 그리고 윤리학이 고스란히 중첩된다. 그 저변에 깔린 음양오행론은 모든 지식이 교차하는 지대다. 지극히 미세한 것에서 무한히 거대한 것까지를 관통하고, '인간과 사회와 생태'를 단번에 주파하는 역동성을 내장하고 있다. 그런 점에서 현대인들이 역술원을 찾는 건 단지 정보에 대한 갈증만은 아닌 듯싶다. 이를테면, 아주 낯설고 이질적인 정보들이 다양한 방식으로 이어지는 '앎의 우발성' 그 자체에 대한 호기심이 아닐지.

'운명애'와 생명주권

공자가 광匡 땅으로 여행했을 때 송나라 사람들에게 겹겹으로 포위당했다. 그래도 공자는 거문고를 타고 노래를 부르는 것을 그치려 하지 않았다. 자로가 방으로 들어가 만나서 "어찌 선생님은 즐기고만 계십니까?" 하고 따져 물었다.

공자는 대답했다.

"내가 궁지를 꺼려 온 지는 오래다. 그러면서도 면치 못하는 것은 운명이야. 모든 일이 뜻대로 되기를 바라 온 지도 오래다. 그러면서도 그렇게 되지 못하는 것은 시세時勢 탓이지. (……) 궁지에 몰리느냐 뜻대로 되느냐 하는 데에는 운명이나 시세가 있음을 알고, 큰 난관에 부딪혀도 두려워하지 않는 것은 성인의 용기라네. 유야, 침착하게 그대로 있으라. 내 운명에도 한계가 있을 테니까."

얼마 안 있어 병사들의 지휘자가 찾아와 인사를 하며 말했다. "양호로 알고 포위했습니다만 이제 그렇지 않다는 걸 알았습니다. 용서를 빌며 이만 물러가겠습니다."(장자, 『장자』, 안동림 역주, 현암사, 1998, 435쪽)

이게 그 유명한 '광땅의 환난'이다. 공자는 말한다. 궁지를 면치 못하는 것은 운명이고, 뜻대로 되지 않는 것은 시세 탓이라고. 운명이란 '명을 운전한다'는 뜻을, 시세는 '때의 형세'를 이른다. 존재의 리듬이 시절인연을 만나는 것, 그것이 곧 운명이다. 하여, 성공도 좌절도 결국은 '타이밍'이 결정한다. 그러니 뜻대로 이루어졌다고 기뻐할 것도, 느닷없이 난관에 부딪혔다고 해서 좌절할 것도 없다. 시대적 사건 역시 마찬가지다. 때를 만나지 않고 이루어진 역사는 없다! 그러니 그 흐름에 따라 유연하게 흘러가는 수밖엔.

아, 오해하지 말 것은 이것은 결코 무기력한 순응이나 퇴행이 아니라는 점이다. 오히려 그 반대다. 때의 형세를 알아 마음의 거처를 정하는 것은 그야말로 능동적 실천이다. 나아가 '어찌할 수 없음'이란 나의 행위가 '우주적 인연조건'의 소산임을 기꺼이 받아들인다는 뜻이다. 실존적 결단이 세계를 이끌어 간다고 보는 서구식 '인간중심주의'와는 질적으로 다른 태도다.

이것은 주체성보다는 생명주권이라는 개념에 더 가깝다. 전자가 '데카르트적' 이성을 전제로 삼는다면, 후자는 이성을 넘어 무의식 혹은 생명의 네트워크를 향한다. 전자의 영역에선 생로병사의 이치를 파악하기 어렵다. 노동과 소비, 사유재산과 권리를 척도로 삼기 때문이다. 그것은 늘 성공과 좌절이라는 두 가지 축 사이를 요동친다. 역사와 혁명의 레일이 그랬던 것처럼. 이 레일 위를 달리는 이들은 말한다. '운명은 극복'하는 것이라고. 뭐, 그럴 수도 있다. 한데, 그 극복의 척도가 왜 꼭 노동과 부, 역사적 공과로 한정되어야 하지? 그 척도를 고수하는 한 현재는 늘 '과도기'고, 삶은 늘 '결핍'에 시달릴 수밖에 없다.

그런 점에서 자신의 삶을 '있는 그대로' 사랑할 수 있는 것보다 더 위대한 건 없다. 환난을 당했을 때 거문고를 켤 수 있는 공자, 그리고 그것을 담담하게 전하는 장자를 보라! 우리가 부러워하고 도달해야 할 경지는 바로 저기다. 왜 우리는 운명애를 누릴 수 없는가? 열정과 꿈이라는 망상에 휘둘려 화폐를 향해 질주하다 장렬하게 전사하는 이 지루한 패턴을 언제까지 반복해야 하는가? 존재의 심연에서 이런 외침이 터져 나온다면, 그것이 곧 생명주권의 발로다. 한데, 그러기 위해선 알아야 한다. 운명의 원리, 곧 존재와 시절이 마주치는 이치에 대하여.

세상에는 수많은 운명학이 있다. 타로와 별자리, 관상과 수상, 『주역』과 『토정비결』 등등. 다 나름의 유용함이 있다. 그 중에서 특히 사주명리학을 택한 건 다름 아닌 그 '담론적' 잠재력 때문이다.

사주명리학과 에콜로지

사주는 태어난 생년월일시를 갑자력에 의거하여 배열한 네 개의 기둥이다. 모두 여덟 글자로 이루어져 있어 팔자八字다. 예컨대 이 글을 쓰는 지금 시점에 태어나는 아이가 있다면, 연주는 을미乙未 월주는 임오壬午, 일주는 경오庚午, 시주는 임오壬午, 이렇게 구성된다.[그림 1] 이 여덟 개의 글자를 상생상극相生相剋의 법칙에 따라 재배열하면 이런 동그라미가 나온다.[그림 2]

[그림 1]

	시주	일주	월주	연주
천간	壬	庚	壬	乙
지지	午	午	午	未

[그림 2]

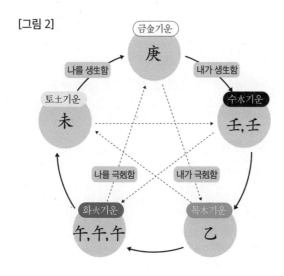

해석의 첫 단서는 일간^{日干}이다. 태어난 날의 천간^{天干}인데, 명주^{命主}라고도 한다. 갑을^{甲乙}(목木기운)/병정^{丙丁}(화火기운)/무기^{戊己}(토土기운)/경신^{庚辛}(금金기운)/임계^{壬癸}(수水기운), 모두 열 가지 유형이 있다. 이것을 기준으로 나머지 글자들의 상생상극의 파노라

마가 결정된다.

담론적 차원에서 가장 먼저 주목할 사항은 일간이 지닌 '탈주체화'의 측면이다. '나는 누구인가?'라고 할 때 대부분은 사회적 호명체계를 기본으로 한다. 주민등록번호를 비롯하여 가족관계, 학벌과 직업 등등. 하지만 사주에선 '나'라는 존재가 우주적 관계망에서 규정된다. 그림의 주인공의 경우, 일간은 경庚이다. 경은 음양으론 양, 오행 중에선 금이다. 말하자면 이 사람은 바위나 쇠, 혹은 열매로 표상되는, 안으로 단단하게 수렴하는 기운을 타고났다. 오장육부에선 '폐/대장'이 발달했고, 성격적으로는 규칙과 의리를 중시한다. 대신 뒤끝이 길고, 자칫 독단으로 치달을 수 있다. 이런 식으로 유추하다 보면 그 안에 내재된 무의식과 잠재력, 혹은 욕망의 벡터를 두루 읽어 낼 수 있다. 그것은 우주적 기운이면서 사회적 장을 구성하고 또 '나'라는 주체의 질료가 된다(그에 비하면 서양 별자리는 다분히 수사적이고 상징적이다). 그런 점에서 사주명리학은 일종의 에콜로지적 사유에 속한다.

서구식 에콜로지는 인간과 자연의 조화를 표방하긴 하지만 그 안에는 인간/자연이라는 대쌍을 전제로 하고 있다. 인간중심주의를 넘어서기가 쉽지 않은 탓이다. 하지만 사주명리학은 인간이나 자연, 나아가 문명과 기계까지도 음양오행의 산물로 파악한다. 단지 리듬과 강밀도의 차이만 있을 뿐! 따라서 이 매트릭스에 접속하는 순간 곧바로 우주적 감응을 체험할 수 있다. '나는 시냇물이다, 나는 큰 나무다, 나는 잡초다' 등등.

다음, 운명론에서 핵심은 요소가 아니라 운동이다. 팔자란 고정된 것이 아니라 끊임없이 흘러간다. 상생하고 또 상극한다. 이 리듬을 잘 조율해야 오버하거나 다운되는 양극단을 피할 수 있다. 거기에 10년마다 달라지는 대운과 매년의 세운이 겹쳐진다. 여기에서 그 해의 『토정비결』이 나오고 오늘의 운세(일진)가 도출된다. 운명을 안다는 건 이 존재와 우주의 유동성을 깨치는 일이다. 그것만으로도 푸코의 이런 도발적 담론과 맞짱을 뜰 수 있다. "통일성보다는 흐름을, 체계보다는 유동적 배치체를 취하라. 생산적인 것은 정주定住가 아니라 유목이라는 것을 믿으라."(미셸 푸코, 「서문」, 들뢰즈·가타리, 『안티 오이디푸스』, 8~9쪽)

팔자의 정치경제학

요컨대, 운명의 핵심은 창조와 순환이다. 흘러갈 수 있어야 새로운 스텝을 만들 수 있고, 그 역도 마찬가지다. '찰나'에 집중하라는 불교적 수행이나 '일신우일신'日新又日新의 유교적 윤리, '생생불식' 生生不息이라는 『주역』의 이치가 다 여기에서 비롯한다.

다시 앞의 [그림 2]를 참조하고 [그림 3]을 보면, 명리학적 명칭은 '활동과 관계'를 표현한다. 비겁(비견과 겁재)—식상(식신과 상관)—재성(정재와 편재)—관성(정관과 편관)—인성(정인과 편인). 이름하여 십신十神, 곧 열 개의 운동에너지가 그것이다.[자세한 내용은 고미숙, 『나의 운명 사용설명서』, 북드라망, 2012를 참조]

간략하게 설명하면, 비겁은 나의 주체성, 식상은 욕구와 재능, 재성은 일과 돈, 관성은 조직과 책임감, 인성은 공부와 지혜 등으로 정리할 수 있다. 이것이 활동의 흐름이라면 그 위에 관계의 차원이 중첩된다. 비겁은 나와 '수평적' 관계, 식상은 내가 '낳고 기르는' 관계, 재성은 내가 '극하는'(조절하는) 관계, 관성은 나를

[그림 3]

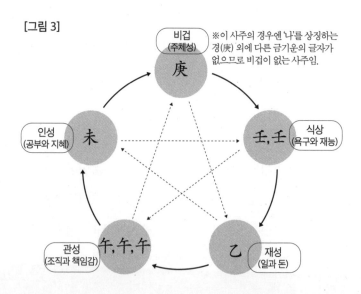

'극하는'(제약하는) 관계, 인성은 나를 '길러 주는' 관계 등. 요컨대 운명이란 '활동을 어떻게 구성할 것인가? 관계를 어떻게 맺을 것인가?'에 달려 있는 셈이다.

당연한 말이지만, 사람마다 타고난 리듬과 강밀도는 다 다르다. 그것은 곧 자신의 무의식이자 욕망의 발로다. 즉 외부의 초월적 존재에 의해 결정된 것이 아니라, 몸의 '기·형·질'을 구성하기 위해 나 스스로 선택한 '존재의 패턴'이라는 것. 물론 그 과정에서 갖가지 편향이 발생한다. 지나치거나 모자라거나. 하기사 우주가 카오스인데, 어찌 사람이 모든 기운을 고루 갖출 수 있으랴. 한데, 바로 그렇기 때문에 역설적으로 모든 팔자는 평등하다! 이것을 얻으면 저것이 부족하고, 저것을 얻으면 이것을 잃는다. 재능이 뛰어나면 공공의 표적이 되기 쉽고, 높이 오르면 져야 할 짐이 많다. 명리적 언어로 풀어 보면, 비겁이 많으면 자존감이 넘쳐 고립되고, 식상이 많으면 끼를 주체하지 못해 자폭하고, 재성이 과다하면 돈에 중독되고, 관성에 집착하다 보면 권력의 희생양이 될 수 있다. 또 인성의 늪에 빠지면 두 발로 서질 못한다. 이런 '생극제화'生克制化의 리듬이 인생이다. 여기에는 어떤 위계나 서열도 없다. 아울러 이 편향과 왜곡을 바로잡아 주는 제도나 시스템 따위는 없다. 하여 누구든 '자기 삶의 매니저'가 되어야 한다. 태과불급의 속도를 스스로 조율하는! 이것은 통계와 통념으로 환원되지 않는다. 하여, 그 자체로 자본에 '반反하는' 탈주선이 된다. "욕망은 혁명을 '바라지' 않는다. 욕망은 그 자체로, 저도 모르게, 자신이 바라는 것을 바람으로써 혁명적이다."[들뢰즈·가타리, 『안티 오이디푸스』, 208쪽]

　물론 자본도 이런 원리를 알고 있다. 해서 두 가지 전략을 동시에 수행한다. 한편으론 "욕망의 흐름들을 해방하지만" 그와 동시에 "자신을 극한으로 밀어붙이는 운동에 맞서 온 힘을 다해 끊임없이 거역한다."[들뢰즈·가타리, 앞의 책, 246쪽] 가장 견고한 바리케이드가 바로 '가족주의'다. 욕망 혹은 생명의 흐름을 '가족삼각형' 안에 가두어 버리는 것이다(이에 대해서는 다음 장에서 다룰 것이다). 욕망이든 생명이든 이 삼각형 안에 갇히는 순간 운명의 스텝은 심하게 꼬여 버린다. 그때 터져 나오는 증상. 내가 누군지 모르겠어! 어떻게 살아야 할지 모르겠어! 무지만큼 괴로운 일은 없다. 그러면 자본은 다시 그 증상들을 상품화한다. 심리상담과 정신분석, 역술원과 명상원 등 도처에 '힐링캠프'가 범람한다. 소위 '마음산업'이 5차산업으로 부상할 것이라는 전망도 이런 맥락의 소산이다. 자본과 마음 사이의 '기묘한 밀당'!^^

　그렇다면 이제 운명을 보는 시선을 바꾸어야 하지 않을까? 사람들의 시선이 쏠리는 대목은 주로 재성과 관성이다. 구체적으로 말하면 화폐와 정규직. 이것만 채우면 운이 풀릴 거라 여기지만 사실은 그 반대다. 재성과 관성으로 쏠리면 생의 흐름 전체가 타격을 입는다. 비겁과 식상, 인성으로 가는 길이 다 막혀 버리는 탓이다. 그럴 때 신체는 경직되고 관계는 빈곤해진다. '길흉화복'의 척도는 신체의 능동성과 인복이다. 신체가 유연하게 움직이고 주변에 사람이 모이면 무엇이든 가능하다. 반대로 엄청난 유산과 스펙을 지녔다고 해도 주변에 사람이 없으면 운은 꽉 막혀 버린다. 많이 가지면 뭣하는가. 할 수 있는 것이라곤 식욕과 성욕의 항진뿐인 걸. 또 높이 올라가면 뭐하는가. 한치 앞을 예측할 수 없어 불안에 시달릴 텐데. 요컨대 잘 산다는 건 '더 많이! 더 높이!'가 아니라 '잘 흘러가고 있는가'가 핵심이다. 비겁에서 식상으로, 재성에서 관성으로, 인성에서 다시 새로운 비겁으로!

생명주권이란 이 흐름 전체를 주도할 수 있는 능력의 확보를 의미한다. 예컨대, 창조적 활동(식상)과 돈의 용법(재성), 집합적 관계(혹은 우정의 네트워크)(관성), 지혜와 깨달음(인성), 이 열 개의 운동에너지십신를 동시적으로 조율해야 한다. 그래야만 인생의 사계절, 곧 생로병사의 리듬을 유연하게 밟아갈 수 있다. 그것이 곧 공자나 장자의 경지다. 운명의 포인트가 여기에 있다면 정치경제학 역시 이 지점에 착안해야 한다. 풀뿌리 민주주의의 비전이 본디 이런 것이었으리라. 시민들의 '자율적' 참여로 정치경제적 모순을 타파하고, 그것을 바탕으로 삶의 원대한 비전을 탐구하는 코스! 해서 80년대엔 풀뿌리 민주주의가 정착되면 '모든 국민이 주인이 되는' 정치가 가능할 거라고 믿어 의심치 않았다. 하지만 보다시피 지금은 아무도 그렇게 믿지 않는다. 무게중심이 오직 재성과 관성에 쏠려 있기 때문이다. 그러면 할 수 있는 일이 주로 토목공사뿐이다. 아닌 게 아니라 지난 이십여 년 동안 전국 곳곳이 리모델링 중이었다. 결과는? 보다시피 '두 파산'——경제적 파산과 정치적 파산——을 겪고 있는 중이다.

그렇다! 핵심은 스펙터클이 아니라 창조와 순환이다. 안과 밖, 위와 아래, 중앙과 지역 등이 넘나들어야 한다. 그래서 사람이다! 사람이 들끓으면 유무형의 가치들이 흘러오고 흘러간다. 또 일단 흐르기만 하면 아무리 작은 것이라도 세계 전체와 연결될 수 있다. 스마트폰 시대가 주는 은총이 바로 그것 아닌가. '글로컬' glocal한 네트워크의 범람. 21세기 정치경제학의 운명은 여기에 달려 있다.

명리학적 관점에서 본 서세동점

몸과 우주, 그리고 삶의 비전이 하나로 '통'한다면, 명리학적 이치는 인생뿐 아니라 문명의 배치에도 적용될 수 있다. 주지하듯이,

15세기 이래 대항해시대가 열리면서 서세동점西勢東漸이 시작되었다. 처음 유럽인들이 동양에 오기 시작한 것은 후추 때문이었다. 인도의 향신료, 그 중에서도 후추의 쏘는 듯한 맛에 서양인들이 미혹되었다. 그때 유럽의 상류층은 후추를 먹을 수 있는 계층이라는 뜻이었다고 한다.[KBS 다큐멘터리 〈바다의 제국〉 참조] 그 다음엔 설탕과 차, 면직물 등으로 이어진다. 결국 미각과 촉각이 서구인들의 욕망을 자극하고 그 욕망이 서세동점이라는 역사적 대격변을 만들어 낸 것.

설탕의 단맛과 후추의 쏘는 맛, 이것은 명리학적으로 보면 '식상'이다. 여기에서 부의 빅뱅(재성)이 일어났고, 그것이 노예무역과 식민지(관성)로 이어졌다. 전자가 재성에 해당한다면 후자는 관성이다. 식상에서 재성, 재성에서 관성으로 가는 아주 새로운 길이 열린 것. 그 다음에 존재와 세계를 보는 인식의 지평, 곧 인성이 달라진다. 근대과학과 이성적 합리성이라는 새로운 척도가 이식된 것이다. 이것이 서세동점의 명리학적 코스다. 이 코스에 진입하게 되면 신체의 생물학적 회로가 바뀐다. 앞에서도 밝혔듯이 상화相火가 망동하면서 성호르몬의 분비가 왕성해진다. 그래야 근대적 삶의 방식을 진리라고 믿으면서 화폐와 노동을 향해 진격하게 된다. 이것이 근대적 '주체생산방식'이다.

서구는 도둑처럼 왔다! 동양은 어느 날 문득 문이 열리고 천지가 뒤집히는 경험을 했다. 역사란 얼마나 우발적인 것인지! 아무튼 그로부터 1세기. 이제 동양과 서양은 완전히 뒤섞여 버렸다. 우리는 서구인보다 '더 서구적인' 신체를 갖게 되었다. 이런 문명적 대전환의 첫 단서가 미각이라는 것은 참으로 흥미롭다. 요컨대, 우리의 혀가 우리의 운명을 결정짓는다. 또 설탕과 후추의 강렬함, 그것은 성호르몬을 자극한다. 그 에너지를 바탕으로 화폐를 향해 돌진한다. 화폐와 에로스의 운명적 결합! 들뢰즈·가타리가 자본주의를 분열증으로 분석한 것도 이런 맥락일 터, 그렇다면 결국 혁명이란 욕망의 '탈영토화'에 다름 아니다. 이를테면, 미각의 배치를 바꾸거나 화폐와 에로스의 결합을 해체하거나. 혹은 에로스의 흐름을 로고스에 대한 사랑으로 변환하거나. 그렇지 않을 경우 욕망은 순식간에 잠식되어 버린다. 그간의 혁명들이 왜 그토록 허무하게 무너졌는지 비로소 납득이 된다.

혁명의 파토스는 바리케이드 앞에서는 폭발적 위력을 발휘하지만 문제는 그 다음이다. 다시 일상으로 돌아왔을 때, 그때 탈주선을 그리지 못하면, 다시 말해 활동과 관계의 새로운 네트워크를 구성하지 못하면 그 정염은 다시 화폐와 에로스로 향할 수밖에 없다. 졸지에 '반反혁명'으로 화하는 것이다. 아니면 머리는 급진적인데 몸은 반동적인 지독한 분열증에 시달리거나. 해서, "누군가가 자신을 혁명적 투사라고 믿는 바로 그때, 어떻게 해야 파시스트가 아닐 수 있을까? 어떻게 해야 우리는 말과 행동에서, 심장과 쾌락에서 파시즘을 떨쳐 낼까? 우리의 행동 속에 배어 있는 파시즘을 어떻게 해야 색출해 낼까?"라는 푸코의 질문(푸코, 「서문」, 들뢰즈·가타리, 『안티 오이디푸스』, 8쪽)은 그래서 뼈에 사무친다. 운명을 바꾸고 싶다면 신체 깊숙이 새겨진 리듬과 강밀도를 변환하라! 이것이 명리학의 개운법이다. 집단적 운명 또한 다르지 않다. 사회를 바꾸고 싶다면 반드시 환기해야 한다. 혁명이란 시스템과 구조의 변혁이 아니라 그 안에 내재한 욕망의 흐름을 창조적인 순환으로 변주하는 것임을.

두 개의 흐름 : 식상생재와 관인상생

명리학적으로 보면 운명은 크게 두 개의 흐름으로 구획된다. 비견에서 식상, 재성으로 이어지는 라인과 관성에서 인성, 비겁으로 이어지는 라인. 전자를 '식상생재'食傷生財, 후자를 '관인상생'官印相生이라 한다. 전자는 발산하고, 후자는 수렴한다. 전자는 물질적 성과물로, 후자는 정신적 가치의 생산으로. 그래서 재성과 관성 사이엔 큰 마디가 있다. 재성이 부의 축적이라면 관성은 인적 네트워크다. 이 사이를 잘 건너는 것이 유목의 첫 단계다. 소유로부터의 자유, 증식에서 증여로! 배치가 이렇게 바뀌지 않으면 관성으로 넘어가기 어렵다. 설령 관운을 타서 승승장구한다 해도 결국 축재에 골몰하다가 추락하기 십상이다.

요컨대, 부와 권세, 그리고 명예를 동시에 누리기란 불가능하다. 자본주의는 재성으로 관성을 창출한 다음 그걸 바탕으로 다시 재성을 확장하는 방식이다. 당연히 정치인의 위상이 낮아질 수밖에 없다. 아울러 재성은 인성을 극하기 때문에 결코 삶의 지혜로 이어지지 않는다. 아니, 재성이 강화될수록 지혜의 영역은 축소되어 버린다. 대학이 스펙의 산실이 된 것도 이런 맥락이다. 대학은 본디 삶의 비전과 지혜를 탐구하는 곳이다. 명리학적으론 인성의 영역에 해당한다. 하지만 우리시대 대학은 이 영역을 완전히 포기해 버렸다. 남은 건 오직 정규직에 대한 열망뿐! 대학조차 재성의 용광로가 되면 문명의 태과불급은 더한층 심화될 수밖에 없다. 무기력에 빠진 대학생들의 신체가 그 증거다.

정치적 성향으로 보자면 보수는 식상생재, 진보는 관인상생에 가깝다. 전자는 탐심食心을 주로 쓰고, 후자는 진심瞋心: 분노을 주로 쓴다. 탐심과 진심이 뒤섞여 무명에 빠져든 것이 치심癡心: 어리석음이다. "보수는 부패로 망하고, 진보는 분열로 망한다"는 말은 이런 맥락에서 나온 것이리라. 전자는 물질적 성과를 지향하기 때문에 결국 과잉이 문제고, 후자는 명분과 대의를 추구하다 보니 백가가 쟁명할 수밖에 없다. 모든 혁명가가 철학자였던 것도 이 때문이다. 하지만 그것도 이제는 옛말이고, 앞으로 보수는 변태로, 진보는 권태로 몰락할 우려가 크다. 재성이 관성으로 가는 길이 막히면 그때부터 거품 혹은 잉여가 된다. 부의 잉여는 성호르몬의 항진을 낳고 그것은 결국 쾌락과 중독으로 향하게 마련이다(아닌 게 아니라 언제부턴가 상류층 인사들의 성범죄가 줄을 잇고 있다).

진보는 계급적 전선이 분명할 때는 전투성을 발휘할 수 있지만 지금처럼 재성이 관성을 다 먹어 치운 형국에서는 노선의 정립이 불투명해진다. 들뢰즈·가타리의 말처럼 자본주의에는 단 하나의 계급밖에 없다. 부르주아거나 부르주아가 되고자 하거나. 빈부격차에도 불구하고 욕망의 흐름은 동일하다는 뜻이다. 이것을 간파하지 못하면 담론의 생성이 불가능하다. 철학적 비전이 없는 진보? 그야말로 형용모순이다. 또 그럴 경우 결국 분노와 박탈감에 의존하게 된다. 선거 때마다 야당이 들고 나오는 심판론과 사회적 약자에 대한 동정론을 보라. 한없이 지루하고 권태롭다. 대중이 원하는 것은 심판과 동정이 아니라 삶의 새로운 형식이다. 정치적 상상력과 비전의 역동적 탐구다. 그것이 바로 관인상생이다. 그 흐름을 타지 못하면 관성은 고이고 썩는다. 한낱 남루한 권력투쟁에 머무를 수밖에 없다.

덧달기 : '다이내믹 코리아'에 담긴 뜻은?

"간 때문이야~"라는 시엠송이 있다. 이 말은 한국인의 체질적 특성을 아주 잘 말해 준다. 조선왕조 500년은 주자학에 올인했다. 20세기 초 서구가 도래하자 이번에는 기독교에 올인했다. 분단 이후, 북한은 주체사상에 올인하고 남한은 고도성장에 올인했다. 여기서 핵심은 올인이다. 한국인은 올인을 좋아한다. 왜? 간 때문이다.^^ 간담은 목木, 곧 봄의 기운이다. 한반도는 동방 목기木氣가 수려한 지형이다. 간담의 기운을 많이 쓸 수밖에 없다. 목기는 살리는 기운이자 위로 솟구치는 기운이다. 한마디로 '다이내믹'하다.

한편, 중국인은 토기土氣를, 일본인은 수기水氣를 주로 쓴다. 중국은 땅이 엄청나게 클뿐더러 토지의 생산력도 엄청나다.('지대물박'地大物博이라는 건륭제의 말을 환기할 것). 토는 오장육부 가운데서 비위에 해당한다. 중국인이 가는 곳엔 늘 먹거리가 넘쳐난다. 또 식욕은 성욕으로 이어진다. 인구의 폭발적 증가를 떠올리면 된다. 먹고 낳고 또 먹고 낳고… 적응력도 뛰어나고 타문화를 동화시키는 힘도 엄청나다. 이것이 토기의 정수다. 반면, 일본인은 신장이 발달했다. 신장은 오행 중 수에 해당한다. 그래서인가. 물이 깊고 숲이 아주 그윽하다. 수는 음기의 결정체다. 신도神道와 다도

茶道, 사무라이와 죽음의 미학, 애니메이션에 나오는 수많은 정령 캐릭터 등이 결코 우연이 아닌 것이다. 또 신장은 정력의 원천이다. 평소엔 거의 속내를 드러내지 않지만 성풍속은 놀랄 만큼 파격적인 것도 이런 관점에서 보면 쉽게 이해된다.

중국의 토기와 일본의 수기를 좌우에 놓고 보면 한국인의 특질이 한눈에 들어온다. 한국인은 기본적으로 낙천적이다. 판소리가 지닌 해학과 풍자를 보라! 낙천적이니까 올인이 가능하다. 대신 뒷수습은 좀 어렵다. 서구가 도래하자 즉각 근대문명에 돌입했고, 덕분에 1세기 만에 선진국을 따라잡았다. 하지만 너무 달렸다. 이제 어디로 가야 하지? 이것이 우리가 서 있는 지점이다.

선분에서 역^易으로, 문명에서 생명으로!—— 삶의 지도를 다시 그려야 하는 이유다. 그동안 너무 발산만 했으니 이젠 좀 수렴을 해야 하지 않을까? 간담만 혹사시키지 말고 다른 장부의 잠재력도 고루 활용해야 하지 않을까?

3장

사주명리학과 안티 오이디푸스

"아 슬프다! 우리가 가장 잘, 그리고 가장 철저하게
증명해야 하는 것은 눈에 보이는 겉모습이다."
—— 프리드리히 니체

(『아침놀』, 박찬국 옮김, 책세상, 2004, 259쪽)

프랑수아 부셰, 「퐁파두르 부인의 초상」(Marquise de Pompadour), 1756

집을 예쁘게 꾸미고, 몸을 예쁘게 단장하고, 최대한 젊어 보이기 위해 각종 시술을 받는다.
정작 핵심은 건드리지 못하고, '겉'에 몰두하는 셈이다. 꾸미기 위해 필요한 것은 돈, 꾸며서
얻는 것은 달콤한 착각, 화폐와 에로스의 이중주이다. 이 흥분의 끝에는 권태가 있을 뿐. 니
체가 말한 겉모습의 지루함이란 바로 그런 것일 터.

"인간과 자연의 구별은 없다." 산업 또한 "자연과의 근본적 동일성 속에서 파악"된다. "인간은 만물의 왕이 아니다. 오히려 인간은 온갖 형태 또는 온갖 종류의 깊은 삶과 접촉해 있으며" "기관-기계를 에너지-기계로, 나무를 자기 몸으로, 젖가슴을 입으로, 태양을 엉덩이로 끊임없이 가지 뻗는 자, 즉 우주의 기계들의 영원한 담당자이다."(들뢰즈·가타리, 『안티 오이디푸스』, 28쪽) 요컨대 인간과 자연은 서로 맞서고 있는 두 항이 아니라 생산과 욕망이라는 차원에서 하나의 순환계를 이룬다. 음양오행론과 마주치는 지점도 여기다.

생산 혹은 욕망의 흐름에서 가장 중요한 건 운동과 창조다. 들뢰즈·가타리 식으로 말하면, 탈영토화와 재영토화라고 할 수 있다. 이 흐름은 결코 멈추는 법이 없다. 당연히 시작도 끝도 없다. 오직 접속(타자와의 마주침)과 변용(다르게 되기)만 존재할 뿐! 인

간은 이 흐름에 참여할 때만이 신체적 역량이 증가한다. 스피노자
에 따르면 이때의 정서가 바로 '기쁨'이다. 반대로 흐름이 멈출 때,
다시 말해 접속도 변용도 일어나지 않을 때 신체적 역량은 감소한
다. 그때 발생되는 정서가 슬픔이다. 슬픔을 떨쳐 내고 기쁨을 증
진하고자 하는 것이 인간의 본성이다.

화폐와 에로스, 그리고 죽음충동

하지만 이런 본성의 발현을 가로막는 장애들이 도처에 존재한다.
자유가 아닌 예속을 열망하고, 역량의 증가가 아니라 감소를, 기
쁨보다는 슬픔을 미화하는 장치들이 그것이다. 그 장치들의 기저
에는 두 가지 코드가 존재한다. 하나는 화폐, 또 하나는 에로스. 화
폐가 자본이 되는 순간 그것은 초월적 기호가 된다. 삶의 내재적
장을 떠난다는 뜻이다. 그때부터 자본은 맹목적 대상이 된다. 해
서 여기에선 누구도 만족 같은 건 없다. 다다익선! 그러니 어찌 멈
출 수 있으랴. 죽을 때까지 달려야 한다. 그럼 그 돈으로 뭘 하는
가? 쇼핑! 오직 쇼핑뿐이다. 이 또한 맹목이다. 물건의 '사용가치'
라는 장이 증발된 탓이다. 필요해서 사는 것이 아니고, 사기 위해
필요를 만들어 낸다. 아니, 그것도 옛말이고, 이제는 그냥 산다! 상

품을 클릭할 때의, 또 카드를 긁을 때의 짜릿함 자체를 소비하기 위해서다. 심지어 홈쇼핑으로 구매를 한 다음, 물건이 배달되면 그 즉시 중고시장에 내놓는 '변태'들도 많다. 물건에 대한 최소한의 관심도, 예의도 없는 것이다. '왜 그렇게 돈을 원하는가?'에도 답이 없듯이, '왜 그렇게 물건을 사 대는가?'라는 질문에도 역시 답이 없다. 있다면, 오직 하나, 쾌감!

문제는 이런 생리적 메커니즘이 에로스에도 고스란히 전이된다는 것. 주지하듯, 현대인의 윤리적 척도는 사랑 혹은 연애다. 대중문화를 위시하여 사회 전체가 온통 '사랑만이 구원'이라는 주술을 읊어 댄다. 왜? 아무 이유 없다! 사랑이 야기하는 예기치 않은 사건들——낡은 가치의 붕괴, 신체적 변용, 관계의 확장 등——에는 아무런 관심이 없다. 결국 이때 사랑은 성이다. 그냥 성을 소비하라는 것이다. 그러니 역시 많이, 강렬하게 누릴수록 좋다! 그리하여 에로스는 생명의 에너지장에서 자본의 사회장으로 변환된다.

따라서 이제 '돈이냐? 사랑이냐?'는 신파조는 실로 부질없다. 설령 재벌 3세가 알바생을 사랑한다 해도, 고귀한 선비가 미천한 여인을 사랑한다 해도, 달라질 건 아무것도 없다. 화폐에 대한 사랑이 맹목이듯, 에로스 역시 맹목이다. 둘은 고스란히 중첩된다. 유니클로 동영상 파문이 그 좋은 예다(참고로 이 이야기는 2015년

7월 쓰촨성四川省 여행 중에 현지에서 전해 들은 것이다). 두 청춘 남녀가 중국 베이징의 유니클로 매장 탈의실에서 섹스동영상을 찍었다. 동영상은 순식간에 전국에 유포되었다. 놀랍게도 둘은 그날 처음 만난 관계라고 한다. 보자마자 바로 필이 '통한' 것이다. 그게 어떻게 가능하냐고? 이미 매장에 들어설 때 신체는 성욕으로 충만해진다. 성호르몬이 분출되어야 쇼핑의 열락에 빠질 수 있으므로. 실제로 백화점이나 대형매장들은 이 점을 적극 공략한다. 도발하고 흥분시키고 참을 수 없게 하고… 둘은 이런 생리적 메커니즘을 적나라하게 증언해 준 셈이다. 그럼 동영상이 유포된 다음 어떤 일이 벌어졌을까? 유니클로 매장이 대박이 났다! 수많은 사람들이 그 탈의실에 가서 셀카를 찍어 댔단다. 이름하여 '성소'가 된 것이다. 한편 경쟁업체의 홈페이지에는 이런 안내문이 떴다고 한다. '우리 매장의 탈의실이 더 넓고 쾌적하다, 많이 왕림해 주시라' 등등.

쇼핑과 성욕의 화려한 이중주! 대체 누가 이 가열찬 진군을 막을 수 있으랴. 좋다, 그럼 갈 데까지 가보자. 문제는 그 다음이다. 이렇게 쾌락을 누리게 되었는데, 왜 다들 상처투성이인가? 왜 도처에 우울증에 자살충동이 만연하는가? 질문 속에 답이 있다. 화폐와 에로스의 이중주에선 신체적 역량의 증가가 불가능하다. 화폐가 증식되고, 쾌락에 중독되면 생체 에너지는 방전된다. 신체적 역량이 급격히 감소하는 것이다. 동시에 슬픔과 허무가 일상적으로 만연된다. 그때부터 죽음충동이 생을 지배하게 된다. 한마디로 살려고 몸부림쳤는데, 실제로는 '죽지 못해 환장한' 꼴이 된 셈이다.

그럼에도 왜 이 어이없는 배치에서 탈주하지 못하는 것일까? 가족주의 혹은 오이디푸스의 덫에 걸려서다. 생의 유일한 목표가 가족의 행복이고, 그것에 도달하지 못하면 삶은 트라우마에 콤플렉스 투성이가 된다, 는 이념에 사로잡힌 탓이다. 자본주의와 정신분석의 은밀한 결탁! 생명과 욕망의 순환계가 심각하게 어그러지기 시작하는 지점이 바로 여기다.

'오이디푸스', 삶의 블랙홀

이 이념의 선동가는 드라마다. 일일드라마, 아침드라마, 주말드라마. 요즘은 예능까지 가족이 점령해 버렸다. 갓난아기에 여고생들까지 총출동하여 가족이라는 이념을 선전선동하고 있다. 형태는 엄마-아빠-아이로 이어지는 삼각형, 이념은 사랑. 윤리적 전제가 없다는 점에서 역시 맹목이다. 사이즈가 아주 작아서 응집력은 엄청나다. 여기서 쪼개지면 1인가구가 된다. 물러설 데가 없는 벼랑

끝 전술이라고나 할까. 하여 삶의 전 과정, 욕망의 우주적 판타지까지도 모조리 흡수해 버린다.

"이것이야말로 정신분석의 치료 불가능한 가족주의다. 가족주의는 무의식을 오이디푸스의 틀에 가두고, 여기저기를 동여매고, 욕망적 생산을 으깨 버리고, 환자에게 아빠-엄마라고 답하게 하고 언제나 아빠-엄마를 소비하게 한다."(들뢰즈·가타리, 『안티 오이디푸스』, 170쪽)

희한하게도 이 사랑에는 아주 많은 양의 화폐가 필요하다. 달랑 서너 명으로 이루어진 핵가족인데도 대가족일 때보다 더 많은 돈이 든다. 큰 평수의 아파트, 비싼 자가용, 각종 사교육, 주기적인 쇼핑과 화려한 휴가, 기타 등등. 이런 것들이 뒷받침되어야 비로소 가족삼각형이 완성된다. 그래서 '이중구속'이 일어난다. 먼저, 이런 소규모의 '알콩달콩함'으로 대체 몇 년을 버틸 수 있을까. 10년? 20년? 또 하나, 그 많은 돈을 대체 어찌 감당한단 말인가?

2015년 초에 벌어진 서초구 세 모녀 살인사건은 그런 점에서 아주 의미심장하다. 강남 서초구에 있는 한 고급 아파트에서 엄마와 두 딸이 살해당했다. 범인은 남편이자 아빠. 명문대를 나와 유명회사에서 전무까지 올라갔으니 상류층 진입에 성공한 케이스다. 하지만 이후 회사를 나와 사업을 시도하다 여의치 않자 2년 정도 백수로 지내다 결국 아내와 아이들을 모두 죽이고 자신도 죽으려 했지만 실패했다. 범죄의 이유가 '생계가 막연해서'란다. 하지만 수사 결과 총자산이 12억이 넘었다. 이 사람에게 생계란 대체 어떤 의미일까? 그에게는 가족삼각형, 그것을 위한 소유와 증식만이 생의 유일한 가치였던 것. 오직 이 코스 안에서만 삶이 가능하다고 믿었기에 파국이 오기도 전에 지레 겁을 먹고 생을 포기하려 한 것이다. 아파트를 처분하는 것도, 남은 재산을 재활용하는 것도 엄두조차 내지 못했다. 접속과 변용이라는 생명의 흐름과 완전히 단절된 신체인 것. 수동성의 극치요 슬픔의 절정이다. 그러니 그 많은 재산을 갖고도 죽을 궁리만 한 것이다. 더 놀라운 건 그 죽음충동 안에 가족이 포함되었다는 사실이다. 처자식은 다 자신의 '소유'이고, 이들은 자신이 가져다 주는 월급이 아니면 절대 사람답게 살 수 없을 거라고 확신한 것이다. 맙소사! 그야말로 모든 가치, 모든 활동, 모든 관계를 몽땅 집어삼키는 '블랙홀'이 아닌가.

팔자, 생극(상생상극)의 파노라마

앞서 밝혔듯이 인간과 자연, 생산이 하나의 흐름 속에 있다면, 가족관계 역시 마찬가지다. 그것 또한 천지자연 혹은 무의식을 향해 열려 있어야 마땅하다. 그런 점에서 애시당초 오이디푸스 삼각형 같은 건 없다! "오이디푸스는 사방으로, 사회장의 네 구석으로 열려 있다. 잘못 닫힌 삼각형, 구멍 숭숭 물 새는 삼각형, 다른 곳으로 욕망의 흐름들이 빠져나가는 폭파된 삼각형."(들뢰즈·가타리, 『안티 오이디푸스』, 175쪽)

사주명리학이 말하는 팔자 역시 그러하다. 팔자는 열린 장이다. 그것은 결코 핵가족으로 귀착되지 않는다. 앞장에서 제시한 것처럼 사주팔자의 구성은 십신(十神: 열 개의 운동에너지)으로 표현된다. 복습 삼아 환기해 보면, 비겁(비견과 겁재)―식상(식신과 상관)―재성(정재와 편재)―관성(정관과 편관)―인성(정인과 편인) 등이 그것이다. 이 운동에너지의 기본 리듬은 상생과 상극이다. 상생이 길하고 상극이 흉하다는 식의 판단은 금물이다. 오히려 상생보다 상극이 더 선차적이다. 누차 강조했듯이, 이 우주가 코스모스가 아닌 카오스인 까닭이다.

요컨대, 팔자란 상생과 상극이 때론 기묘하게 어울리고, 때론 치열하게 맞서는 생극의 파노라마다. 하여, 이 운동에너지는 늘 삐거덕거린다. 구멍이 새고 삐져나오고 엇박을 친다. 이 삐거덕거림 자체가 팔자의 정수다. 이것을 얻으면 저것을 잃고, 저것을 얻는 대신 이것을 버려야 한다. 예컨대, 재능과 미모를 타고나면 만

사형통일 것 같지만 대개는 그 재능과 미모를 주체하지 못해 인생 자체가 위태로워지고, 재물복을 많이 타고나면 근심걱정이 없을 것 같지만 오히려 재물 때문에 평생을 전전긍긍해야 한다. 또 관운이 치성하면 뜻하지 않게 높은 자리에 오를 수 있다. 하지만 그때부터는 내려올 준비를 해야 한다. 그렇지 않으면 추락한다. 높이 올라갈수록 추락은 더 치명적이다.

요컨대 모든 팔자는 공평하다! 이 생극의 파노라마에 우열이란 있을 수 없다. 그러니 부러워할 것도, 동정할 것도 없다. 부족한 대로, 치우친 대로, 그냥 '지금 여기'를 살면 된다. 이 도저한 생의 원리에 눈을 떠야 비로소 운명을 둘러싼 '우주적 배팅'이 가능해진다.

관계가 곧 운명이다!

명리학의 해석적 지평, 그 마지막 코스는 육친六親이다. 십신이 운동에너지라면 육친은 관계의 그물망이다. 비겁은 형제나 동료를, 식상은 자식이나 후배, 재성은 아버지(남성에게는 아내나 애인도 포함), 관성은 자식(여성에게는 남편), 인성은 어머니에 해당한다. 이것은 초벌에 불과하고, 이걸 바탕으로 그 위에 수많은 관계들이 중첩된다. 시월드에 처갓집 식구에서 사돈의 팔촌 등등. 그러다 보면 혈연과 가문을 훌쩍 뛰어넘는다. 학교나 회사, 커뮤니티 등 각종 사회적 조직의 관계망도 다 겹쳐진다. 말하자면, 육친의 네트워크는 열려 있을 뿐 아니라 움직인다는 것. 예컨대 남성의 경우, 재성(재물운)에 문제가 있으면 아버지 및 배우자와의 관계가 변화무쌍하다. 만약 이런 운명이 혈연 내부에만 한정된다면 아버지나 아내가 없는 곳엘 가면 되지 않을까? 하지만 그렇지 않다. 어딜 가건 비슷한 관계와 사건이 또 다시 벌어진다. 설령 이민을 가거나 출가를 해도 마찬가지다. 왜냐면 이 리듬은 신체에 내재된 것이지 외부에서 주어진 것이 아니기 때문이다. 결국 스스로 넘어가야 한다. 그 리듬과 함께 적당히 공존하거나 아니면 그 리듬을 다른 방향으로 변주하거나! 운명학이 수행론이 되는 지점이 바로 여기다.

관계를 떠난 삶이나 운명 따위는 없다! 더 중요한 건 '관계 따로 활동 따로'가 아니라 관계와 활동이 고스란히 포개진다는 점이다. 재성이 아주 태과한 팔자를 '재다신약'財多身弱이라고 한다. 이런 경우, 이 사람의 내면에선 돈에 대한 욕구가 끝도 없이 일어난다. 정규직을 얻어도 주식과 도박에 몰두하고, 몸이 늘 피로에 절어 있으면서도 투잡을 뛰지 못해 안달한다. 당연히 돈은 손에 잡히지 않는다. 문제는 그럴 때 아버지와의 관계 혹은 아내나 애인과의 관계도 함께 무너진다. 경제비리에 늘 치정문제가 얽혀 있는 건 이런 맥락이다.

한편, 관성은 아버지와 아들의 관계인데, 이것은 이성계의 인생이 좋은 예가 된다. 이성계의 관운은 하늘이 내린 것이다(흥미롭게도 이성계가 하늘의 계시를 받은 그곳은 오래전 왕건이 계시를 받은 곳이기도 하다. 그런 점에서 왕건의 진짜 후계자는 자신들의 생물학적 후손들이 아니라 이성계일 수 있다). 역성혁명이 성공하려면 하늘이 감응하지 않고는 불가능하다. 그래서 이성계에겐 아주 많은 아들이 있었다. 관성의 운이 충만하다는 뜻이다. 하지만 누리는 게 있으면 치러야 할 대가도 있는 법. 잘 알다시피 이방원은 건국에 결정적 역할을 했지만 두 번에 걸친 왕자의 난으로 형제들을 처참하게 죽여 버렸다. 이성계가 그토록 사랑한 방석과 방간마저도. 하여, 이성계는 건국의 영웅임에도 한없이 쓸쓸한 말년을 보낼 수밖에 없었다. 이것은 아주 극적인 케이스지만 대개의 집안에서도 이런 식의 밀당은 다 일어난다. '자식 이기는 부모 없다'는 말이 그래서 나온 것이다.

하긴 이것이 우주가 운행되는 이치이기도 한 것이 인간의 눈으로야 참 안타까운 비극이지만 그렇게 부자간의 밀당이 없다면 재물과 권력이 어찌 분산, 재배치될 수 있겠는가. 만약 부모 자식 간에 서로 당기는 힘만 작용한다면 지구는 이미 거대한 제국으로

통합되어 소멸의 길을 걸었을지도 모른다. 역사가 '일치일란'一治一
亂을 교차하는 것도 그런 맥락이 아닐지. 이처럼 육친관계는 혈연
을 넘어 우주적 지평을 향해 열려 있다.

무의식은 고아다! ― 헉 핀과 조르바

미국문학의 최고봉으로 손꼽히는『허클베리 핀의 모험』은 헉 핀
이 흑인노예 짐과 함께 미시시피 강을 따라 흘러가는 이야기를 담
고 있다. 헉 핀은 두 개의 장벽――아버지의 채찍과 과부댁의 보
호――을 뚫고 탈주한 꼬마다. 전자는 폭력이고 후자는 소외다. 생
명주권의 차원에서 보자면 둘 다 치명적이다. 엄마는 일찌감치 집
을 나갔지만 어떤 추억도 회한도 없다. 엄마를 대신할 누군가를
갈망하지도 않는다. 한마디로 오이디푸스의 덫에 걸려들지 않았
다. 흑인노예 짐을 구출하기 위해 "그래, 지옥에 가자!"라고 결단
을 내릴 수 있었던 것도 그 때문이다. 소설 말미, 그는 다시 인디언
마을로의 탈주를 꿈꾼다. 그런가 하면,『그리스인 조르바』의 주인
공 조르바는 노인이지만 어디서도 정착을 꿈꾸지 않는다. 언제 어
디서든 먹고 마시고 사랑할 수 있기 때문이다. 그 충만한 에로스
는 가족삼각형으로 귀속되지 않는다. 그를 움직이는 가치는 오직

하나뿐이다.——"인간은 자유다!"

혁 핀과 조르바——떠돌이 불량아와 늙은 건달. 지금의 시선으로 보면 밑바닥 인생들이다. 하지만 이들에겐 어떤 결여도 없다. 오히려 모든 것과 접속할 수 있고 누구와도 깊은 관계를 맺을 수 있다. 그런 점에서 무의식은 고아다! "나는 아들이요 또한 내 어머니의 형제이며, 내 누이의 남편이요, 나 자신의 아버지이다." (들뢰즈·가타리, 『안티 오이디푸스』, 276쪽) 그렇기 때문에 인간이라는 장벽 역시 가뿐히 뛰어넘을 수 있다. 혁 핀은 뗏목과 강물을 한없이 사랑한다. 그것이 선사하는 생의 충만감은 그 어떤 소유나 쾌락으로도 대신할 수 없다. 조르바 역시 천지만물과 소통하는 범신론자다. 심지어 갈탄광의 광맥과도 교감할 수 있다. 이것이 코나투스의 발현이자 '욕망하는 생산'이다.

'스위트홈'의 원초적 불가능성

설탕에서 시작한 문명이어서 그런가? 우리는 달콤한 것은 순수하다는 착각에 빠져 있다. 그래서 현대인들이 꿈꾸는 가족의 형태도 스위트홈이다. 설탕처럼 달콤한 가정이라는 뜻인데, 자본주의가 설탕지옥에서 시작되었음을 안다면 이 달콤함이 얼마나 살벌한 것인지도 감이 올 것이다. 멀리 갈 것도 없이, 우리시대만큼 존속살인이 빈번히 자행되는 시대가 또 있을까. 사건의 내막을 들여다보면 하나같이 화폐와 에로스에 대한 지독한 갈망이 이글거린다. 화폐와 에로스, 그리고 죽음충동의 삼중주! 이것이 스위트홈의 실상이다. 더 나아가 명리학적으로 보더라도 스위트홈은 애시당초 불가능하다.

일단 핵가족은 자연의 리듬과 현격하게 어긋나 버렸다. 생체주기로 보자면 여성은 열네 살부터, 남성은 열여섯 살부터 성인이된다. 그때부터 아이를 낳을 수 있기 때문이다. 때문에 인류는 수천 년간 이 나이에 결혼을 해서 20대에 아이를 낳는 것이 일반적인 패턴이었다. 하지만 지금은 어떤가? 결혼적령기가 남녀 공히 30대 초반이다. 그 대가는 참으로 가혹하다. 에로스가 왕성하게 분출되는 10대, 20대에는 성욕을 극도로 억제해야 하고, 30대 이후 결혼을 한 다음에는 불임과 유산에 시달려야 한다. 그러다 보니 결국 그 모든 과정(연애, 결혼, 임신)을 포기한 세대가 등장했고, 급기야 인류는 '저출산/인구절벽'이라는 대재앙에 직면하고 말았다. 자본을 위해 생체에너지를 교란시킨 대가로 아예 자본의 토대인 인구생산이 불가능한 '불모의 시대'가 도래한 것이다. 자업자득! 이럴진대, 현대인들의 배우자운이 어찌 좋을 수 있으랴. 특히 여성들의 경우, 학벌과 직업에서 성취도가 높을수록 남편운은 완전 꽝!이다. 운이 모조리 식상, 재성으로 쏠린 탓이다.

또 하나 명리학적으로 보면 부부는 상극이다. 두 남녀가 강렬하게 서로를 원한 것은 2세를 생산하기 위해서다. 아무리 지순한 사랑이라도 일정 기간이 지나면 더 이상 호르몬 작용이 일어나지 않는다. 오히려 그 다음부터는 서로 밀어내는 힘이 작용한다. 이건 지극히 자연스런 원리다. 〈동물의 왕국〉을 보라. 동물들은 발정기 땐 서로를 탐하지만 일단 그 시기가 끝나면 쿨하게 자신의 길을 간다. 미련도 회한도 없이. 하지만 현대인은 스위트홈의 망상에 빠져 '영원한 사랑, 뜨거운 사랑, 변치 않는 사랑'을 주문처럼 외워 댄다. 말도 안 되는 발상이다. 사랑에도 생로병사가 있다. 이걸 받아들이지 못하면 평생 단 한 번의 짝짓기도 어려울뿐더러 설령 결혼에 성공했더라도 결국엔 신경증환자로 전락할 수밖에 없다.

앞서 밝혔듯이, 부부관계뿐 아니라 부자지간도 역시 상극이다. 아들은 아버지의 운을 극하면서 태어나는 존재이기 때문이다. 너무 기가 센 아들을 낳으면 부모의 삶이 고달파지는 것도 이런 맥락이다. 결국 팔자를 가족삼각형 안에 구겨 넣으면 엄마-아빠-아이는 한치의 양보도 없는 '상극의 삼파전'을 이루게 되는데, 이게 어찌 달콤할 수 있으랴. 아울러 여성은 아이를 낳으면 그때부터 신체적 욕망이 수유와 양육 방면으로 쏠리게 된다. 그래서 남편과의 관계가 차츰 소원해진다. 남편과 자식이 라이벌 관계에 들어서는 것. 주도권은 아이에게 있다. 엄마의 신체를 독점할 수 있기 때문이다. 영화나 드라마에선 아이가 태어나면 부부 사이가 좋아질 거라고 떠들어 대지만 실상은 그렇지 않다. 산후 우울증을 앓는 엄마도 많고, 아이를 보지 않으려고 밖으로 겉도는 아빠도 많다. 하지만 그런 심리적 변화를 스스로 해명할 길이 없다. 그래서 '자기만의' 은밀한 비밀이 되어 버린다. 자책과 원한이 낳은 비밀의 정원, 가족! 그러면 국가와 자본이 온갖 서비스와 제도를 동원하여 그 틈을 봉합하도록 회유한다. 그것만이 유일한 길이라면서. 하지만 그럴수록 자책과 원망은 더한층 깊어만 간다. 오, 불행해지기 위해 최선을 다하는 '스위트홈'!

고독과 허무—정치경제적 키워드

먼저, 『걸리버 여행기』에 나오는 이야기. 천공의 섬 라퓨타에 한 귀부인이 있었다. 그녀는 부자에 미남인 데다 순정파인 수상과 결혼을 했다. 아이들도 낳고 최고의 행복을 누렸는데, 건강이 나빠져 지상세계인 라가도로 내려갔다가 종적을 감춰 버렸다. 수색대를 보내서 찾아 보니 싸구려 음식점에서 일을 하고 있었다. 놀랍게도 못생긴 데다 폭력을 일삼는 늙은 남자를 부양하기 위해서라는 것.

두번째, 『그리스인 조르바』에 나오는 이야기. 마을의 원로인 아나그노스티 영감의 고백이다. "날 봐요, 나보다 복 많은 사람 또 있겠소? 밭이 있겠다, (……) 돈도 있겠다, 마을 장로겠다, 착하고 정숙한 여자와 결혼해서 아들딸 낳았겠다, (……) 그러나 이놈의 인생을 또 한 번 살아야 한다면 파블리처럼 목에다 돌을 꼭 매달고 물에 빠져 죽고 말겠소. 인생살이는 힘든 것이오. 암, 힘들고 말고… . 팔자가 늘어져 봐도 별수가 없어요. 저주받아 마땅하지."(니코스 카잔차키스, 『그리스인 조르바』, 이윤기 옮김, 열린책들, 2013, 239쪽)

스위트홈을 다 누린 뒤의 상황이다. 라퓨타의 귀부인은 권태를 견디지 못해 '지옥행'을 선택했고, 행복에 필요한 모든 것을 다 가진 아나그노스티 영감이 마주한 건 결국 고독과 허무다. 저게 말이 되냐고? 물론이다! 남녀가 부부가 되는 건 전적으로 시절인연 덕분이다. 시절이 맺어 준 인연이라는 뜻. 그런데 시절은 쉬지 않고 변한다. 매년의 운도 바뀌지만 사람마다 대운이 또 계속 바뀐다(대운이란 10년마다 전체 운의 흐름이 크게 바뀌는 것을 의미한다). 대운의 변화가 클 경우, 이전에는 감히 상상조차 하지 못한 삶을 살기도 한다. 애정운 역시 이 대운의 영향을 크게 받는다. 느닷없이 새로운 파트너를 만나기도 하고, 찰떡궁합을 자랑하던 커플

이 한순간에 공중분해되기도 한다.

　가족삼각형은 이런 가변성을 감당하기에는 너무 허약하다. 아닌 게 아니라 이미 현실은 1인가구가 4인가구를 앞서고 있는 실정이다. 물론 이런 솔로들이 자유를 누리는 건 아니다. 오히려 이들은 더 큰 결핍에 시달린다. 여전히 가족삼각형이라는 블랙홀로 들어가고자 하기 때문이다. "사랑받고자 하는 비천한 욕망. 충분히 사랑받고 있지 못해, '이해받고' 있지 못해 하는 넋두리. 동시에 성욕은 '더러운 작은 비밀'로 환원된다."(들뢰즈·가타리, 『안티 오이디푸스』, 452쪽) 자본주의는 이 영토를 적극 공략한다. 솔로들에게 스위트홈을 연상시키는 온갖 상품을 제시한다. 각종 짝짓기 프로그램 및 노인들의 성을 위한 각종 약품들, 기타 등등. 하지만 실로 부질없는 짓이다. 임신과 출산의 리듬을 잃어버린 신체들이 어떻게 다시 가족삼각형을 구성할 수 있겠는가. 또 그 모든 것을 누린다 해도 저 아나그노스티 영감이 봉착한 고독과 허무는 또 어쩌란 말인가? 고독과 허무, 이것은 정치적 이슈인가 아닌가? 또 경제적 개혁의 대상인가 아닌가?

　그런 점에서 우리보다 한발 앞서가는 일본의 상황은 여러 모로 시사적이다. 일본은 1인가구를 넘어 급기야 무연사회에 접어들었다. 무연이란 혈연은 물론 학연, 지연 등 일체의 어떤 연고도 없다는 뜻이다. 그야말로 더 이상 '분할 불가능한'In-dividual 개인들이 출현한 것. 오이디푸스의 최종 귀착지가 바로 여기다. 이들에게 가장 절실한 건 빈곤보다 외로움이다. 일본에서 젊은이들을 대상으로 내게 없으면 불행할 것 같은 대상을 조사한 결과, 1위는 친구였다. "얼굴이 못생겼으면 화장으로 고칠 수 있고, 일이 없으면 불경기라고 변명을 할 수도 있다. 하지만 친구가 없다는 사실만큼은 변명할 수가 없다. 친구가 없다면, 어려서부터 형성되어 온 모든 인격을 부정당하는 느낌을 받게 된다."{후루이치 노리토시, 『절망의 나라의 행복한 젊은이들』, 이언숙 옮김, 민음사, 2014, 296~297쪽} 결국 최후에 남는 건 사람과 사람의 연결이다. 산다는 건 곧 누군가와 연결되는 것이므로.

또 하나. 지극히 내향적이라는 일본의 젊은이들이 동일본 대지진 때는 무려 1개월 동안 1,500여 명이 봉사에 참여했다고 한다. 식수와 텐트, 침낭, 교통비까지 스스로 부담해야 했는데도 말이다. 이를테면, 그들에겐 자신이 능동적으로 참여할 수 있는 현장이 필요했던 것이다. 그래야 신체적 역량의 증가, 곧 생명의 기쁨을 맛볼 수 있으니까.

요컨대 핵심은 관계와 활동이다. 관계가 활동을 낳고, 활동이 곧 관계를 생성시킨다. 생명주권이 주력해야 하는 포인트 역시 바로 여기다.

생명주권의 핵심―증여와 지혜

또 하나 명리학의 지도는 인생주기와 오버랩된다. 식상은 청년기, 재성은 중년기, 관성은 장년기, 인성은 노년기. 젊어서는 재능과 끼를 발휘하고, 중년에는 그걸 바탕으로 재물을 일구고, 그 다음엔 그 재물을 흘러가게 해야 한다. 계속 소유와 증식에 머무르게 되면 운은 완전히 막히게 된다. 따라서 중년 이후에는 반드시 재물을 사회적으로 순환시켜야 한다. 그런 점에서 증여는 의무나 관습이 아니라 인간 본성의 구현이다. 나라는 존재가 전 우주와 연결되어 있음을 깨달은 자의 고귀한 실천! 만약 이 증여의 흐름에 참여하지 못하면 결국 자식에게 '약탈'당하게 된다. 자식은 나를 극하는 존재임을 잊지 마시라. 물론 자식의 인생을 위해서 기꺼이 주고 싶을 것이다. 하지만 그것이 자식의 삶을 이롭게 하는 경우는 매우 드물다. 오히려 그 반대인 경우가 훨씬 더 많다. 해서 자식을 위해서라면 더더욱 증여의 파동을 만들어야 한다. 그 파동은 돌고 돌아 반드시 자식이나 후손에게 복된 리듬으로 돌아가게 되어 있다. '적선지가積善之家 필유여경必有餘慶'선한 일을 많이 한 집안에는 반드시 후손에 미치는 경사가 있음이라는 『주역』의 지혜를 잊지 마시라.

그리고 재물이 그렇게 흘러가야 비로소 관운이 열린다. 관운은 인복에 다름 아니다. 소유에 대한 탐착을 벗어나지 않고서 어떻게 사람을 불러모을 수 있겠는가. 물론 관성에도 함정이 있다. 책임감이 지배욕으로 바뀌는 지점이다. 여기에 맛이 들면 권력에 중독되어 버린다. 해서 반드시 인성으로 열려 있어야 한다. 인성은 지혜다. 지혜가 무엇인가? 인생과 우주에 대한 탐구다. 당연히 책을 읽어야 한다. 독서인에 불과한 사대부가 조선왕조 500년을 다스릴 수 있었던 이유가 여기에 있다. 생로병사, 흥망성쇠의 이치에 대한 탐구 없이 정치를 한다면 그것 자체가 이미 패착이다. 아울러 노년에 누릴 수 있는 최고의 행복도 거기에 있다. 아무리 잘나가는 경영인도, 최고의 정치가도 결국은 은퇴를 해야 한다. 그때 필요한 건 딱 두 가지뿐이다. 철학과 우정! 그런 노년을 맞이할 수 있다면 그보다 더한 축복은 없으리라. 또 그런 노년이라야 비로소 청년들의 멘토가 될 수 있다. 노년의 지혜와 청년의 열정, 청년의 끼와 노년의 경륜, 이것들이 활발하게 교차할 수 있다면! 정치경제학이 삶을 창조하는 것이라면 그 창조의 포인트는 바로 이 지점이어야 한다.

명리학은 모든 사람의 운명이 창조와 순환에 달려 있다고 말한다. 물론 사람들은 다 저마다의 문턱에 걸려 발목이 잡혀 있다. 그래서 그것을 매끄럽게 조율하는 것이 용신이자 개운법이다. 식상이 부족하면 표현력을 키워야 하고, 재성이 없으면 실전의 현장에 참여해야 하고, 관성이 부족하면 책임감을 연마해야 한다. 인성이 모자라면 어떻게든 정신적 가치를 습득하려고 애써야 한다. 누구는 돈만 벌고, 누구는 권세만 누린다면 얼마나 불공평한가. 우리는 부와 권세에 대한 불평등에는 아주 민감하다. 하지만 본성과 우주가 마주치는 덕목에 대해서는 참으로 무관심하다. 가장 뚜렷한 항목이 증여와 지혜다. 증여 없는 지혜도 없고, 지혜 없는 증여도 없다. 고로 증여와 지혜는 생명주권의 두 축이다. 증여도, 지혜도 다 흘러가는 것이다. 신체의 역량은 그 흐름 속에서만 증가한다. 그 능동적 기쁨을 누리지 않고서는 화폐와 에로스, 그리고 가족삼각형으로 이어지는 저 마성의 블랙홀을 돌파할 방법이 없다. 그러니 간절히 발원하라, 증여와 지혜의 파동에 동참할 수 있기를!

4장

'계몽이성'의 파탄과 '대중지성'의 도래

"신화가 죽은 것을 산 것과 동일시한다면
계몽은 산 것을 죽은 것과 동일시한다.
계몽은 과격해진 신화적 불안이다.

──── 테오도르 아도르노＋막스 호르크하이머
(『계몽의 변증법』, 김유동 옮김, 문학과지성사, 2001, 30쪽)

엘 그레코, 「묵시록의 다섯번째 봉인의 개봉」(The Opening of the Fifth Seal), 1608

계몽은 모든 존재를 어둠에서 빛으로, 미성숙에서 성숙으로, 야만에서 문명으로 이끌어 내
는 것을 뜻한다. 진리의 방법과 커리큘럼은 이미 정해져 있다. 그러니 모두들 그 코스를 열
심히 밟아 가기만 하면 된다. 더 많은 지식을 향하여! 더 눈부신 빛을 향하여! 계몽주의의 명
제이자 근대교육의 대전제이기도 하다. (……) 초등에서 대학으로 이어지는 이 직선의 레일
위를 달려가는 동안 생명력은 '침묵, 봉쇄'되었고, 동시에 삶을 총체적으로 보는 시력은 완
전 소실되었다. 보면 볼수록 어두워지는, 오, 이 빛의 아이러니!

4장_
'계몽이성'의
파탄과
'대중지성'의
도래

천스청陳土成의 꿈은 입신양명이다. 매년 어김없이 과거를 보지만, 이번에도 틀렸다. 사람들은 모두 흩어졌지만, 천스청은 끝내 자신의 이름을 찾지 못하고 홀로 과거장 벽 앞에 우두커니 서 있었다. 점점 안색이 창백해졌고, 두 눈에선 야릇한 광채가 뿜어 나오고 있었다. '수재에 급제하고 나서 향시를 보러 성에 가고 내처 차례로 관문을 통과하면… 지역 유지들이 온갖 방법을 써서 혼담을 꺼낼 테고, 사람들은 신을 경외하듯 바라보며 지금까지의 경멸과 자신들의 멍청함을 깊이 뉘우치겠지…. 이 낡아 빠진 집에 세 들어 사는 자들을 쫓아내고… 뭐 그럴 것까지야, 내가 이사를 가면 되지 뭐… (……) 고관대작이 되려면 서울서 버슬살이를 해야 될 거고, 그렇지 않다면 차라리 지방관 쪽이 나을 거야.'

하지만 이 모든 계획은 수포로 돌아갔다. 그는 "산산이 부서진 육신"을 수습해 망연히 집으로 난 길로 들어섰다. 금년으로 열여섯번째다.

그 이후, 그의 귓전에선 종소리가 들리기 시작했다. 밤이 깊었지만 그는 아직도 마당을 배회하고 있었다. 갑자기 밤의 정적이 깨지면서 촉급한 저음이 그의 귓전을 파고들었다. "왼쪽으로 돌아", "오른쪽으로 돌아라!" 어린 시절 할머니께 듣기로 천씨의 조상이 엄청난 양의 은자를 이 집 어딘가에 묻어 두었다는 것. 낙방할 때마다 이런 소리가 들려와 땅을 파헤쳤지만 그때마다 허사였다. 하지만 이번에는 진짜다! 동쪽 벽에 기댄 책상 아래서 '흰 빛'이 피어나고 있었기 때문이다. 정신없이 파내려 갔지만 괭이에 걸린 건 '해골의 아래턱뼈'였다. 턱뼈는 웃고 있었다. 다시 소리가 들렸다. "산으로 가봐." 눈을 들어 보니, 성에서 35리나 떨어진 서고봉 주변으로 광대한 '흰 빛'이 퍼져 나오고 있었다. "그래, 산으로 가자!" 그는 쓰린 마음으로 뛰쳐나갔다. "성문을 열어라~" '공포 어린 희망의 비명'이 여명 속 서문西門 앞에서 아지랑이처럼 떨리고 있었다.

다음 날 호수에서 시체 하나가 떠올랐다. 온몸에는 실오라기 하나 걸치지 않았다. 검시인의 증언으로는 열 손가락 밑에 강바닥 진흙이 잔뜩 끼어 있었다는 것. 발버둥을 친 것으로 보아 산 채로 빠진 것이 분명하다.

광기와 이명(耳鳴)

루쉰의 첫번째 소설집 『외침』에 실린 「흰 빛」白光(『외침』(루쉰문고 03),
공상철 옮김, 그린비, 2011, 173~180쪽)이다. 근대 초기의 산물인데도 오히
려 21세기적인 작품처럼 보인다. 주인공을 미치게 하는 '흰 빛'은
은이고 성공이다. 그 빛을 향해 달려가다 비참하게 익사하는 존
재, 그것이 인간이다. 과연 인간은 언제쯤 이런 광기로부터 벗어
날 수 있을까. 루쉰이 '오늘, 우리에게' 던지는 질문이다.

빛과 시각에 미치면 이명이 들린다. 이명은 귀울림이다. 귀
는 신장과 연동되어 있다. 신장의 물이 풍부하면 귀가 열린다. 타
인의 말이 쏙쏙 들어오고, 무엇보다 상황과 맥락을 제대로 파악할
수 있다. 반대로 물이 고갈되면 청력이 떨어지면서 특정한 소리가
메아리친다. "저기 은이 있다! 저기를 향해 달려가라"는 소리가.
그 소리에 사로잡히는 순간 타자와의 소통은 단절되고, 아울러 삶
의 맥락에서 이탈해 버린다. 천스청에겐 그 입구가 과거시험이었
고, 우리시대엔 대학입시다. 천스청이 열여섯번씩이나 과거를 보
는 이유와 지금 청소년들이 대입에 올인하는 이유는 동일하다. 그
문을 통과하면 '빛'이 있으므로. 더 좋은 집과 높은 연봉, 결혼의
영광을 가져다 주는 찬란한 빛이.

어둠에서 '빛'으로! — 계몽의 파토스

빛과 시각이라는 척도가 계몽이성의 원천이다. 계몽은 모든 존재를 어둠에서 빛으로, 미성숙에서 성숙으로, 야만에서 문명으로 이끌어 내는 것을 뜻한다. 진리의 방법과 커리큘럼은 이미 정해져 있다. 그러니 모두들 그 코스를 열심히 밟아 가기만 하면 된다. 더 많은 지식을 향하여! 더 눈부신 빛을 향하여! 계몽주의의 명제이자 근대교육의 대전제이기도 하다. 21세기에 접어든 지금도 다를 바 없다. 초·중·고 전 과정은 오직 대학을 향해 달려간다. 거기가 진리 혹은 빛의 정점이다. 만약 대학을 목표로 삼지 않는다면 초·중·고 교육은 지금과는 아주 다른 양상을 취할 것이다. 또 선행학습과 사교육에 이토록 목을 매지도 않을 것이다. 하지만 지금처럼 대학이 정점에 버티고 있는 한, 대학이 '출세'의 유일한 관문인 한, 나머지 과정들은 한낱 과도기에 불과하게 된다. 역사담론이 근대 이전의 역사를 다 근대를 향한 과도기로 간주한 것과 같은 배치다.

근대 초기에는 빛이 부족했다. 그래서 빛은 진리와 문명 혹은 혁명의 은유로 쓰였다. 계몽의 파토스가 오랫동안 세상을 지배할 수 있었던 이유이기도 하다. 하지만 지금은 바야흐로 '빛공해'의 시대다. 불야성, 불금, 야간조명, 네온사인 등등, 빛이 밤을 약탈하는 시대가 된 것. 결과는 불면증으로 인한 다크서클! 계몽이성의 운명도 비슷해졌다. 진리의 빛은 지식이 되고 정보가 되더니 마침 내 '스펙'이 되었다. 스펙은 지식과 능력을 잘게 쪼개고 쪼개 항목 화한다. 마치 우리 몸 구석구석을 진단하려 드는 현대의학과 닮 았다. 병원이 늘고 검진기술이 발달할수록 병이 더욱 많아지듯이, 지식이 늘고 학벌이 높아질수록 무지의 심연은 더욱 깊어진다. 초 등에서 대학으로 이어지는 이 직선의 레일 위를 달려가는 동안 생 명력은 '침묵, 봉쇄'되었고, 동시에 삶을 총체적으로 보는 시력은 완전 소실되었다. 보면 볼수록 어두워지는, 오, 이 빛의 아이러니!

'빛'에서 '빛'으로―대학의 주인은 건물?!

배움은 학벌로, 지식은 스펙으로 환원되면서 '삶의 기예, 지성의 열락'이라는 전제는 증발되어 버렸다. 남는 건 오직 학벌의 서열 과 정보의 양적 경쟁뿐! 해서 이젠 사교육을 넘어 '교육쇼핑'의 시 대가 도래하였다. 자식들에게 더 좋은, 더 많은 교육적 기회를 선 사하기 위해 부모들은 수단과 방법을 가리지 않는다. 언뜻 보면 참, 감동적이다. 하나, 그 내용을 되짚어 보면, 결국 고액 연봉을 받는 전문직이 되라는 뜻이다. 교육이 아니라 투자를 한 셈이다.

그래서인가. 아주 희한한 전도가 발생한다. 초등학교에서 대학에 이르기까지 부모의 역할이 점점 늘어난다. 아이들은 과잉학습에 시달리고, 학부모는 정보전쟁에 동원된다. 결국 아이들도 부모도 삶이 다 피폐해진다.

특히 대학생의 처지가 참, 한심하게 되었다. 지금 대학생은 지성인이 아니라 취준생이다. 취업준비에 몰두하느라 사제지간은 물론 연애와 우정 역시 포기했단다. 심지어 밥을 같이 먹을 친구가 없는 '혼밥족'도 많다고 한다. 그럼 대학이란 대체 뭘하는 곳일까? 취업을 위해 인간관계도 다 포기했는데 결국 취업은 안 되는 곳. 알바 뛰느라 정작 수업을 들을 시간은 없는 곳, 졸업할 때는 대출빚을 잔뜩 안고 나오는 곳, 뭐 이런 데가 다 있나? 한 통계에 따르면, "지난해 말 기준으로 학자금 대출액은 10조 7천억 원"으로, "4년 동안 1인당 평균 대출액은 525만 원에서 704만 원으로 늘었다". 이 정도면 '진리의 빛'은 고사하고 '빚드라망'이라고 불러야 하지 않나?

청춘은 봄이다. 봄은 목기木氣다. 목은 언 땅을 뚫고 솟아나는 기운이다. 힘차게 솟구치려면 능동적이고 자발적이어야 한다. 교육이란 내용이 뭐가 됐든 결국은 이 능동성과 자발성을 일깨우는 행위다. 교육을 오행 중에서 목기에 배속하는 이유다. 해서 제일 중요한 건 자립이다! 한데 자립은커녕 빚에 '절어서' 인생을 시작해야 한다면, 그것 자체가 이미 반-교육에 다름아니다.

현장에서 보면 더욱 실감이 난다. 대학에 강연을 가면 수백 명의 청년이 앉아 있는데도 존재감이 거의 없다. '정기신'精氣神이 고갈된 좀비 같다고나 할까. 그래서 참 심사가 복잡해진다. 시설과 시스템은 비약적으로 발전했고, 거기다 시위도 최루탄도 짭새도 없다! 이런 시절이 오면, 캠퍼스엔 청춘의 패기와 지적 열정이 만개할 것이라고 믿어 의심치 않았다. 적어도 80년대엔 그렇게 생각했다. 아, 하지만 그건 한낱 '유물론적' 망상에 불과했던가. 보다시피 우리시대 대학생들에겐 패기도 지성도 없다. 지성이 없는 대학? 패기가 없는 청춘? 참, 지독한 형용모순이다.

그럼 대학교수의 처지는 어떨까? 논문 편수와 각종 실적을 채우기에 급급하다. 논문의 양으로 교육의 질을 가늠하는 것도 문제지만, 그보다 더 심각한 건 '불통'이다. 이렇게 쏟아지는 논문들을 대체 누가 읽을까? 소수의 전공자와 심사위원이 전부일 것이다. 지식도 유기체다. 소통의 회로가 없다면 그 생명력도 사그라드는 법이다. 그렇게 '죽은 지식'을 생산하는 이들이 과연 지성의 주체라 할 수 있을까? 그럼 대학생도 교수도 아니라면 대학의 주인은 과연 누구란 말인가? 건물이다! 다음은 한 지방대학에서 나눈 대화다.

A :"왜 이렇게 럭셔리한 건물이 필요한지 모르겠어요. 대학 경쟁력을 위해서라고 하지만, 학생들이 그렇게 좋아하는거 같지도 않아요."

B :"그런데 왜 이렇게 자꾸 지어 대는 거죠?"

A :"그래야 대학등급이 올라가니까요. 등급이 올라가야 교육부 지원을 받을 수 있고. 근데 건물을 지으려면 워낙 돈이 많이 들어서 결국은 다시 등록금을 올려야 돼요."

B :"헐~ 학생들을 유치하기 위해 건물을 지었는데, 정작 학생들은 그 시설을 잘 쓰지도 않고. 그런데 그 적자를 메우려 등록금을 또 올리고. 대체 왜 이런 악순환이 반복될까요?"

A :"잘 모르겠지만, 건설업을 부양하기 위한 게 아닐까요?"

그렇다! 지금 대학이 주력하는 건 건설업이지 담론이나 비전의 창조가 아니다. 결국 화려한 시설 속에서 학생은 좀비가 되고, 교수는 논문기계가 된다. 고로, 최후의 승자는 건물이다!

생명과 자연의 응답

계몽이성은 인간의 주체성을 척도로 삼는다. 인간이 주체라면, 자연은 객체다. 즉, 자연은 극복 혹은 지배의 대상일 뿐이다. 하지만 그것이 얼마나 '오만과 편견'의 소산인지는 충분히 검증된 비 있다. 하여, "자연이 존재하고 인간은 결단한다는 개념"은 이제 그만 폐기되어야 한다. "모든 자연은 결단으로, 그것이 대면하고 횡단하는 모든 힘들에 창조적으로 응답"(클레어 콜브룩, 『들뢰즈 이해하기』, 한정헌 옮김, 그린비, 2007, 63쪽)한다. 멀리 갈 것도 없이, 지적 파토스가 증발하자 청춘의 에로스 또한 함께 고갈된 것이 그 좋은 예다.

20세기 내내 교육기간이 점차 늘어났다. 교육의 양도 끝없이 늘어났다. 시간과 양의 연장은 질과 밀도의 저하를 가져왔고, 당연히 그런 배치에선 지성의 창조나 청춘의 패기 따위가 들어설 자리가 없다.

그러자 청춘들의 신체에서 '이상한 가역반응'이 일어났다. 사랑하고 낳고 기르고자 하는 욕망이 사라져 버린 것이다. 알다시피 요즘 청년들은 연애를 포기하고 결혼을 포기하고 출산을 포기한다. 또 어렵게 출산을 결심한 이들은 불임과 유산에 시달린다. 갑자기 전국 곳곳에서 아이들의 울음소리가 뚝! 끊긴 것이다. 과거엔 농촌의 풍경이었던 '저출산 고령화'가 도시 전체, 아니 문명 전체를 휘감고 있다. 도시를 위해 농촌을 가차없이 파괴한 복수를 당하는 셈인가. 아니면 생명과 자연을 마음대로 조절할 수 있다고 여긴 '계몽적 오만'의 자업자득인가. 어찌 됐건 이것이 지식의 '스펙화'에 대한 부메랑인 것만은 분명해 보인다. 요컨대, 생명력은 앎에 대한 본능과 분리되지 않는다. 로고스적 열정과 에로스적 충동은 대칭적으로 연동되어 있다.

돌이켜 보면, 청춘의 피가 들끓었던 80년대, 그 시절에 대학생들을 지배한 언어는 두 가지였다.—"혁명과 연애." 혁명이 로고스를 통해 세계를 변혁하고자 하는 열정이라면, 연애는 '자기를 버리고 타자를 향해 나아가는' 에로스적 충동이다. 둘은 나란히, 함께 간다. 때론 어울리고 때론 맞서면서. 그런 점에서 대학이 지성을 포기한 것과 저출산의 문제는 결코 무관하지 않다. 앞으로 초등학교부터 문을 닫을 것이고, 그 파도는 중·고등학교를 거쳐 대학을 강타할 것이다. 아울러 1988년 이후 우후죽순격으로 늘어났던 대학들이 하나씩 소멸되어 갈 것이다.

그럼 이 지점에서 다시 한번 짚어 보자. 부모는 자식교육을 위해 온갖 투자를 마다하지 않는다. 초등학교때부터 숙제를 대신해주고, 수시정보는 물론이고 체험학습에 봉사활동, 해외연수 등 스펙을 쌓아 주느라 정신없이 바쁘다. 대학등록금에 허리가 휘고, 심지어 연봉의 대부분을 해외로 송금해야 하는 기러기 아빠들도 있다. 오죽하면 '에듀 푸어'^{수입의 절반 이상을 사교육비에 쓰는 계층}라는 말까지 나왔을까. 그렇다면, 이런 희생을 감수하여 자식들을 대체 어떻게 키우고 싶은 것일까? 이미 언급한 대로 의사, 변호사, 대기업 임원 등 쉽게 말해 고액 연봉의 전문직에 종사하길 바란다. 그럼 이후엔 어떻게 살아갈까? 다시 허리띠를 졸라매고서 자식 교육에 올인할 것이다. 이 윤회의 수레바퀴는 대체 언제쯤 끝날까? 아니, 이 '대를 이은 희생'의 대열에 과연 끝이 있기나 한가?

명리학적으로 재성이 '일과 돈'이라면, 인성은 '공부와 지혜'다. 그리고 재성과 인성은 상극이다. 고로, 재물에 대한 욕망과 지혜에 대한 열정을 동시에 다 누리는 건 불가능하다. 현대인은 특히 거의 모든 욕망이 재성으로 쏠리기 때문에 학벌이 높아져도 지혜의 확충은 기대할 수 없다. 그럴 때 공부는 노동의 일환이 된다. 말하자면, 배움이 신체적 충전이 아니라 '정기신'精氣神을 방전하는 과정이 되는 것. 이것을 메울 방법은 쾌락 말고는 없다. 많은 청소년들이 야동과 게임, 왕따문화 등에 빠지는 이유다. 이런 상태를 방치한다면 불행히도 우리는 대부분의 청소년들을 잠재적인 '변태성욕자'로 키우게 될 것이다.

또 하나, 이렇게 지식이 '스펙화'되면 삶의 현장과 심각하게 유리된다. 인생은 희로애락과 생로병사의 리듬이다. 이 현장의 이치를 터득하지 않고선 결코 삶의 주인이 될 수 없다. 무지는 불안을 낳고, 불안은 충동과 폭력으로 이어진다. 도처에 신경증, 분열증 환자가 출현하는 이유다. 이 또한 지적 파토스를 포기한 데 대한 생명과 자연의 강력한 응답이다.

'스펙'이 인생을 구원할 수 있을까?

그럼에도 불구하고 왜 여전히 교육에 대한 집착을 놓치 못할까? 성공에 대한 욕망이 가장 일차적이지만, 그보다 더 심오한 전제가 하나 있다. 지식과 이성을 동일시하는, 그리고 이성이 삶을 지켜 주고 또 고양시켜 줄 거라는 '계몽이성'에 대한 신앙이 그것이다. 물론 거대한 착각이다. 지금처럼 지식이 스펙이 되어 버리면 교육의 주체는 이성적 존재가 되기는커녕 오히려 이성을 포기해야 한다. 꿈과 열정을 불태우려면 광고와 미디어가 쏘아 대는 이미지에 고스란히 노출되어야 한다. 10대들의 꿈이 대부분 연예인 혹은 증권맨 등인 것도 그 때문이다. 하긴 그러지 않고서야 저 지루하기 짝이 없는 코스를 어떻게 통과할까마는.

또 설령 학습에 비례하여 이성을 갖추었다고 한들 그것으로 자신을 지키고 삶을 지탱하기란 요원하다. 이성은 감정을 이길 수 없다. 감정이 이성보다 훨씬 강력할뿐더러 또 연원이 깊기 때문이다. 따라서 감정을 제대로 콘트롤하려면 고도의 수행(혹은 영적 훈련)이 필요하다. 하지만 자본주의는 감정, 아니 감각을 한껏 끌어올려서 상품을 팔아 대는 시스템인데, 지금 같은 어정쩡한 인성교육으로 저 강렬한 유혹을 어떻게 이겨낸단 말인가.

그래서인지 엘리트일수록 감정조율이 안 되는 경우가 더 많다. 앞에 나온 「흰 빛」의 주인공 천스청이 잘 보여 주듯, 공부에 매진할수록 성공과 쾌락에 대한 기대치가 높기 마련이다. 그게 벽에 부딪혀 버리면 천스청처럼 광기에 사로잡힐 수도 있고, 설령 벽을 통과하여 전문직을 얻었다 해도 치열한 경쟁 속에서 감정은 더더욱 요동치게 된다. 그게 반복되다 보면, 결국 '멘탈붕괴'의 상태에 도달하게 된다.

실제로 우리는 이런 사태를 날마다 목격하고 있다. 시사프로그램을 장식하는 온갖 비리의 주역은 대부분 전문직이다. 특히 성범죄가 그렇다. 한 뉴스에 따르면, "의사, 교수, 성직자 등 전문직군에 의한 성범죄가 해마다 증가해 5년간 11%가 늘어"나고 있다. "직군별로는 성직자가 5년간 442건으로 가장 많았고, 이어 의사(371건), 예술인(212건), 교수(110건) 순이었다."「『전문직 성범죄 해마다 증가… 5년간 3천 50건』, 『연합뉴스』 2015년 8월 30일자 기사」 이 직업군에 들어가려면 성적이 상위권에 들어야 한다. 그렇게 공부를 잘하고도, 또 성공의 대열에 진입하고서도 결국은 범죄의 주인공이 되어 버린다. 이 대목에서 문득 어린 시절 즐겨 봤던 〈수사반장〉이 떠오른다. 거기 나오는 범인은 다 가난하고 못 배운 이들이었다. 한마디로 가난과 무식이 '웬수'였다. 그런데 그 당시 〈형사 콜롬보〉라는 '미드'미국드라마도 인기였는데, 거기 나오는 범인들은 하나같이 잘생긴 데다 부자고 엘리트였다. 왜 저런 사람들이 범죄자가 될까, 실로 미스터리였다. 하지만 지금이 바로 그런 세상 아닌가. 요컨대, 학벌이 높다고 이성적 주체가 되는 건 결코 아니다.

"부자가 되려면 해병대를 가거나 명상센터를 가라"는 말이 있다. 욕망을 조절하는 심리적 훈련을 먼저 하라는 뜻이다. 부를 일구는데도 이럴진대, 인생을 살아감에 있어서야 더 말해 무엇하랴. 그렇다면 왜 우리 교육에는 이런 과정이 생략되어 있는 것일까? 감정훈련(혹은 영적 탐구)이 인생을 이끌어 가는 축이라면 그것이 교육의 전 과정에 필수적으로 포함되어야 하지 않을까? 왜 지식을 '스펙화'하고는 '멘붕'을 넘어 삶이 붕괴되는 과정을 방치하고 있는 것일까?

두 개의 사례 ― 이타카와 강희제

이와 관련하여 두 가지 사례를 들려주고 싶다. 하나는 직접 목격한 케이스다. 한 10여 년 전쯤, 미국 뉴욕주에 있는 코넬대학교에 잠시 머무른 적이 있었다. 아이비리그에 속한 명문대인 데다 인디언 숲과 계곡, 호수를 끼고 세워진 캠퍼스는 지상낙원이 따로 없을 정도로 아름다웠다. 이렇게 멋진 캠퍼스에서 청춘을 보내다니, 얼마나 행복할까! 하고 한껏 부러워했는데, 웬걸! 그 대학엔 폴리스가 상주하고 있었다. 자살을 막는 것이 그들의 주요임무였다. 알고 보니 그 대학은 자살률이 높은 것으로 유명했다. 충격이었다. 부모들은 생각했을 것이다. 그래도 이런 데서 공부하면 남부럽지 않은 인생을 살아갈 테지, 하고. 하지만 누군가에게는 그런 최고의 조건 자체가 생지옥이나 다를 바 없다. "사랑의 이름으로 원수를 짓는" 행위가 바로 이런 것이리라.

또 하나는 역사적 사례다. 강희제는 무려 60년 동안 제위에 있으면서 청나라를 세계 제국의 중심에 올려놓은 황제 중의 황제다. 일찌감치 후계자를 정해 놓고 그 아들에게 최고의 교육과 사랑을 아낌없이 베풀었다. 하지만 이 황태자는 아버지의 뜻에 전혀 부응하지 않았다. 성격파탄에 주색잡기, 심지어 모반을 꾀하기까지 했다. 결국 폐위되어 궁에 유폐되었다가 비참하게 생을 마감한다. 강희제는 절규한다. 대체 내 아들이 뭐가 부족해서 저 지경이 되었을까? 천하를 평정하고 태평성대를 이룬 황제에게도 자식만큼은 뜻대로 되지 않은 것이다. 비단 강희제뿐이랴. 왕조사에는 이런 비극이 수도 없이 등장한다.

이렇듯 교육환경만 좋으면, 또 좋은 교육을 제공받기만 하면 인생이 쭉 풀릴 거라는 믿음은 실로 착각이다. 인생은 그렇게 녹록지 않다. 역사가 우발성과 아이러니의 연속이듯, 인생 또한 반전투성이다. 어릴 땐 죽어라고 공부를 멀리하다가 중년이 되어 느닷없이 공부에 푹 빠지는 이가 있는가 하면, 반대로 최고의 수재였다가 중년 이후 주색잡기에 빠져 나락으로 떨어지는 이도 있다. 심지어 명문대를 나와 전문직에 종사하다 노숙자가 된 경우도 있다. 이 반전의 고비들을 스펙으로 통과하기란 불가능하다. 그러니 그 스펙을 채우느라 청춘을 올인하는 것이 가당키나 한가. 더구나 지금처럼 유동성이 강한 시대에 지금의 교육이 미래의 직업을 보장한다고 누가 장담할 수 있을까? 10년만 지나도 그 직업의 대부분은 흔적도 없이 사라질 것이다. 그러니 그것을 목표로 한 꿈이라는 것들이 얼마나 허망한 노릇인가.

장자와 돈키호테 ─ 이상주의의 몰락!

자, 이제 한걸음만 더 들어가 보자. 교육이 온통 '스펙화'되었지만, 그래도 여전히 건재한 건 계몽적 이상주의 때문이다. 엘리트가 대중을 이끌고, 정치인이 국민을, 강자가 약자를 구한다는 이상. '양 떼를 이끄는 목자'의 이미지를 떠올리면 된다. 우리시대의 윤리가 동정과 연민의 틀을 넘어서지 못하는 것도 이 때문이다. 계몽적 프레임을 전복하려면 이 지점을 넘어서야 한다.

#장면 1 : 위나라 왕이 전횡을 일삼으면서 백성들을 괴롭히자 안회가 그를 설득하러 떠나겠다고 한다. 위나라의 운명을 구하고 싶다는 것이다. 그러자 공자가 말했다. "아! 그곳에 가면 너는 결국 죽게 될 것이다. 도란 번잡한 것이 아니다. 번잡하면 마음이 여러 갈래로 나뉘고, 여러 갈래로 나뉘면 흔들리고, 흔들리면 불안해지고, 불안해지면 다른 사람을 구할 수 없다." "이것은 불을 불로 끄고, 물을 물로 막겠다는 것. 이를 일러 '불난집에 부채질'이라 한다. 말로 시작하면 끝이 없다. 상대방의 신임도 받지 못한 채 장황한 말만 반복하다가 반드시 그 난폭한 사람에게 죽게 될 것이다."(장자, 『낭송 장자』, 42~50쪽)

#장면 2 : 돈키호테는 기사도의 이상에 불타는 인물이다. 여성의 순결을 지켜주고 약자를 보호하며 황금시대를 열겠다는 드높은 이상을 품고 길을 떠난다. 길을 가다 주인한테 매를 맞는 소년 하나를 구해 주었다. 한참이 지난 후 그 소년과 재회를 했다. 소년의 말은 충격적이다. 돈키호테가 떠나자 주인이 다시 자신을 참나무에 매달고 죽사발이 되도록 두들겨 팼다는 것. "이 모든 게 나리의 죄입니다요. 나리께서 가던 길이나 가시고, 부르는 데가 아니면 안 가시고, 남의 일에 끼어들지나 않았다면 우리 주인도 저를 한 열스무대 때리는 것으로 만족하고 저를 풀어준 뒤 제게

빚진 걸 갚아주었을 거구만요. 그런데 나리께서 그렇게 지각없이 그 사람 체면을 깎고 그렇게 욕을 하시니까 홧김에 발끈 달아올라 나리께 복수할 수는 없으니 단둘이 남은 틈을 타서 저에게 그냥 온갖 먹구름을 다 뒤집어씌운 거 아닙니까요. 그래서 저는 이제 평생 남자 구실하기는 틀린 것 같습니다.”(미구엘 드 세르반테스,

『돈키호테』1권, 민용태 옮김, 창비, 2012, 475쪽)

장면 1에서 공자는 장자의 목소리를 대변한다. 변덕이 죽 끓듯 하는 폭군을 이성적으로 설득하겠다는 것은 만용에 불과하다. 개죽음을 당할 뿐이다. 장면 2에서 돈키호테는 약자를 구제한다는 이상에 사로잡혀 그 약자를 더욱 곤경에 빠뜨리고 말았다. 둘 다 허황한 이상에 사로잡혀 자기 분수를 망각한 케이스다. 그런 경우, 결과는 둘 중 하나다. 자신의 목숨이 위태롭거나, 타인의 인생을 망치거나.

그럼 세상살이와 타인의 삶에 무관심하란 뜻인가? 그게 아니다. 궁극적으로 자신의 인생은 스스로 열어 가야 한다. 그 누구도 나의 고난을 대신 겪어 줄 수는 없다. 이것이 우주의 이치다. 이 이치를 망각할 때 이상주의에 사로잡히게 된다. 동정과 연민에서 시작된 이 망상기제는 희생과 헌신이라는 미망을 거쳐 종국엔 오만과 독선으로 치닫게 된다. 대부분의 독재자들이 빠진 함정이기도

하다. 이런 프레임에선 지도자도 대중도 다 불행해진다.

그럼 어떻게 해야 할까? 배움의 핵심은 '자기 안에 도'를 갖추는 것이다. '자기 안에 도를 갖춘 다음에야 다른 사람도 갖추게' 할수 있다. 그것은 계몽과 설득이 아니라 촉발과 감응이다. 그렇게 물 흐르듯 주고받는 것이 지혜다. 가르침을 구하는 안회에게 공자는 이렇게 말한다. "위나라의 울타리에 들어가 놀더라도 명분 따위에 흔들리지 말아라. 문을 세우지도 말고 담을 쌓지도 말며, 마음을 한결같게 하여 그냥 그대로의 흐름에 맡겨라." 돈키호테를 향한 소년의 뒷담화는 더더욱 신랄하다. "제발요, 방랑기사 나리, 누가 저를 발기발기 찢어뭉개고 있는 걸 보셔도 도와주거나 구해주려 하지 마세요. 제 불행 제가 감당할 테니 내버려 두세요. 그래도 나리께서 도와준 뒤 당하는 수모보다는 많지도 크지도 않을 겁니다. 나리 때문에 세상에 태어난 모든 방랑기사를 저주하고 하느님까지 저주합니다요."

명분에 흔들리지 말고 흐름에 맡겨라. 또 자신을 구하는 것은 오직 자신뿐이다! 이것이야말로 우주의 이치이자 삶의 기예다. 따라서 자식에게 좋은 교육을 선사하고 싶다면 먼저 부모가 이런 지혜를 터득해야 한다. 그러면 그 기운이 자연스레 자식에게 전달될 것이다. 지혜는 전하지 않고 오직 학벌만 원한다면 그것은 일종의 폭력이다. 하지만 사람들은 반대로 말한다. 그런 이치를 언제 터득하냐고, 그건 도인들이나 할 일이라고. 교육의 핵심은 놓치고 교육의 스트레스만 짊어지겠다는 심사다. 그래서 또 묻게 된다. 인간은 대체 왜 이토록 자신의 불운을 욕망하는 것일까?

대중지성 혹은 '미꾸라지-되기'

도인이 어느 날 한가하게 시장을 걷고 있다가 우연히 어느 가게의 한 통 속에 들어 있는 뱀장어를 보았다. 포개지고 뒤얽히고 짓눌려서 마치 숨이 끊어져 죽을 것 같았다. 이때 홀연히 그 중에서 한 마리의 미꾸라지가 나타나서 상하 좌우 전후로 끊임없이 멈추지 않고 움직이니 마치 신룡과 같아 보였다. 뱀장어들은 미꾸라지에 의해서 몸을 움직이고 기가 통하게 되었으며 생명의 기운을 되찾을 수 있었다. 이제 뱀장어의 몸이 움직일 수 있게 하고 기를 통하게 하여 뱀장어의 목숨을 건진 것은 모두 미꾸라지의 공인 것이 틀림없으나 그 역시 미꾸라지의 즐거움이기도 했던 것이다. 결코 뱀장어들을 불쌍히 여겨서 그렇게 한 것이 아니고, 또 뱀장어의 보은을 바라고 그렇게 한 것도 아니다. 스스로 그 '본성에 따른' 것에 불과하다.(왕심재,「추선부」(鰍鱔賦: 미꾸라지에 대한 노래)에서)

왕심재王心齋는 양명학의 원조인 왕양명王陽明의 수제자다. 미꾸라지는 타인을 위해 뭔가를 하지 않았다. 그저 자신의 본성대로 활발하게 움직였을 뿐이다. 그런데도 다 죽어 가던 뱀장어들이 그 기운을 받아서 살아났다. 고로, 미꾸라지와 뱀장어 사이에는 어떤 부채도 책무도 없다. 이것이 생명의 향연이다. 교육과 지성의 본질 역시 여기에 있다.

대학의 몰락, 청년백수, 저출산 등을 떠올리면 참으로 암울하다. 하지만 어둠이 있으면 빛이 있는 법. 아이러니하게도 대학의 지성은 실종됐지만, 지성 자체는 전 인류적으로 해방되었다. 인류가 지금까지 터득한 모든 지식과 정보는 다 스마트폰 안에 들어 있다. 경전을 얻기 위해 십만 팔천 리를 갈 필요도, 머나먼 이국땅으로 유학을 떠날 필요도 없다. 어디 그뿐인가. 누구든 유튜브를 통해 세계 최고의 지성인과 직접! 대면할 수도 있다. 바야흐로 '대중지성의 시대'가 도래한 것이다. 소수의 엘리트가 다수의 대중을 이끄는 것이 계몽이성의 배치라면, 대중지성은 대중이 '지성의 매트릭스'를 자유롭게 유영하는 것이다. 장강을 힘차게 거슬러 오르는 미꾸라지가 그러하듯이.

이제 중요한 건 학벌도, 스펙도 아니다. 지성과 삶을 연결하는 창조와 순환의 네트워크다. 여기에는 자발적이고 능동적인 접속이 요구된다. 앎에 대한 욕망, 앎을 통해 몸의 흐름을 바꾸고, 나아가 운명의 주인이 되고자 하는 욕망. 이 욕망이 살아 움직일 때 그것이 곧 대중지성이다. 이름하여 미꾸라지-되기! 그 구체적인 실험과 모색에 대해서는 다음 장을 기대하시라!

5장

대중지성의 향연 — Let it go!

"진리에 대한 탐구는 필리아, 즉 우애를
나누는 이의 규모가 커지는 것을 전제로
한다고 나는 생각한다."

—— 이반 일리치
(『이반 일리치의 유언』, 이한 외 옮김, 이파르, 2010, 244쪽)

외스타슈 르 쉬외르, 「친구 모임」(A Gathering of Friends), 1640~42

삶과 분리된 지식, 통찰이 결여된 지성, 생사를 망각한 지혜는 이제 그만! 그것들은 결국 노동과 화폐에 복무하는 상품에 불과하다. 앎을 상품화하는 흐름에 저항하라! 지식과 지성, 지혜의 인드라망을 구축하라! 이것이 대중지성의 모토다.

5장_
대중지성의
향연
— *Let it go!*

화요일 저녁 7시 30분. 충무로 필동에 있는 깨봉빌딩 2층. 감이당
의 장기프로그램 중 하나인 '중년남성을 위한 인문학'이 한창이
다. 은행원, 패션잡지 실장, 로펌 직원, 디자이너, 정년백수 등, 회
원들의 면면이 다양하다. 이들의 공부는 취미도 사교도 아니다.
그렇기에는 커리큘럼이 상당히 심오(?)하다. 그리스-로마 철학과
니체, 푸코, 『동의보감』과 양자역학 등 동서고금과 분야를 망라한
다. 또 낭송과 토론에 글쓰기까지, 공부법도 나름 치열하다. 담당
강사들 역시 이런 코스를 거쳐서 저자가 되고 강의까지 하게 되었
다. 1980년대에는 노동자와 청년이 야학을 했다면, 지금은 중(장)
년이 야학을 한다. 전자가 노동해방을 목표로 삼았다면, 후자의
비전은 뭘까? 글쎄다! 잘 모르겠지만, 다들 어떤 질문에 봉착한 건
틀림없다. 나는 누구인가? 사람은 무엇으로 사는가? 왜 죽는가?

등등. 이 탐구는 결코 끝나는 법이 없다. 하여, "모든 살아 있는 생명의 존재형식"(신영복)으로서의 공부, 그것이 대중지성의 길이다.

살고 싶으면 도서관에 가라!

이제 배움의 중심은 학교도, 대학도 아니다. 대학의 웅장한 캠퍼스를 보면서 지성의 권위에 압도당하던 시대는 지났다. 대학의 장서각이 주는 위엄도 사라졌다. 디지털이 모든 지식을 해방시킨 탓이다. 팔만대장경도 조선왕조실록도 브리태니커 백과사전도 '만천하에' 다 드러났다. 마을도서관의 부상도 이런 '지식의 대격변'과 무관하지 않다.

2000년 이후 전국 곳곳에 건설붐이 일었다. 도로가 뚫리고 아파트가 세워지고, 거대한 빌딩이 세워지고. 다이내믹 코리아의 위력을 유감없이 발휘한 셈이다. 프리랜서로 방방곡곡을 다니다 보니 그 과정을 생생하게 지켜볼 수 있었다. 그리고 참으로 궁금했다. 대체 저 건물들의 용도가 뭘까? 물론 초기엔 거창한 이벤트가 열릴 것이다. 그 다음엔? 전시용 아니면 관리용이 될 것이다. 대중은 스펙터클한 건물에 환호한다. 하지만 그 환호의 순간은 아주 짧다. 그 다음엔 무관심해진다. 사람이 모이는 곳은 럭셔리한 건물이 있는 곳이 아니라 '사람들이 있는' 곳이다. 사람은 사람을 따라 '헤쳐 모여' 한다. 정치가 혹은 경제인들은 왜 이 간단한 이치를 고려하지 않을까. 텅 비어 있는 건물이 수두룩한데 또다시 건물을 세우는 저 '심보'는 대체 뭘까.

불행 중 다행으로 이 '리모델링의 향연' 속에서 사람들이 일상적으로 드나들 수 있는 장소가 하나 생겼다. 마을도서관이 그것이다. 도서관은 이제 더 이상 책을 보관하거나 시험공부를 하는 곳이 아니다. 아예 열람실의 밀폐된 책상을 치운 곳도 있다. 그럼 도서관에서 뭘 하는가? 각종 문화행사가 벌어진다. 남녀노소가 부담없이 모일 수 있는 유일한 곳이기 때문이다.

이유는 간단하다. 책이 있기 때문이다. 사람과 사람이 연결되는 교량으로 책보다 더 좋은 것은 없다! 한때 일본에서 "죽기 싫으면 도서관에 가라!"는 말이 유행한 적이 있다. 한 해에 3만 명 이상이 자살을 하던 시절 나온 말이라고 한다. '공부를 해라', '책을 읽어라'는 뜻이 아니라 도서관에 가야 사람들을 만날 수 있다는 뜻이다. 우리나라 역시 다르지 않다. 사람이 사람을 만나지 못하면 '죽음충동'이 싹트기 시작한다. 거기에 휩쓸리지 않으려면, 즉 살고 싶다면 사람이 있는 곳으로 가야 한다. 하지만, 이 거대한 빌딩의 숲에서 사람을 만날 수 있는 곳은 도서관밖에 없다. 그러니 "살고 싶으면 도서관에 가라!"고 할밖에. 책이 곧 사람이요 삶이라는 말은 이런 뜻이다.

그런 점에서 앞으로 도서관은 새로운 정치경제학의 중심으로 부상할 것이다. 정치건 경제건 핵심은 사람이다. 사람이 모이는 곳, 희로애락이 교차하는 곳, 바로 거기가 삶의 현장이다. 이미 이런 흐름을 선도하는 시군이 더러 있다. 예컨대, 군포시는 책을 행정의 중심으로 삼는 대표적인 도시다. 덕분에 군포에서는 일년 내내 각양각색의 책축제가 열린다. 시민강좌는 물론이고, 북콘서트, 독서대전, 낭독대회 등 남녀노소가 참여하는 지성의 향연이 펼쳐진다.

또 경북 칠곡군에서는 '인문학 마을아카데미'라는 이름으로 면과 리 단위로 직접 찾아가서 인문학 축제를 벌인다. 강사로 초대받은 적이 있었는데, 강연장소는 감자 입하장인 큰 창고였다. 새로운 건물을 짓기보다 사람들이 많이 드나드는 곳을 적당히 개조한 것이다. 창고 한가운데서 강의를 시작했는데, 주방에선 뒷풀이를 위한 전을 부치고, 아이들은 마당에서 뛰어놀고, 한마디로 야단법석이었다. 그런 소란 속에서도 칠팔십대 어르신들이 태평하게 강의에 귀를 기울이는 장면이 아주 인상적이었다. 말 그대로 일상이 곧 축제이자 공부인 현장이었다. 그런 점에서 이제 정치경제학의 개념은 크게 수정되어야 한다. 정치가 파워게임이고 경제는 개발과 건설로 규정되는 시대는 끝났다. 삶의 리듬과 강밀도를 바꾸는 것, 그것이 곧 정치요 경제다.

마을도서관의 부상과 더불어 도처에서 자생적인 지식네트워크가 형성되고 있는 것도 주목할 만하다. 내가 몸담고 있는 공동체(감이당&남산강학원)처럼 도심 한가운데에 장소를 점유하고 있는 케이스도 있고, 특정한 장소 없이 네트워크만으로 존재하는 곳도 많다. 또 '숭례문학당'처럼 북콘서트를 자체 제작하면서 다양한 독서운동을 주도하는 곳도 생겼다. 대학에선 인문학이 사멸하고 대학 밖에선 인문학이 대세로 부상하다니, 생성과 소멸의 오묘한 이치!

물론 대학의 지식과 마을인문학은 질적으로 다르다. 후자에는 더 이상 계몽의 프레임이나 학벌이라는 배경이 작용하지 않는다. 그래서 대중지성이다. 대중지성의 척도는 삶 그 자체다. 대학이 스펙에 휘둘려 삶을 망각하는 동안 대중지성은 지식과 삶의 융합을 시도한다. 당연히 분과적 장벽 따위는 무의미하다. 문사철과 물리학, 역사와 심리, 의학과 역학, 등 존재와 세계를 둘러싼 모든 공부가 다 포함된다. 당연히 엘리트와 대중, 선생과 학생의 경계도 희박하다. 주체와 대상의 고정점이 사라지면, 배움이라는 운동과 흐름만 남는다!

지식, 지성, 지혜―앎의 삼중주

생물학적으로 볼 때 인류의 가장 급진적 혁명은 두 발로 선 것이다. 직립하는 순간 방향이 생겼다. 위/아래, 좌/우, 앞/뒤, 이 여섯 개의 방향을 육합六合이라 한다. 육합이 곧 우주다. 몸과 시공간이 분리될 수 없는 이유다. 존재와 우주를 탐구하면서 길을 찾아가는 것이 인류의 운명이다. 하여, 앎은 그 자체로 '생의 충동'이다. 이 흐름에는 방향도 목적도 없다. 그럼에도 군이 계열화하자면 지식과 지성, 지혜로 나눌 수 있다. 지식이 정보와 학습, 곧 기술지의 영역이라면, 지성은 관계와 실존에 대한 탐구라 할 수 있고, 지혜란 죽음에 대한 통찰, 곧 영성이 여기에 해당한다. 이 세 가지 앎의 형식을 관통하는 이치를 진리라고 부른다. 우리시대는 이 셋이 낱낱이 분리되어 있다. 지식과 정보는 학교에서, 지성과 삶에 대해서는 제도 바깥의 배움터에서, 지혜와 영성은 종교단체에서. 그 결과 앎은 삶으로부터 한없이 멀어지고 말았다.

더 나아가 지성과 지혜조차 정보의 영역에 흡수된 것이 현재의 담론적 배치다. 삶이 온통 검색과 매뉴얼로 전락한 것과 같은 현상이다. 이런 배치하에서 인생을 온전히 통찰하기란 불가능하다. 그러니 아프고 괴로울 수밖에. 무지는 그 자체로 치명적인 질병이다. 그래서 인도의 전통의학인 아유르베다 의학에선 질병을

"지혜의 결핍"으로 규정한다. 『동의보감』에서도 병을 치유하는 건 궁극적으로 '도'道다. 그러니까 현대인들이 겪는 마음의 병은 근본적으로 '삶에 대한 무지'가 원인인 셈이다. 그렇다면 방법은 간단하다. 지식의 블랙홀을 빠져나와 지성과 지혜로 가는 길을 열거나 아니면 지혜로부터 출발하여 지성과 지식의 한계를 돌파하거나. 어느 쪽이든 분명한 건 앎의 충동은 지식과 지성, 그리고 지혜의 삼중주를 열망한다는 사실이다.

삶과 분리된 지식, 통찰이 결여된 지성, 생사를 망각한 지혜는 이제 그만! 그것들은 결국 노동과 화폐에 복무하는 상품에 불과하다. 앎을 상품화하는 흐름에 저항하라! 지식과 지성, 지혜의 인드라망을 구축하라! 이것이 대중지성의 모토다.

'호모 미세라빌리스'에서 '무용지용의 도(道)'로!

"내 나이 마흔이 넘어 네가 태어났을 때, 얼마나 기뻤으면 핏덩이인 널 세자로 책봉하고, 두 살 때부터 제왕의 교육을 시켰겠느냐"

영화 〈사도〉에서 아버지 영조의 회상 대목이다. 가장 고귀한 신분으로 태어나 최고의 교육을 받았고, 심지어 왕권을 다툴 라이벌조차 없다. 한마디로 모든 것을 다 갖춘 셈이다. 하지만 결과는 참혹하다. 아들은 엇나갔고 아버지는 그런 아들을 용서할 수 없었다. 사도세자보다 더 좋은 조건에서 태어나기도 어렵고 사도세자보다 더 좋은 교육을 받기도 어렵다. 그런데 어째서 이 지경에 이르렀을까?

배움의 핵심은 자신의 신체가 움직이는 것이다. 몸이 반응하고 마음이 움직여야 한다. 앎을 열망하고 그 기쁨을 맛보고 또 그만큼의 자유를 누리고. 이런 과정이 생략된다면 아무리 최상의 교육을 받는다 한들 완전 도루묵이다. 진리는 움직인다. 즉 앎과 신체가 교감하는 순간 진리로 구성되는 것이지 내용 자체가 진리를 보장하는 건 결코 아니다.

지금 우리시대 교육은 거의 제왕교육에 가깝다. 학교는 엄청난 학습을 부과하고, 부모는 모든 것을 다 서포트해 주는 매니저다. 뭐가 됐든 일단 많이 배우면 그래도 훌륭해지겠지, 라고 간주하는 것이다. 당사자가 그것을 어떻게 받아들이는가는 전혀 고려 대상이 아니다. 결국 공부를 하면 할수록 신체는 무력해지고 존재는 소외감에 몸부림친다. 거기서 더 나아가면 '역주행'이 벌어진다. 사도세자는 광기와 폭력으로 나타났지만 요즘 청소년은 콱 죽어 버리고 싶어진다. 청소년 자살률 1위가 그 증거다. 이반 일리치는 일찍이 이것을 일러 '호모 미세라빌리스'라고 했다. '미세라블'

miserable, 곧 비참하고 쓸모없는 존재라는 의미다. 왜? 성장의 신화 속에서 끊임없이 결핍을 생산하게 되었기 때문이다. 일리치에 따르면 "발전의 미신"은 "호모 사피엔스의 의식과 감각을, 마땅히 가져야 하는 것을 갖지 못한 궁핍한 인간 곧 호모 미세라빌리스의 의식과 감각으로 탈바꿈시켰다."(이반 일리치, 「요구: 중독된 욕망」, 볼프강 작스 외, 『反자본발전사전』, 이희재 옮김, 아카이브, 2010, 198쪽)

여기에 맞서려면 어떻게 해야 할까? 전제를 뒤집어야 한다. 성장과 발전의 미망에서 벗어나야 한다. 좀더 구체적으로 말하면, 유용성이라는 척도를 버리고 기꺼이 무용한 존재가 되는 것이다. 이에 관해서라면 『장자』가 최고의 스승이다. 『장자』의 제4편인 '인간세'人間世에 나오는 한 대목이다. 아가위나무, 배나무, 귤나무 등은 열매가 익으면 잡아 뜯기고 수난을 당한다. 다름 아닌 "자신의 능력 때문에" "세상의 공격을 자초한 셈이다. 만물 중 그렇지 않은 것은 없다." 해서 상수리나무는 자신의 생을 보존하기 위해 "오랫동안 쓸모없기를 바랐다. 몇 번이나 죽을 뻔 하다가 이제 겨우 쓸모없게 되어서 그것이 큰 쓸모가 되었다."

그렇다! 세상의 유용성을 따라가다 보면 타고난 기운과 재능을 부귀에 몽땅 빼앗겨 버린다. 그러니 생을 보존하려면 스스로 무용해져야 한다. 이것이 장자의 '무용지용'無用之用이다.

장자 : "쓸모없는 것을 알아야 비로소 쓸모 있는 것을 말할 수 있다네. 천하의 땅은 더할 나위 없이 넓고 크지만 실제 사람에게 쓸모 있는 것은 단지 발을 내딛을 수 있는 정도의 땅뿐이지. 그렇다고 발을 딛는 부분만 잰 후 그 부분만 남겨 두고 나머지 땅을 바닥까지 깎아 버린다면, 그래도 발을 딛는 부분이 사람들에게 쓸모가 있겠나?"

혜시 : "쓸모없겠지."

장자 : "그러니 쓸모없는 것이 실은 쓸모있다는 게 확실해진 것 아니겠는가?"(장자, 『낭송 장자』, 140~141쪽)

스펙은 내가 걷는 바닥을 빼고는 다 없애 버린 격이나 마찬가지다. 그래서 엄청난 학습을 통해 연봉과 자동차, 집 따위를 얻고 나면 발이 꼼짝없이 묶여 버린다. 그런 사람에게 세상은 자기가 서 있는 곳을 빼고는 다 허공이고 낭떠러지다. 유용성을 향해 달려가다 무용한 존재가 되어 버린 '호모 미세라빌리스'의 숙명!

장자의 길은 그 반대다. 배움이란 세상의 척도로부터 벗어나는 것이다. 그것은 결코 은둔과 피세의 길이 아니다. 훨씬 더 역동적인 코스다. 상품과 화폐의 코드로부터 탈주하는 것이기 때문이다. 탈코드화하고 탈영토화하는 흐름을 타는 것. 직선으로 뻗은 레일이 아니라 사방으로 뻗어 있는 대지를 확보하는 것, 이것이

'무용지용의 도'다.

해서 렛잇비*Let it be*! 정도로는 불가능하다. 비틀즈가 렛잇비를 외친 1960년대야 청년들의 반항심이 하늘을 찌르던 때라 그것만으로도 충분했지만 지금은 다르다. 그냥 '내비두'면 자본에 다 포획되고 만다. 광고와 드라마, 인터넷 등 자본의 전방위적 유혹에 영혼까지 잠식되어 버린다. 그 치명적인 흐름에 맞서려면 훨씬 능동적으로 움직여야 한다. 벽을 돌파하고 나와 길 위에 나서야 한다. 그래서 렛잇고*Let it go*!다. 자본의 공세와 유혹에 맞짱을 뜨면서 생성의 리듬을 창안하는 길로! 대중지성의 비전도 여기에 있다. 이제 그 공부의 강령들을 체크해 보자.

'Let it go' 1 — 목적 없는 공부

사랑이란 내가 원하는 것을 상대에게 무차별적으로 쏟아붓는 것이 아니라 상대가 원하는 삶을 '살게 해주는' 것이다. 교육도 마찬가지다. 내가 좋은 길을 뚫어 놓았으니 그 길로 더 빨리 가라고 내모는 것이 아니라 스스로 길을 열어 가도록 해야 한다. 남이 닦아 놓은 고속도로가 무슨 소용이랴. 울퉁불퉁 진흙탕이라도 내가 가는 길이 더 소중하다. 생명의 원동력인 창조와 순환은 거기에서 일어난다. 그래서 'Let it go!'다. 여기서 go는 자기가 선 자리에서 한 걸음 나아간다는 뜻이다. 내가 걷는 단 한 걸음, 그것이 나의 인생이다. 그런데 걸음을 내디디려면 질문이 필요하다. 질문하는 자만이 길을 갈 수 있다. 선행학습과 사교육은 그래서 부질없다. 질문하는 능력을 빼앗아 버리기 때문이다. 더 심오하게 말하면 신체적 내공을 쌓을 기회를 차단당하는 것이다. 내공은 일종의 중력장이다. 사람을 끌어들이고 천지의 조력을 받을 수 있는! 운명을 끌고 가는 힘도 거기에서 비롯한다.

한데, 이런 공부를 위해선 무엇보다 목적을 지워야 한다. 본디 공부에는 목적이 없다. 역사의 흐름에 목적이 없듯이, 삶의 목적은 삶 그 자체다. 앎의 여정 역시 마찬가지다. 대학입시가 목적이 된다면 공부는 거기에서 끝날 것이다. 출세가 목적이면 거기에 도달하는 순간 배움은 종결될 것이다. 꿈을 향해 열정적으로 달려가는 공부는 그래서 참 비루하다. 공부를 해보면 안다. 앎은 그 어떤 보상도 필요치 않다는 것을. 그러니 그런 길 위에선 남보다 더 나은 과정도 더 빠른 과정도 있을 수 없다. 자신의 길을 '자기속도'로 걷는 것, 그것이 인생이고, 또 공부다.

명리학적으로 풀이해 보면 더 분명해진다. 운명의 첫번째 스텝인 식상食傷은 앎의 의지와 욕망이다. 이것은 일종의 잠재태다. 무엇이든 될 수 있고 어디로든 흐를 수 있다. 그 다음 스텝이 재성

財星이다. 재성은 내가 다스리고 조절하는 물질적 세계다. 만약 여기서 멈추면 그때의 앎은 정보로 화한다. 화폐로 교환히는 순간 다 고갈되어 버리는 정보! 지식 혹은 기술지가 거기에 해당한다. 다음 스텝, 곧 관성官星으로 나아갈 때 지식은 지성으로 변주된다. 관성은 내가 책임지는 현장이다. 타자와 관계에 대한 탐구가 필수적이다. 지성이 리더십의 원천인 것도 이런 맥락이다. 물론 여기에도 함정이 있다. 리더십은 방심하는 순간 권력이 된다. 요컨대, 앎이 지식에서 멈추면 화폐로 환원되고, 지성에서 멈추면 계몽적 권위가 된다. 그래서 관성은 다음 단계, 곧 인성印星으로 '통해야' 한다. 인성은 지혜의 영역이다. 지혜는 죽음 혹은 유한성에 대한 질문에서 출발한다. 이 질문이 던져지는 순간 욕망과 화폐와 권력은 졸지에 무화된다. 비움과 버림이 필연적으로 수반되는 앎의 경계! 그것이 지혜이자 '무용지용의 도'다. 요컨대, 앎은 흘러야 한다. 식상에서 재성으로, 또 관인상생으로! 하여, 언제 어디서든 시작할 수 있고 결코 끝나는 법이 없다!

"다만 지금 자기가 처한 자리에 발을 딛고 행할 뿐이야. 만일 스무 살에 깨치면 그때부터 확고하게 발을 딛고 서서 힘껏 행하면 되는 거야. 서른 살에 깨치면 서른 살부터 그렇게 하면 되는 거지. 가령 팔구십이 되어 깨치더라도 마땅히 그때부터 확고한 생

각을 가지고 꼿꼿하게 힘써 공부해 나가면 되는 거야.″(주희, 『낭송

주자어류』, 27쪽)

'Let it go' 2 — 공부는 양생이다!

들꿩은 열 걸음 걸어야 모이 한 번 쪼고 백 걸음 걸어야 물 한 모
금 얻을 수 있습니다. 그래도 새장에서 길러지기를 바라지 않습
니다. 먹이를 찾는 수고로움이야 없겠지만 자유롭게 살려는 본
성에는 맞지 않기 때문입니다.(장자, 『낭송 장자』, 100~101쪽)

옛날에 바닷새가 날아와 노나라 교외에 내려앉았습니다. 노나라
왕은 그 새를 맞이하여 종묘로 안내하고 잔치를 베풀었습니다.
순임금의 음악인 구소를 연주하게 하고, 쇠고기·양고기·돼지고
기가 다 갖춰진 최고의 음식상을 내왔습니다. 그러자 새는 눈을
동그랗게 뜨고 벌벌 떨면서 슬퍼하더니, 한 조각의 고기도 먹지
못하고 한 잔의 술도 마시지 못한 채 사흘 만에 죽어 버렸습니다.

(장자, 앞의 책, 102쪽)

자, 이것이 리얼한 생명의 세계다. 들꿩의 본성은 스스로 수고해

서 먹고사는 것이다. 바닷새의 본성은 음악과 술과 고기가 아니다. 이는 "사람을 봉양하는 방법으로 새를 기르려 했지, 새에 맞는 방법으로 새를 기른" 것이 아니다. 그럼 새의 본성에 맞게 기르려면 어떻게 해야 할까? "깊은 숲속에서 살게 하고, 물가를 거닐게하며, 강이나 호수에서 헤엄치게 하고, 미꾸라지나 송사리를 잡아먹게 하며, 무리를 따라 왔다갔다 하면서 자연스럽게 살게 해야"한다. 이건 결코 심오한 말이 아니다. 자신의 본성에 맞게 살아야 '살맛'이 난다는 지극히 평범한 이치다.

하지만 현대인은 이걸 믿지 않는다. 남의 서비스를 받고 오감을 극대화하는 삶이 최고라고 믿는다. 성공에는 다들 이런 '타락한' 이미지가 깔려 있다. 이것은 도덕이나 계급의 문제 이전에 생명 차원의 문제다. 즉, 그렇게 살면 본성을 지키기는커녕 생을 보존하기도 힘들다. 그럼에도 현대인에겐 이런 윤리가 참으로 낯설다. 지식과 몸이 분리된 탓이다.

언급했듯이, 서구지성사에는 수행과 양생이라는 영역이 부재한다. 앎과 삶, 지성과 신체성은 무관하다고 여기는 것이다. 계몽이성을 통해 욕망이나 무의식을 얼마든지 극복할 수 있다고 생각한다. 본성과 체질에 맞지 않는 과잉학습이 주어지는 것도 그 때문이다. 이것이 얼마나 많은 억압과 소외를 낳는지는 더 말할 나위도 없다. 공부란 무엇인가? 삶을 돌보는 기예, 곧 양생술이다.

배움이 존재와 세계에 대한 탐구라면 가장 구체적인 현장은 다름 아닌 몸이다. 또 그 몸이 움직이는 일상의 동선과 리듬이다.

현대인에게 중요한 건 휴식, 특히 잠의 복원이다. 잠의 리듬은 생명활동에 아주 중요하다. 지구가 멀쩡하게 도는 것도 달의 인력이 적절하게 잡아주기 때문이다. 만약 이런 '밀당'이 없다면 지구는 쉬임없이 요동치다 자폭했을 것이다. 사람의 몸도 마찬가지다. 더구나 청소년기는 몸이 폭발적으로 성장하는 때다. 그래서 균형을 잡기가 어렵다. 이 불균형을 잡아 주는 것으로는 잠이 최고다. 잠을 충분히 자는 것만으로도 '수승화강'水昇火降: 차가운 수기는 위로, 뜨거운 화기는 아래로이 이루어지고, 그것만으로도 자존감은 충만해진다. 하지만 계몽주의는 밤을 '악의 축'으로, 잠을 '게으름의 상징'으로 치부했다. 밤과 잠을 추방한 문명! 하여, 성공과 열정에는 늘 수면부족이 따라다닌다. 한 연구에 따르면, "하루 수면시간이 7시간이 채 안 되는 학생들은 7시간을 자는 학생들보다 자살 생각을 한 비율이 1.5배 높았다."『연합뉴스』 2015년 9월 10일자 기사 당연하다. 불면증에 시달리면서 삶을 긍정하기란 불가능하다.

잠의 복원을 위해서는 운동에너지를 충분히 쓸 수 있는 공부법을 취해야 한다. 고전의 공부법이 각종 신체단련과 연계된 것도 그런 맥락이다. 108배, 염불과 기도, 요가, 도보순례 등등. 우리 공동체에선 낭송을 적극 활용한다. 낭송이란 소리를 통해 지혜와 접속하는 훈련이다. 방법도 각양각색이다. 아침에 하는 낭송, 산책하며 낭송하기, 낭송체조, 연극이나 예능으로 재구성하기 등등. 앎과 몸이 '통하는' 다양한 루트를 모색하고자 하는 것이다.

이런 구체적인 방법 이전에 더 중요한 건 '공부와 신체' 사이의 이치를 깨우치는 일이다. 왜 잠이 필요한지, 낭송이 어떻게 수행이 되는지, 또 일상의 리듬을 회복하는 일이 왜 중요한지…. 나의 욕망, 나의 생각, 나의 말, 그 모든 것이 일어나는 현장은 내 몸이다. 이 몸을 관찰하고 돌보는 것이 공부의 출발점 아닌가. 고로 공부는 양생이다!

'Let it go' 3 — 사람이 텍스트다!

나에 대한 탐구는 반드시 타자에 대한 호기심을 야기한다. 사람보다 더 흥미롭고 심오한 텍스트가 또 있는가. 사람에 대한 탐구, 그것이 곧 우정이고 배움이다. 우정과 지성이 함께 가는 이유다. 책에는 인생과 우주에 대한 담론들이 넘쳐난다. 하지만 그것을 구체적으로 검증할 수 있는 건 내가 마주치는 사람을 통해서다. 그뿐이 아니다. 한 연구에 따르면, "친한 친구가 5명 늘어날 때마다 학교폭력으로 발생하는 학생들의 자살 생각이 10%씩 줄어들 수 있

다"(한국보건사회연구원, 「보건복지포럼」)고 한다. 죽고 사는 문제가 친구한
테 달려 있다는 말인가? 그렇다! 생명은 열린계다. 안과 밖이 쉬임
없이 넘나들어야 한다. 이런 생명활동을 윤리적으로 표현하면 우
정이 된다. 어디 청소년뿐이랴. 중년도 노년도 다 마찬가지다. 삶
의 질을 결정짓는 건 친구다. "사람이 어둠 속에 있다 해도 만약
친구가 있다면 그 어둠 또한 좋은 것이 아니겠는가?"(이반 일리치, 『학
교 없는 사회』, 심성보 옮김, 미토, 2004, 192쪽)

현대인들이 겪고 있는 각종 질병의 원천은 고립감이다. 쉽게
말해 친구가 없어서 일어나는 증상이다. 아니, 친구가 얼마나 중
요한지를 모르는 '무지'에서 오는 자승자박自繩自縛이다. 현대인은
친구를 통해 해결할 수 있는 일들을 각종 상담처나 병원을 찾아
다니며 하소연하는 것으로 대신한다. 그것도 시간과 비용을 엄청
나게 지불하면서! 이런 모순을 타파하려면 일단, 친구라는 존재
가 생명활동에서 얼마나 중요한지를 깨달아야 한다. 내가 만나는
사람이, 또 그 사람과 맺는 관계가 곧 나다! 이것이 운명의 법칙이
다. 그런 점에서 배움이란 그 자체로 '공동체적 신체'가 되는 것을
의미한다.

저출산의 재앙도 이와 무관하지 않다. 연애와 임신, 출산을
거부하는 원천에는 교감능력을 잃어버렸다는 '불편한 진실'이 도
사리고 있다. 달리 말하면, 그토록 오랫동안 학교를 다니면서도

'사람을 좋아하는 능력'을 터득하지 못했다는 사실이다. 그러니 그런 지식이 인생에 무슨 쓸모가 있겠는가. 배움을 좋아하는데 사람을 싫어하는 건 불가능하다. 따라서 인간은 언제 어디서나 배움이 가능하다. 그곳이 감옥이든 지옥이든! 책이 없어도 상관없다. 사람이 곧 경전이고 텍스트이기 때문이다.

"내가 징역살이에서 터득한 인간학이 있다면 모든 사람을 주인공의 자리에 앉히는 것입니다. 나는 한 사람 한 사람을 유심히 봅니다. 그 사람의 인생사를 경청하는 것을 최고의 '독서'라고 생각했습니다. 몇 번에 나누어서라도 가능하면 끝까지 다 듣습니다."

(신영복, 『담론』, 돌베개, 2015, 251쪽)

Let it go 4 — 국경 '없는' 청년

#청년 1 : 20대 초반. 중졸백수로 공동체에 입문하여 5년간 '산전수전'을 다 겪었다. 지금은 감이당 비전탐구(MVQ홈페이지 mvq.kr 참조)의 일환으로 뉴욕에서 유학 중이다.

#청년 2 : 대학 1년차에 자퇴했다. 5년간 공부와 생활의 윤리를

배웠고 2015년 베이징으로 떠났다. 렛잇고의 대표적 케이스인 셈이다.

보다시피 중졸백수에 대학 중퇴 등 학교로부터 멀어지는 청년들이 늘고 있다. 그렇다고 이들이 공부에 무관심한 건 아니다. 오히려 학교를 포기하는 순간 배움에 대한 열망은 더욱 강렬해진다. 그 열망이 그들을 공동체로 이끈 것이다. 무심하게 인문학과 의역학, 동서양 고전의 세계를 유영하다 어느 날 문득 비전탐구의 첫 번째 실험대상이 되었다. 비전탐구라고 해봤자 별다른 게 아니다. 국경을 넘어 우정과 지성의 네트워크를 열어 보자는 게 전부다. 이 둘이 선택된 이유도 간단하다. 청년백수인 데다 야망이 전혀 없어 시간이 많다는 것, 국경을 넘는 것에 대한 두려움이 전혀 없다는 것, 그게 전부다.

바야흐로 세상은 이주민의 시대다. 사람들은 쉬지 않고 어디론가 흘러간다. 심지어 유럽은 난민천국이다. 내 고향인 강원도 정선군 함백(폐광촌)에도 동남아인은 물론이고 가나에서 온 이주민까지 있다고 한다. 강원도 산골과 아프리카 가나가 연결되는 시대가 된 것이다. '심상지리'의 차원에서 보면 국경의 장벽은 거의 무색해져 버렸다. 공동체의 청년백수들 역시 마찬가지다. 그들의 신체는 평소엔 '멍때리고' 있다가 국경을 넘는 순간 생기발랄하게 움직인다. 그야말로 '국경 없는' 세대가 출현한 것이다. 국경을 넘으면, 인종·언어·문화가 다 낯설지만, 무엇보다 자연풍광이 다르다. 한중일도 제각각인데 다른 대륙이야 말해 무엇하리. 더욱이 문명이 발전할수록 도시들은 점차 흡사해지기 때문에 역설적으로 천지자연의 차이가 한층 두드러진다. 그것을 온몸으로 느끼기 위해선 가야 한다! 또 가게 해야 한다!

이런 식의 비전탐구에 굳이 이름을 붙인다면 '글로컬리즘'이 적당할 듯하다. 글로벌과 로컬의 기묘한 융합! 뉴욕과 베이징, 밴쿠버 등과 같은 이국적 장소와 충무로 필동과 청주, 함백 같은 지역을 거미줄처럼 연결하는 것이다. 그래서 뭘 할 거냐고? 목표는 당연히 없다! 있다면 네트워크 자체가 목표다. 네트워크가 활성화되려면 몸도 마음도 움직여야 한다. 신체와 사유의 탈영토화를 향해 우리는 계속 접속하고, 연결될 것이다. 이윤과 소유라는 목적이 없이도, 스펙과 '빽'이 없어도 경계를 넘나드는 공부가 가능하다면, 그것이 곧 노마디즘이 아닐지. 자본과 디지털이 기존의 경계를 넘어 전 세계를 인위적으로 연결하고 있다면, 우리는 이것을 역이용해야 하지 않을까. 그 회로를 따라 흐르면서 그 안에 '반자본의 리듬'을 새기고, '무용지용의 도'가 흐르게 하는 것 말이다.——은밀하게 교활하게!

* * *

다시 "공부는 모든 살아 있는 생명의 존재형식"(신영복)이라는 명제를 환기하자. 사이보그시대가 도래하건 우주탐험의 시대가 열리건 이 명제를 대체할 수 있는 건 없다. 대학의 몰락과 대중지성의 부상이 그 증거다. 전자가 계몽이성의 산물이라면, 대중지성의 철학적 비전은 노마디즘이다. 디지털이 물처럼 파동처럼 흘러가듯, 노마디즘 역시 머무름 없이 흘러가는 마음이다. 그 마음이 곧 우주다. 대중지성은 이 마음과 우주를 향한 지적 모험을 멈추지 않을 것이다. '지식과 지성, 지혜의 인드라망'을 향하여!

6장

계급투쟁에서 세대갈등으로

"'개성화하는' 차이는 이제 개인들을 서로 대립
시키는 것이 아니라 어느 무한한 척도 위에서
서열화되며 또 모델들 속으로 수렴한다. 차이는
이 모델들에 입각해서 교묘하게 생산되고 재생산
되는 것이다."

────── 장 보드리야르

(『소비의 사회 : 그 신화와 구조』, 이상률 옮김, 문예출판사, 2015, 129쪽)

카라바조, 「나르키소스」(Narcissus), 1594~96

분열증의 시대라면서 어떻게 욕망이 이렇게 균질적일 수 있을까? 간단하다. 그것이 자본
의 전략전술이다. 자본은 인간의 욕망을 은밀하게, 세밀하게 클로즈업해서 전방위적으로
흘러가게 한다. 자본은 명령한다. 탈주하라! 단, 화폐와 상품의 매트릭스 안에서. 매트릭스
바깥으로의 탈주는 용납되지 않는다. 아니, 그 순간 곧바로 자본의 레이다망에 포획된다.

6장_
계급투쟁에서
세대갈등으로

1. 法, '여중생 임신 무죄' 40대男 파기환송심도 '무죄'

2. 우원식 "거기 서 있을 자격 없다" vs 황교안 "그럼 들어가겠다"

3. '영혼 결혼식'에 팔려고… 친척 여성 무덤 판 일당

4. 오늘부터 '지연이체제' 시행, 어떻게 사용하나?

5. 다저스, 리그챔피언십 진출 실패… 메츠에 2-3 패배

6. 세제 먹이고 몸에 오줌 싸고… 신고하니 '맞고소'

7. 前 마약과장 "8천 명분 필로폰… 부유층 파티 의심"

2015년 10월 16일자로 포털사이트에 뜬 랭킹 7위까지의 뉴스다. 보다시피 참 잡스럽다. 성범죄와 정쟁, 무당과 메이저리그, 필로폰 파티에 이르기까지. 당최 분류가 불가능하다. 마치 푸코의 『말과 사물』「서문」에 나오는 그 유명한 보르헤스의 분류법──황제

에게 속한 것, 향기로운 것, 식용 젖먹이 돼지, 인어 등등——을 연상시킬 정도다.

양적인 범주와 질적인 차원이 교차되고, 은밀한 사항과 공공연한 사건이 뒤섞이는가 하면, 거시적인 것과 미시적인 것이 중첩된다. 푸코는 이런 세계를 '존재물의 무질서한 우글거림'이라는 의미에서 '헤테로토피아'heterotopia라고 명명했지만, 우리 식으로는 '아사리 난장판'에 가깝다. 랭킹의 의미도 알 수가 없다. 네티즌의 클릭수가 기준일 텐데, 그렇다고 그것이 사건의 중요도를 증명하는 것도 아니다. 순위도 수시로 바뀐다. 그야말로 '무상성의 극치'다.

늙은 정치, 피로한 경제

이런 배치하에서 정치는 더 이상 중심이 아니다. 아니, 그 이전에 이 '난장판'에선 중심 자체가 존재하지 않는다. 아무리 거창한 정치적 이슈——북핵문제, 한미동맹, 일본의 헌법개정——도 그저 여러 사건들 중의 하나일 뿐이다. 때론 아이돌의 스캔들만큼도 주목을 받지 못한다. 정치를 '이미지 메이킹'이라고 하지만 어떤 정치가도 연예인의 경지를 능가할 순 없다. 국민을 위한 어떤 정책도

메이저리그에 진출한 선수들의 승전보보다 더 큰 위안을 주지는 못한다. 그런 점에서 이제 정치가란 일종의 전문직에 불과하다. 그것도 5년 계약직! 다시 말해 원대한 비전을 제시하고 대중을 하나의 방향으로 인도하는 정치는 이제 사라졌다. 배우들이 시청률에 목을 매듯, 여론조사에 전전긍긍하는 '늙고 노쇠한' 정치가가 있을 뿐이다.

산업혁명 이래 정치는 늘 혁명과 오버랩되었다. 좌파는 계급투쟁, 우파는 자유민주주의의 기치를 내걸고서. 프랑스대혁명, 볼셰비키혁명, 68혁명, 중남미의 선거혁명 등등. 하지만 소비에트의 붕괴와 신자유주의의 등장 이후 정치와 혁명의 오랜 동거는 종언을 고했다. 대신 그 자리를 기술혁신이 차지했다. 혁명에서 혁신으로! 그건 단지 자본이 세상을 지배하게 되었다는 사실만이 아니라 정치의 장에서 삶에 대한 총체적 비전——물적 토대 및 세계관의 전환——이 증발했음을 의미한다.

거기에 대해서는 별로 고민할 게 없어졌다. 좋은 삶이란 아파트, 자가용, 사교육, 스위트홈, 노인복지 등등. 쉽게 말해 전 국민이 모두 중산층이 되는 것. 하여, 보수와 진보, 좌파와 우파가 점점 마음을 합치고 있다! 참 아름다운 시절이다.^^ 남는 건 화폐의 증식과 분배의 기술뿐. 그러자면 부의 총량이 계속 늘어야 한다. 그걸 가지고 '조삼모사'와 '돌려막기'를 통해 전 국민이 자신을 중산층이라 '착각하게' 만들면 된다. 혁명에 늘 수반되었던 주체생산의 문제나 존재론적 전이 따위는 신경쓸 겨를도, 필요도 없다. 이로써 노동조합이 합법화되면 모든 노동자가 철학자가 될 거라고 생각했던 '80년대적 믿음'은 하나의 해프닝이 되어 버렸다. 정치에서 철학이 증발할 줄을 대체 누가 상상이나 했으랴.

문제는 부의 증식에 제동이 걸렸다는 사실이다. 주지하듯, 2008년 미국발 금융위기를 기점으로 경제담론은 성장에서 위기로 바뀌었다. 만불, 2만불, 3만불을 향해 고고싱! 그때 경제는 장밋빛 전망이자 혁신의 중추다. 거기에 도달하기만 하면 삶은 더할 나위 없이 충만해지리라는 믿음이 있기 때문이다. 하지만 계속 성장만 하는 역사가 어디 있으랴. 발산했으면 수렴도 있는 법. 최근 중국경제마저 저성장의 늪에 빠져 버리자 이제 위기는 일상화되었다. '블랙 먼데이', '어닝쇼크'라는 흉흉한 낱말이 수시로 출몰한다. 동시에 살아남아야 한다는, 살아남기 어렵다는 불안이 유령처럼 도시를 배회한다. 참 신기한 노릇이다. 도처에 물질적 풍요가 넘치는데, 왜 이렇게 '죽는 소리'를 습관적으로 해대는 것일까. 혹 그런 식의 긴장과 스릴을 즐기는 건 아닌가.

이에 대처하는 경제정책 역시 어이없다. 내수경제를 살려라! 어떻게? 쇼핑을 하면 된다. 부동산을 살리려면? 대출을 해서 아파트를 사면 된다. 빚 때문에 연일 죽고 죽이는 사건들이 끊이지 않는데도 전혀 아랑곳하지 않는다. 그러다가 문득 가계대출이 천문학적 수준이라는 진단이 쏟아진다. 그래서 참 헷갈린다. 카드를 긁고 은행돈을 끌어대서 쇼핑을 하라는 건지, 아니면 근검·절약하여 부채를 갚으라는 건지. 혁명담론이 늙어 버렸듯, 성장모델도 이젠 지겹다. 성공해도 별 볼 일 없고, 파국이 와도 무심해질 것 같은 이 지독한 피로감은 대체 뭘까?

계급투쟁과 갑을관계

"우리시대의 정신은 격차해소다." 한 유력 정치인의 말이다. 계급투쟁과 격차해소, 어감이 꽤나 다르다. 빈과 부 자체가 아니라 격차 자체가 핵심처럼 보인다. 아닌 게 아니라 전 세계 부의 90% 이상을 1%의 인구가 소유했다는 루머가 떠돌 정도다. 여기에는 격차가 엄청나다는 사실과 그간 축적한 부의 양 자체가 어마어마하다는 사실도 함께 들어 있다. 산업화시대는 말할 것도 없고, 1980년대와 비교해도 지금 우리가 누리는 부는 비약적이라 할 만하다. 단적인 예로 뉴스에선 거의 매일같이 '조' 단위의 돈이 등장한다. 심지어 사기행각의 단위도 '조'다. '3조원'대 사기 대출, '단군 이래 최대 규모인 4조가량의 다단계 사기' 등등. 아마도 산업혁명 초기의 프롤레타리아와 부르주아의 장벽보다 지금의 계층간 격차가 훨씬 더 클 것이다. 부의 차이만으로 본다면 당장이라도 폭동과 반란이 일어나야 마땅하다. 하지만 어디에도 그런 조짐은 없다. 분노조절장애가 만연하고, 박탈감과 자괴감은 넘쳐나지만, 그렇다고 격차를 타파하고 평등한 세상을 이루겠다는 투지와 격정은 찾아보기 어렵다. 아니, 그런 개념 자체를 잊은 지 오래다.

대신 등장한 것이 갑을관계다. 계급과 갑을, 역시 어감이 아주 다르다. 생산수단과 생산력, 노동력과 자본을 기준으로 구획되는 것이 계급이다. 이 담론에선 계급적 지위에 따라 의식이 달라진다. 하여, 노동자는 부르주아나 프티부르주아와는 의식과 윤리의 측면에서 완전히 다른 존재다. 노동의 신성함을 구현하고 전인류의 자유와 해방을 위해 투쟁하는 존재, 프롤레타리아! 하지만 갑을은 계약상의 관계다. 계층이나 이념적 동질성을 내포하지 않는다. 그야말로 교환관계 안에서의 위치다. 상류층들이 대체로 '갑질'을 하는 건 맞지만 그렇다고 서민들이 다 '을'인 것도 아니다. 여론이 나빠지면 재벌회장님도 TV 앞에 나와서 고개를 숙여야 한다. 그런가 하면, '을의 을'에 해당하는 청년백수도 돈만 있으면 얼마든지 '갑질'을 할 수 있다. 서비스가 후지다고 직원들을 무릎 꿇게 만드는 젊은 고객들, 그들은 소위 평범한 서민들이다. 이렇듯 갑을관계는 존재조건이나 윤리의식과는 무관하다. 당연히 몹시 유동적이다. 금방 갑이었다가 순식간에 을이 된다. 그러니 을의 집합이 연대할 확률은 거의 없다. 물론 국민 대부분은 자신을 을이라고 생각한다. 드라마 〈미생〉이 히트칠 때 대기업 임원들조차 자신을 비정규직인 주인공 '장그래'와 동일시했다고 하지 않는가. 한마디로 전 국민이 피해의식에 '쩔어' 있는 것이다. 물론 그 이면에는 다들 갑이 되고 싶다는 욕망이 꿈틀거린다.

이념의 프로파간다, 광고

계급투쟁이 가능하려면 적대적 이분법과 비극적 세계관이 지배해야 한다. 그래야 영웅적 투쟁 및 치열한 이념논쟁이 가능하다. 80년대를 관통한 대표적인 노선투쟁(PD와 NL)이 그 좋은 예다. 한치의 이념적 차이도 허용하지 않는 순결한 당파성. 그것만 견지하면 사회적 모순을 단번에 타파할 수 있으리라는 확고한 믿음. 들뢰즈·가타리의 용어를 빌리면 그것은 일종의 편집증에 가깝다. 혁명이라는 초월적이고도 순결한 기호를 향해 달려간다는 점에서.

언급했듯이, 신자유주의는 혁명의 파토스를 모조리 날려 버렸다. 나아가 디지털은 생산력과 생산수단의 경계마저 허물어 버렸다. 노동과 자본의 경계는 물론, 물질과 정신, 기계와 생명 사이의 장벽조차 불분명해졌다. 모든 현상을 하나의 기호로 흡수하는 편집증에서 기호들이 제멋대로 산포되는 분열증의 시대가 도래한 탓이다. 자본은 국가, 민족, 혁명 등에 의해 봉인되었던 개별적 주체의 욕망을 '탈영토화'하고 '탈코드화'한다. 자본은 명령한다. 끊임없이 욕망하라! 무엇이든 욕망하라! 사방으로 달려가는 이 욕망을 하나로 결집할 만한 이념과 구호 따위는 없다. 그와 더불어 세계를 비극적으로 해석하는 미학적 기제 또한 사라졌다. 비극미가 사라지면 삶은 그로테스크해진다. 기사도의 이상을 구현하겠다고 방랑을 떠난 돈키호테의 여정이 그러했듯이.

그런 점에서 현대정치의 프로파간다는 광고다. 광고야말로 도처에 편재한다. 지하철을 타도, 거리를 활보해도, 오지에 가도 광고는 따라다닌다. 광고는 아름답고 해맑다. 요람에서 무덤까지 삶의 모든 것을 어루만지고 보듬어 준다. 하여, 그 파장은 영혼까지 잠식해 들어간다. 주타깃은 식욕과 성욕이다. 미각과 시각을 충족하라고, 그러면 행복해진다고. 그렇게 살기만 하면 노후도 재난도 심지어 사후까지 다 문제없다고. 광고 속 이미지들을 조합하면 인류가 그동안 찾아헤매던 불멸의 유토피아가 펼쳐진다. 이를테면, 좌파가 공산주의에, 우파가 성공모델에 투사했던 삶의 형식들이 '융복합적으로' 펼쳐진다. 오감의 무한증식 속에서 늘 황홀경에 빠질 수 있는 곳, 그것이 광고가 선전선동하는 삶의 형식이다. 하여, 광고에 맞설 만한 정치적 아젠다는 없다. 막 뜨기 시작한 연예인들이 하나같이 하는 말, "광고 찍고 싶어요~!" 연예인들의 부의 원천도 다 광고다. 수많은 사람들에게 황홀한 이미지를 심어주는 대가로 엄청난 부를 단숨에 챙기는 것이다. 그런 점에서 연예인이 정치인보다 더 정치적이다!

광고가 제시하는 삶의 비전을 구현하려면 엄청난 화폐가 필요하다. 그 욕망과 이미지의 회로는 무지막지하게 화폐를 먹어 치우는 일종의 블랙홀이다. 사람들을 거기에 빠져들게 하려면 맨정신으론 곤란하다. 그럼? 미치게 해야 한다! "누군가를 미치게 하려면 이 정도는 돼야 한다."──한 스마트폰의 광고 카피다. 그러면 어떻게 되는가? 상품을 '미친 듯이' 산다. 전혀 필요하지 않은데도, 귀신에 홀린 듯이 사고 또 산다. 쇼핑중독을 지칭하는 '지름신이 강림한다'는 농담은 그래서 참, 리얼하다. 이렇듯 이미지는 광기를 낳고 광기는 화폐에의 열망을 낳는다. 유사 이래 어떤 이데올로기도 이보다 더 '뇌쇄적'일 수 없고, 어떤 독재자도 이보다 더 '노골적'일 수 없다. 오디세우스의 귀향을 가로막는 세이렌의 노랫소리가 이런 것이었을까. 그렇다면, 이런 파시즘과는 대체 어떻게 싸워야 하는가? 오디세우스 같은 전사도 그 유혹을 이겨내지 못해 몸을 돛대에 결박했는데, 영웅도 전사도 아닌 소시민들은 대체 어찌해야 이 치명적 유혹에서 벗어날 수 있을까.

계급론에서 세대론으로

자, 이제 삶의 프레임은 결정되었다. 모두가 중산층, 아니 중상류층이 되어 광고가 선전하는 상품들을 소비하면서 살아가면 된다. 그것이 행복이고 낙이다. 이 대목에서 이런 질문이 나올 수 있다. 분열증의 시대라면서 어떻게 욕망이 이렇게 균질적일 수 있을까? 간단하다. 그것이 자본의 전략전술이다. 자본은 인간의 욕망을 은밀하게, 세밀하게 클로즈업해서 전방위적으로 흘러가게 한다. 자본은 명령한다. 탈주하라! 단, 화폐와 상품의 매트릭스 안에서. 매트릭스 바깥으로의 탈주는 용납되지 않는다. 아니, 그 순간 곧바로 자본의 레이다망에 포획된다. 이것이 재영토화다. 탈영토화와 재영토화의 무수한 변주! 그 '파도타기'에 몸을 맡기다 보면, 어느덧 자본의 욕망과 나의 영혼이 혼용되어 버린다. 영혼조차 증발했는데, 계급적 정체성이야 말해 무엇하리.

그래서 새롭게 등장한 갈등의 축이 세대론이다. 산업역군이었던 할아버지, 민주화운동의 주역이었던 아버지, 디지털세대로 태어난 손자. 가족 안에서 치열한 삼파전이 벌어진다. 아무리 가족을 사랑해도 자신들의 정치적 관점만은 양보 못한다. 정치적 관점이라고 말하지만 사실은 자기 세대의 욕망이자 세계관이다. 우리나라가 잘살게 된 게 누구 때문인데, 독재정권과 싸우느라 얼마나 힘들었는데, IMF 이후 생존경쟁이 얼마나 치열한데 등등. 가족이라면 같은 계급 아닌가. 하지만 계급적 연대감보다는 세대적 감각과 정서가 더 중요하다. 왜? 그것이 더 절실하기 때문이다. 욕망의 충족을 위해선 더 많은 양의 화폐가 필요하고, 그러기 위해선 '세대적 파워'가 받쳐줘야 한다. 물러서야 할 이유가 없다!

경제지표를 보면 더 착잡하다. 자본의 유동성이 커지면서 일자리는 '세대적 돌려막기' 형국이 된다. 중년층의 일자리가 늘어나면 청년 일자리가 줄고, 신규채용을 늘이면 중년들이 물러나야 한다. 이전에는 계급과 관련되었던 항목들이 이젠 연령별로 '주거니 받거니'가 된 것이다. 그래서 고안된 제도가 '임금피크제'다. 중년은 임금을 줄이고 그것으로 청년의 일자리를 마련한다는. 현재로선 양측 다 불신이 팽배하다. 하지만 분명한 건 어떤 형식으로든 임금과 일자리를 나누어야 한다는 사실이다. 중년들의 임금도 계속 오르고 청년들의 일자리도 늘어나는 식의 혁신은 단언컨대 가능하지 않다! 그렇다면 전 세대가 노동과 화폐와 생사의 문제를 놓고 근원적으로 탐색하는 광장이 열려야 한다. 그리고 그 탐색의 과정이 일상의 윤리로 자리잡아야 한다. 광장도 윤리도 없는 경제정책, 거기에선 세대갈등의 골이 깊어만 갈 것이다. (좀더 구체적인 내용은 다음 장을 보시라.)

다른 한편, 가족복지 안에서 대충 먹고 사는 청년들도 많다.

일자리는 줄지만 가족경제 내에서 안주하는 이른바 '노동하지 않는 부'가 그들이다. 부모세대는 이렇게 놀고 먹는 자식이 꼴보기 싫다. 반면, 자식은 직장 구하기도 쉽지 않고 어차피 부모 재산은 내 건데 궁상떨면서 살기 싫다. 부의 분배를 둘러싸고 가족 안에서 치열한 기싸움이 벌어지는 것. 예전에는 통장을 갖고 있어야 자식한테 대접을 받았는데, 지금은 자산이 있어도 절대 비밀로 해야 한단다. 목숨이 위험할 수도 있어서라나. 하긴 유사 이래 요즘처럼 존속폭력과 동반자살이 많은 경우도 없다. 전자는 화폐를 둘러싼 쟁투가 가족 안에서 벌어지는 형국이고, 후자는 가족의 생명을 사유재산과 동일시하는 변태적 행각이다. 인터넷을 떠도는 금수저·은수저·흙수저 등의 담론도 결국은 세대론이다. 왜 우리 아버지는 가난한가? 80년대라면 이런 질문은 그 자체로 계급적 적대감을 고취했다면, 요즘엔 그런 아버지 때문에 나는 흙수저를 물고 살아야 한다는 자괴감에 젖는다. 금수저와 흙수저의 차이는 뭘까? 결국 화폐의 양이다. 명예와 가치, 친화력 등의 기준은 안중에도 없다.

세대갈등의 격화는 가족의 틀을 뒤흔든다. 혈연과 세대가 뒤섞이고 그 대상이 저 멀리 어딘가가 아니라 바로 내 옆에 있다. 갈등의 양상이 그만큼 복합적이다. 그 결과 아주 역설적으로 중산층은 붕괴된다. 이웃나라 일본은 일찌감치 이런 상황을 겪었다.

1991년을 기점으로 거품경제가 붕괴되었고, 그 이후 "1970년대 이후 당연하게 여겨져 왔던 '좋은 학교, 좋은 회사, 좋은 인생 모델'(일본형 업적주의)도 함께 무너져 내렸다. 이제 대기업은 '연공서열'과 '종신고용'이라는 '일본형 경영'을 더 이상 젊은이들에게 제공할 수 없게 된 것이다. 이처럼 '중산층의 꿈'이 붕괴되어 가던 시대에, 오늘날의 젊은이들이 태어났다."[후루이치 노리토시, 『절망의 나라의 행복한 젊은이들』, 93쪽]

광고에선 중상류층의 삶을 살라고 외치는데, 실제 현실에선 중산층의 기반이 하나씩 붕괴되고 있는 것. 이미지와 현실, 욕망과 능력의 간극, 거기가 바로 질병과 번뇌의 온상이다. 그걸 메워 주던 '꿈과 열정'의 담론도 이젠 한물갔다. 꿈과 열정으로 메우기엔 간극이 너무 벌어진 것. 그래서 차라리 모든 것을 포기하는 젊은이들이 등장한 것이다. 일본에선 '사토리'さとり: 달관, 득도세대, 우리나라에선 '삼포', 아니 'n포'세대.

얼굴의 성정치학

"일본 국민 전체가 급속하게 '젊은이화'하고 있다."[후루이치 노리토시, 앞의 책, 281쪽] 그렇다. 세대론의 부상에는 전 세대가 스스로를 청년으로 간주하는 현상도 포함되어 있다. 이 또한 생산력의 변화와 긴밀하게 연동된 사항이다. 정보화사회로 접어들면서 육체노동이 현저히 줄어든 탓에 외적으로는 노쇠한 티가 잘 안 난다. 또 하나는 현대문명은 청년의 에너지와 파워를 동력으로 삼는다. 청년의 '정기신'精氣神을 몰수하지 않고서야 그 엄청난 부를 어떻게 일구었겠는가? 하여, 중년과 노년에 대한 배려는 기본적으로 없다. 죽도록 일하다 더 이상 일할 수 없을 때, 즉 노동과 생산의 현장에서 은퇴하면 죽음이 기다릴 것이라고 생각했는데, 문득 100세 인생이 펼쳐진 것이다.

장수는 분명 축복이다. 한데, 우리시대는 그 기쁨을 누리기보다 당혹해하는 기색이 역력하다. 노년에 대한 노하우가 전혀 없기 때문이다. 쉽게 말해 봄과 여름에서 가을로 건너가는 '금화교역'金火交易: 우주의 대혁명은 물론이고, 겨울을 장엄하게 맞이하는 '소멸의 지혜'가 부재한다. 우리가 생각하는 장수란 봄-여름-늦여름-늦늦여름, 다시 말해 청춘의 연장에 불과하다. 그래서인가. 언제부턴가 얼굴에서 나이가 사라져 버렸다. 20대와 40대가 잘 구별되지 않는다. 아울러 정신연령도 한없이 낮아지고 있다. 마흔이 되어서도 엄마의 품을 벗어나지 못하고, 쉰 이후에도 사춘기적 정서에서 벗어나지 못한다. 두드러진 징표가 목소리다. 혀 짧은 소리에 옹알거리는 말투, 하트 뿅뿅으로 대변되는 유치한 표현들이 난무한다. 한마디로 어른이 없다!

1억 명 모두가 젊은이가 된 시대다. 각 세대별 의식 차이가 점점 줄어들고 앞으로 더 많은 젊은이들이 기성사회가 대전제로 삼았던 정사원 혹은 전업주부로, 즉 어른으로 성장하지 못한다면 그들은 나이에 상관없이 젊은이로서 살아갈 수밖에 없다.(후루이치 노리토시, 『절망의 나라의 행복한 젊은이들』, 309쪽)

전 세대가 젊은이가 된다면 참 좋은 일이 아닐까, 싶겠지만, 천만에 말씀! 자본주의가 표방하는 청춘이란 노동의 주체이자 성욕의 화신이다. 노동과 생산이 더 이상 불가능해지면 뭐가 남을까. 당연히 성욕이다. 광고가 날마다 주입하는 주술이기도 하다. 우리나라가 성형천국, 포르노 공화국이 된 것도 같은 맥락에 있다. 예전에는 이팔청춘에 짝짓기를 하고 아이를 낳아 키운 다음, 즉 폐경기에 접어들면 '남성/여성의 이분법'을 벗어나 자유로운 인간으로 살아가는 것이 자연스러운 스텝이었지만 이젠 사정이 다르다. 생로병사의 전 과정에 성욕이 따라다닌다. 드라마를 보라. 40대 고모도, 6,70대 노모도 잃어버린 짝을 찾느라 분주하다. "내 나이가 어때서?"를 외치면서. 고령화사회지만 노인문화가 성숙해진 것이 아니라 노인도 사춘기처럼 살아야 하는 시대가 된 것이다. 『동의보감』에서 말하는 '수승화강'이 깨진 상태, 곧 '상화망동'의 신체가 바로 여기에 해당한다.

　이런 상태로 간다면, 노인들은 남성의 경우 성범죄자가 될 확률이 높고, 여성의 경우 성범죄의 타깃이 될 가능성이 높다. 40대 남성들이 노리는 7,80대 독거노인, 이런 뉴스를 들으면 다들 어이 없어 하지만 그건 모르는 소리다. 성범죄자가 노리는 대상은 노소와 미추가 아니라 약자인가 아닌가, 즉 내가 제압할 수 있는가 여부에 달려 있다. 요컨대 욕망과 얼굴이 균질화될 때 모든 세대는 모든 세대를 향해 전투를 벌일 수밖에 없다.

복지의 함정ー"문제는 경제가 아니라니까, 바보야!"

이런 갈등과 전투의 미봉책이 복지다. 현대정치의 비전은 복지국가로 귀결된다. 성장과 분배, 노년과 청년, 여성과 남성, 도시와 농촌 등 그간 좌파와 우파가 격렬하게 부딪혔던 쟁점들이 복지라는 프레임 안에서 대충 화해를 한 셈이다. 20세기 초, 좌우 양쪽에서 격렬하게 비판을 받았던 개량주의가 결국은 최후의 승자가 된 셈이다. 언급했듯이, 사회주의가 모든 욕망을 당파성이라는 기호로 흡수하려고 했던 편집증에 속했다면, 신자유주의는 모든 욕망을 흘러넘치게 하는 분열증에 해당한다. 이게 가능하려면 일단 자본을 많이 풀어야 한다. 더구나 지금의 물건들은 생필품이 아니라 잉여다. '쓸데없는' 것을 사게 하려면 풍요의 판타지를 누린다는 착각이 필요하다. 풀뿌리 민주주의가 시민적 주체성의 고양이라는 원칙에서 벗어나 복지정책의 대행자가 된 지점이다. 건물을 짓고, 다리를 놓고, 혹은 엑스포에 무슨무슨 페스티벌 등 각종 이벤트를 하고… '돈 놓고 돈 먹는' 각종 사업들이 복지의 이름으로 이루어진다.

하지만 복지정책에는 결정적으로 '복'의 흐름이 없다. 오직 화폐의 양적 배분에만 주안점을 두기 때문이다. 그게 바로 복지의 함정이다. 물질적 풍요는 어느 정도를 넘어서면 더 이상의 만족감을 일으키지 않는다. 경제학자들도 이미 간파한 사항이다. '국내 총생산과 삶의 만족감 사이의 그래프'는 처음엔 큰 경사를 보이며 증가하다가, 어느 정도 시간이 지나면 평평하게 변한다. 몸의 생리적 구조가 딱 그렇다. 슬픔은 상당 기간 지속되지만, 기쁨은 후딱 지나가 버린다. 전자는 수렴의 기운이, 후자는 발산의 기운이 작용하기 때문이다. 수렴의 여운은 길지만 발산은 순식간에 흩어진다.

"우리는 객관적으로 모자랄 것 없는 삶을 살고 있다. 불행히도,

여기서 말하는 '우리'란 21세기를 살고 있는 전 세계 인구 중 단 10억에 불과한, 상위 20퍼센트의 부를 누리고 있는 사람들을 가리킨다. 말하자면 국제 중산층인 셈이다. 인터넷과 핸드폰을 소유하고, 저녁으로는 뭘 먹을까 궁리하고, 휴가가 다가오면 어디로 여행을 갈까 생각하는 사람들 말이다. 이처럼 많은 것을 소유하고, 이처럼 높은 평균 수명과 이처럼 큰 선택의 자유와 이처럼 자유로운 활동을 할 가능성을 누리기는 인류 역사상 최초가 아닌가 한다. 오늘날 평범한 사람이 누리고 있는 물질적 풍요로움은 150년 전만 해도 귀족층만이 누릴 수 있었던 특권이었다."[에릭센, 『만약 우리가 천국에 산다면 행복할 수 있을까?』, 22쪽]

짐작하다시피 복지천국이라 불리는 북유럽의 이야기다.

그래서 행복하냐고? 물론이다! 하지만, 이 행복은 밋밋하고 지루하다. 그 결과 "사람들은 불평을 늘어놓고, 절망을 하고, 정신적인 고갈을 느끼며 목표없이 떠도는 불안정한 삶을 살고 있"다.[에릭센, 앞의 책, 21쪽] 결국 '삶의 만족도를 결정하는 것은 소득이 아니라 다른 무엇'이란다. 참 당혹스럽다. "바보야, 문제는 경제야!"라고 생각했는데, 정작 그 모든 것이 이루어진 곳에선 "문제는 경제가 아니라니까, 바보야!"라는 외침이 터져 나온다.

그렇다면, 소득이 아닌 '다른 무엇', 그게 대체 뭘까? 앞에서도 계속 강조했듯이, 생명과 본성이다. 자존감과 연대감이다. 너무 추상적인가? 그럼, 생리적 리듬과 활력이라고 해두자.

"소파에 기대어 리모컨이나 누르기 위해 인간이 이토록 정교하고 경이롭게 만들어지지는 않았을 것이다. 자동차에 앉아 고작 발목을 몇 도쯤 내려 가속기를 밟으며 언덕길을 오르기 위해 이 모든 근육을 갖고 태어났단 말인가? 사회적 동물인 우리가 TV와 컴퓨터 화면을 통한 간접적 만남에 만족할 수 있을까? 자제력을 발휘할 수 있는 유일한 생물 종인 우리 인간이 그 능력을 깡그리 무시한 채 끊임없이 쇼핑을 한다는 게 말이 되는가?"[스콧 새비지, 『그들이 사는 마을』, 강경이 옮김, 느린걸음, 2015, 11쪽]

요컨대 우리의 몸은 관계와 활동을 원한다. 그때 비로소 '살맛'이 난다. 스피노자의 『에티카』에 따르면, 인간은 신체적 역량이 증가할 때, 그때 기쁨을 느낀다. 거꾸로 슬픔은 신체적 역량이 감소할 때, 다시 말해 움직이지도 않고 연결되지도 못할 때의 정서다. 인간의 생리와 본성이 이렇다면 복지정책은 마땅히 거기에서 출발해야 하지 않을까. 좋은 시설에서 고급 모니터나 감상하라는 식의 복지는 허망하다. 시민들을 '이벤트의 구경꾼'으로 만드는 것을 민주주의라 여긴다면 그건 더더욱 허망하다. 식욕과 성욕에

탐닉하는 것을 행복의 척도로 여긴다면 그거야말로 허망함의 극치다.

마음과 정치

요컨대 복지정책이 '복된 행보'가 되려면 분배의 흐름 속에 생명과 본성의 리듬을 담아야 한다. 신체가 능동적으로 움직이는 동선을 도처에 마련해야 한다. 분열하는 욕망들이 다시 상품으로 포획되지 않는 차이와 생성의 회로를 열어야 한다. 그렇지 않으면 복지는 국민 대다수를 비굴한 약자로 만들 것이고, 그로부터 발생되는 감정적 잉여는 전 세대를 다 '열받게' 할 것이다. 하긴 우리나라는 이미 '화병공화국'이다!

문득 이런 생각이 든다. 좌파에게선 혁명의 파토스를 제거하고 우파에게선 도덕적 이상주의를 생략한 상태가 복지정책이 아닐까, 하는. 돌이켜 보면, 냉전의 격랑이 휩쓸고 간 뒤, 혁명은 낡은 구호로, 혁신은 매뉴얼로 남았다. 전자는 공허하고 후자는 피로하다. 구호는 현실과 동떨어져 허공을 맴돌고, 매뉴얼은 사람의 신체와 영혼을 짓누른다. 자본주의가 탐욕의 조정자로 내세운 풀뿌리 민주주의가 제도와 서비스의 과잉으로 나아간 것도 같은 맥락이다. 정치와 경제가 계속 이런 식으로 간다면 사람들은 결국 서류더미에 깔려 죽을지도 모른다. 아니면 카프카의 「변신」에 나오듯 어느 날 아침 벌레가 되어 버릴지도 모르고. 이것이 우리가 처한 문명적 현주소다.

그 결과 소비의 풍요는 누리지만 개인들은 단자화되고 세대 간 장벽은 높아만 간다. 좌파는 전 세계 노동자 연대를 외쳤고, 우파 역시 인류를 하나의 감성으로 연결하고자 했다. 하지만 그 모든 연결고리는 해체되었다. 이젠 핵가족이라는 단위조차 유지하기도 벅차다. 뼈에 사무치는 단절감이 영혼을 휘감고, 독거노인과 고독사가 일상화되고 있다. 외로워서 아프고 외로워서 화가 난다. 그 단계마저 지나면 권태의 수렁에 빠진다. 자살을 할 용기조차 없어지는 깊은 수렁! 이런 양상이야말로 삶의 주요모순이자 기본모순이 아닐까.

그렇다면 문제는 간단하다. 어떻게 사람과 사람을 연결할 것인가. 어떻게 노년과 청년을 마주치게 할 것인가. 나아가 어떻게 마음과 세계가 '통하는' 길을 열 것인가. 요컨대, 계급투쟁이 물적 토대를 둘러싼 전투였다면, 21세기 정치경제학은 마음에 대한 탐구에서 출발해야 하지 않을까. 세대갈등을 푸는 해법 또한 거기에서 가능하리라.

섭공이 공자에게 정치를 물었다. "정치란 먼 데 있는 사람을 찾아

오게 하고, 가까이 있는 사람의 마음을 얻는 데 있습니다."

{황태연·김종록, 『공자, 잠든 유럽을 깨우다』, 김영사, 2015, 340쪽}

7장

트랜스 제너레이션(Trans Generation)
혹은 마주침의 윤리학

"죽음은 현존재 자신이 각기 그때마다 떠맡아야 할 존재가능성이다. (……) 가능성을 현존재가 자신의 존재의 진행 가운데 추후로 그리고 때때로 마련하는 것이 아니다. 오히려 현존재는 실존할 때, 이미 이 가능성 안으로 내던져져 있는 것이다.

── 마르틴 하이데거
(『존재와 시간』, 이기상 옮김, 까치, 1998, 335~336쪽)

제임스 휘슬러, 「화가의 어머니」(Portrait of the Artist's Mother), 1871

인간은 매일, 매순간 죽음에 직면한다. 삶과 죽음을 관통하는 것이 지혜다. 하지만, 자본주의는 죽음을 내팽개친다. 노동하지 않는 신체, 욕망하지 않는 몸은 눈앞에서 치워 버린다. 그래서 두렵고 아득하다. 살아서는 불안을 견디고, 죽으면 비참하기 이를 데 없는! 이것이 삶이라면 참으로 허무하지 않은가?

7장_
트랜스 제너레이션
(Trans Generation)
혹은
마주침의 윤리학

'그러므로 내게 신체를 달라.' 이것이야말로 철학적 전복을 알리
는 공식이다. 신체는 더 이상 사유를 자신으로부터 떼어 놓는 장
애물도, 사유할 수 있기 위해 극복해야만 할 것도 아니다. 반대
로, 사유가 비사유에 도달하기 위해, 즉 삶에 도달하기 위해 잠겨
들어가는 혹은 잠겨들어 가야만 하는 것이다. (……) 이제 더 이
상 사유의 범주 앞에 삶을 출두시킬 것이 아니라 사유를 삶의 범
주 속으로 투기해야 할 것이다. 삶의 범주란 정확히 말해 신체의
태도, 자세이다.[질 들뢰즈, 『시네마 2: 시간-이미지』, 이정하 옮김, 시각과언어,
2005, 377쪽]

그렇다! '사유한다는 것, 그것은 신체의 능력, 태도 혹은 자세를 배

우는 것'이다. 이때 신체는 이성이자 감각이며 무의식이자 자연이다. 하여, '신체를 달라'는 전언은 몸과 우주, 마음과 자연의 '대칭성'을 복원하고자 하는 강렬한 발원이다.

하여, 우리는 아주 새로운 유물론과 마주치게 된다. 물질과 정신, 노동과 휴식, 그리고 노년과 청년이 뫼비우스의 띠처럼 맞물리는 신종유물론! 이 유물론이 기획하는 것은 계급투쟁이나 복지국가가 아니라 윤리적 혁명이다. 중요한 건 물적 토대가 아니다. 상부구조는 더더욱 아니다. 그 둘을 가로지르면서, 동시에 그어디에도 귀속되지 않는 생명(혹은 우주)의 리듬과 강밀도^{intensity}! 그것이 이 윤리학의 출발이자 비전이다.

마오의 몰락과 공자의 부활

중국은 2008년 베이징 올림픽 개막식을 공자 이미지로 도배했다. 장이머우 감독은 공자와 제자 3,000명이 대나무 책을 들고 행진하는 퍼포먼스를 연출했다. 전 세계인의 이목을 사로잡았음은 물론이다. 그것은 공자의 화려한 부활을 알리는 신호탄이었다. 마르크스·레닌·마오쩌둥 등 철인혁명가들 대신 공자를 새로운 국가브랜드로 내걸고 세계 각지에 공자학원과 공자아카데미를 늘려가고 있다. 2015년 현재 세계 각지에는 3,000개 이상의 공자학원이 운영되고 있다. 이것은 사실 공산주의의 역사적 패배와 공자 부활을 의미한다.[황태연·김종록, 『공자, 잠든 유럽을 깨우다』, 302쪽]

왜 다시 공자일까? 20세기 내내 중국은 공자를 몰아내기 위해 안간힘을 쓰지 않았던가. 개혁개방 이후 자본을 향해 맹렬하게 돌진한 덕택에 다시 세계경제를 주도하는 지위에 올랐지만, 중국은 여전히 공산당 일당독재체제다. '공산당이 통치하는 가장 빈부격차가 심한 나라'! 이것은 공산당의 지독한 타락일까? 아니면 공산주의의 새로운 실험일까? 혹은 공산당과 자본주의의 '빅매치'일까? 누가 알겠는가. 마르크스는 물론이고 그 어떤 혁명가도 이런 체제는 상상조차 하지 못했던 것을.

게다가 다시 공자라니! 공산당과 자본주의에 이젠 봉건주의까지 뒤섞겠다는 야심인가? 마르크스·레닌주의야 외래사상이니 그렇다 치고 중국은 마오쩌둥毛澤東이라는 걸출한 혁명영웅을 배출한 나라 아닌가. 중국인들에게 마오는 여전히 절대적인 존재다. 하지만 그의 사상은 퇴색하였다. 그의 사상으로 21세기를 살아갈 수는 없는 노릇이다. 마오의 사상은 공산당의 깃발이 모든 욕망을 '편집증적으로' 흡인하던 시절의 산물이다. 적과 나, 노동과 자본,

혁명과 반혁명이 명명백백하던 시대 말이다. 계몽의 빛과 혁명의
불꽃이 세계를 환하게 비추던 시절, 그것은 계절적으로 보자면 봄
과 여름에 해당한다. 세대적으로는 청년과 장년의 역동성이 역사
를 주도하던 때다. 그 시절 공자는 얼마나 무력한 늙은이였던가.
부처와 노자는 더 말할 나위도 없고. 삼강오륜과 일체유심조一切唯
心造, 무위자연 등은 관념론의 쓰레기요 민중의 아편에 불과했다.
10대 홍위병이 원로들을 끌고 나와 조리돌림을 했던 문화혁명이
그 절정이었다. 공자를 몰아내고 노인을 추방하면 혁명도 젊음도
영원하리라 믿었다. 하지만 시간은 흐른다. 흐르면서 질적으로 다
른 차서次序를 낳는다. 그것을 거스를 수 있는 역사적 위업 따위는
없다. 혁명도 늙었고 절대 '늙지 않을 것' 같았던 홍위병들도 늙었
다. 봄/여름이 가고 가을에 접어든 것이다. 봄은 가을을 알지 못하
고 청춘은 늙음을 알지 못한다.

　그러니 혁명의 불꽃도 성장의 동력도 바닥이 난 이 '몰락의
시절'을 무엇으로 살아간단 말인가. 다시 공자를 부활시킬 수밖
에. 공자는 물론 붓다와 노장 등 동양의 사상은 기본적으로 노년
의 지혜다. 우주가 사계절의 리듬을 펼친다면 인생 또한 그런 리
듬을 밟아야 할 터, 그런 이치로 본다면 지혜는 당연히 노년이 되
어야 완성되는 법이다. 겨울이 되면 천지가 닫히면서 만물이 씨앗
으로 돌아간다. 씨앗의 절정이 곧 물이다. 생명의 최소단위로서의

물! 물은 유동한다. 이 유동성이야말로 인간과 천지를 연결해주는 메신저다. 인간과 천지의 소통, 그것을 일러 지혜라 부른다. 또 봄/여름이 '보이는 것'[有]이 주도하는 시기라면 가을과 겨울은 '보이지 않는 것'[無]이 주도하는 시간이다. 보이는 것을 중심으로 한 계몽이성은 이제 유통기한이 지났다. 파동과 비물질의 시대. 그것이 디지털이기 때문이다. 정보란 물질도 아니고 정신도 아닌, 물질과 정신이 마주치는 현장이다. 거기에선 오직 접속과 변이의 과정이 있을 뿐이다. 주체가 '과정을 통과하는' 것이 아니라 '과정 자체'가 삶이자 주체인 세계. 공자와 부처, 노자가 '도'[道]라 불렀던 길이다. 혁명의 파토스pathos에서 지혜의 프로세스process로!

'인생'은 서사다! — 길 위에서 '길' 찾기

열다섯에 배움에 뜻을 두고[志于學], 서른에 자립하고[而立], 마흔이 되자 미혹됨에서 벗어났고[不惑], 쉰이 되자 천명을 알았고[知天命], 예순이 되자 귀가 순해졌다[耳順]. 그리고 마침내 일흔이 되자 '마음 가는 대로 해도 이치에 어긋남이 없었다'[從心所慾不踰矩] — 이것이 공자의 일생이다. 스스로 작성한 자서전이기도 하다. 야망과 열정, 성공과 좌절의 스토리 따위는 없다. 유년기의 콤플렉스와 첫 사랑의 아픔 따위는 더더욱 없다. 그저 물 흐르듯 생의 리듬을 밟아 갔을 뿐이다.

공자니까 당연하다고? 그렇지 않다! 마흔에 불혹이라는 건 무슨 뜻인가? 공자 역시 그 전에는 미혹에 빠졌다는 뜻이다. 쉰에 '지천명'이라는 건 그 이전엔 천명을 알지 못했다는 뜻이고, '이순' 역시 마찬가지다. 외적으로 무엇을 이루었는진 중요하지 않다. 중요한 건 그의 신체에, 그의 존재에 어떤 변화가 일어났는가이다. 그렇게 불혹과 지천명, 이순을 거쳐 마침내 일흔이 되자 '욕망과 능력', '마음과 이치'가 완벽하게 조응하는 경지에 이르렀다는 것이다. 이것이 공자가 밟아 간 '길'이다. 그것은 공자의 길이자 인간의 길이기도 하다. 왜냐하면 이것을 가능케 한 동력이 다름 아닌 '배움'이기 때문이다. 열다섯부터 인간과 삶에 대한 탐구를 시작했고, 서른이 되자 두 발로 설 수 있었다. 배움이 자립으로 이어지는 과정이 그의 청년기인 셈이다. 청년을 청년답게, 장년을 장년답게 보냈기에 노년의 자유가 가능했던 것이다. 사계절의 스텝도 이와 다르지 않다.

우주는 사계절의 리듬을 밟는다. 봄/여름의 기운과 가을/겨울의 기운은 다르다. 전자는 발산하고, 후자는 수렴한다. 인생 또한 그러하다. 결정적으로 신체상태가 달라진다. 신체가 다르면 감정과 동선도 달라지는 법. 만약 이 차이를 무시하고 동일한 척도와 의미를 부여한다면 심하게 엇박이 날 것이다. 자본주의가 바로 그랬다. 자본은 봄/여름만 알지 가을/겨울은 알지 못한다. 오직 소유하고 증식할 뿐, 버리고 비우는 것에 대해서는 상상조차 하지 않는다. 인생을 청년기에만 묶어 놓은 격이다. 즉, 청년기의 야망──노동과 화폐와 에로스──을 어떻게 증식할 것인가에 대한 공학과 기술만 있을 뿐! '노동을 벗어난' 삶, '화폐 없이 사는' 법, '욕망 없는' 삶의 가치를 배운 적이 없다. 그렇다! 배움이라는 과정이 없이 청년기를 통과한 것이다. 그래서 우리는 길 위에서 '길찾기, 곧 인생의 서사를 잊어버렸다. 중년 이후의 이념과 가치는 오직 '안티 에이징'이다. 그 결과 우리시대 중년들은 청년을 질투하면서, 또 청년을 모방하고 표절하면서 살아간다. 억지로 열정적인 척 하면서, 피부의 '골든타임'을 지키느라 안간힘을 쓰면서, '내 나이가 어때서? 사랑하기 딱 좋은 나이!'라고 우기면서.

폐경, 인생의 금화교역

그 간극이 결정적으로 드러나는 지점이 바로 폐경기다. 소위 갱년기라고 부르는 그 시기에 인생은 여름에서 가을로 접어든다. 『동의보감』에 따르면, 여성에게는 49세 전후, 남성은 64세 전후가 거기에 해당한다. 절기로 친다면 대서大暑에서 입추立秋 사이. 태양은 이미 서쪽으로 기울어졌지만 대지가 여름 내 저장한 열기를 본격적으로 내뿜는 때라 여름보다 더 무덥다. 하지만 기세는 이미 꺾였고 황도는 이미 방향을 틀었다. 폐경기 때 몸에서 일어나는 징후와 상당히 닮았다.

이 대전환을 '금화교역'金火交易이라고 부른다. 금金기와 화火기가 자리를 바꾼다는 뜻이다. 격하게 뻗어 나가던 열기가 방향을 정반대로 바꾼다는 건 그야말로 '우주적 대혁명'이다. 사람의 인생 또한 그렇다. 여성은 생리가 멈추고, 더 이상 임신을 할 수 없게 된다. 남성은 임신을 못하는 몸이라 여성보다 폐경기가 늦다. 이렇게 방향이 바뀌면 욕망과 감각, 인식과 태도가 달라진다. 공자는 이 시기에 '지천명'과 '이순'이라는 프로세스를 통과했다. 가을을 거쳐야 겨울로 접어들 듯이, 지천명과 이순의 과정을 거쳐야 비로소 '종심소욕불유구'從心所慾不踰矩의 경지에 이르지 않겠는가. 하지만 불행히도 우리는 이런 리듬을 타지 못한다. 마흔이 되어도 불혹은 고사하고 본격적으로 미혹에 빠지고, 쉰이 되어도 지천명은커녕 오히려 앞이 더 깜깜해진다. 또 환갑이 되면 어떤 말을 들어도 거기에 담긴 이치를 깨칠 정도로 '귀가 순해'지는가? 웬걸! 오직 자신이 듣고 싶은 말만 들으려다 귀가 멀어 버린다. 일흔이 되면 욕망과 이치가 일치되기는커녕 자기 안에 웅크린 채 두려움과 분노 사이를 격하게 오간다.

그런 점에서 지금 전 세계가 겪고 있는 세대갈등은 문명의 자업자득이다. 오직 봄과 여름만 아는 자본주의가 가을과 겨울을 어찌 감당할 수 있으랴. 노동과 화폐, 그리고 에로스만을 추구하면서 청장년을 통과한 세대가 노년의 시간성을 어찌 감당할 수 있으랴. 그런 점에서 현대인들의 삶은 그 자체로 '반동적'이다. 금화교역, 곧 우주의 대혁명을 격렬히 거부한다는 점에서 말이다. 이렇게 10대부터 80대에 이르기까지 전 세대가 노동과 화폐, 그리고 에로스를 향해 달려간다면 갈등을 넘어 전쟁도 불사할 것이다. 어떤 복지정책이 그 전쟁을 막을 것이며, 어떤 제도가 그 욕망의 분출을 조율할 것인가. 필요한 건 복지가 아니라 우주의 대혁명을 생의 리듬으로 받아들이는 일이다. 청년의 몸과 장년의 몸, 그리고 노년의 몸은 다르다는 것. 그래서 전혀 다른 프로세스를 통과해야 한다는 것. 이 원리를 받아들이는 윤리적 수행이 무엇보다 필요하다.

'비움'과 '충만함'의 변주

자본은 자연과 맞선다. 그것은 자연을 착취한다는 의미만이 아니다. 시공간의 흐름을 모른다는 뜻이기도 하다. 서구의 계몽이성은 시간과 공간을 분리한 다음 사유의 축을 공간에 두었다. 공간을 분할하고 점유하고 분석해 들어가는 방식을 취한 것이다. 시간은 직선적으로 흐르는 양적 차이에 불과하다고 간주한다. 당연히 리듬과 강밀도에 대해서는 깊이 고찰한 바가 없다. 쉽게 말해 '철부지'다. 해서 생로병사의 전 과정이 기본적으로 엇박이다. 이 엇박에 저항하는 것이 혁명이라면 그 혁명의 주체는 폐경기 이후다. 폐경기 이전, 피가 끓고 신체가 다이내믹하면 '철부지'로 살아가기 십상이다. 자본주의는 그 피를 더더욱 끓게 한다. 자본에 맞선 혁명 역시 마찬가지다. 전자는 성장, 후자는 분배라는 목표를 향해 돌진할 뿐이다. 해서 중년이 되면 몹시 서글프다. '아프니까 청춘'이라면, 서러우니까 중년이다! 가을이 왔는데도 여전히 봄과 여름을 강요받기 때문이다. 봄/여름을 기준으로 하면 가을은 결핍과 적막의 계절이 된다. 하지만 그 척도를 버리면 가을은 그 자체로 충만하다. 충만하려면 비워야 한다. 비움으로써 얻는 존재의 충일! 그것은 봄의 역동성, 여름의 무성함과는 비교할 수 없는 "복된" 프로세스다.

폐경기가 되면 여성들은 비로소 남성/여성의 이분법에서 벗어나 인간으로 살아갈 수 있다. 더 이상 임신을 '할 수 없는' 나이가 아니라 임신을 '하지 않아도 되는' 때가 된 것이다. 따라서 여성들은 더 이상 남성의 시선을 사로잡기 위해 애쓸 필요가 없다. 남성의 보호와 배려가 아니어도 충분히 살아갈 수 있기 때문이다. 그때부터 여성은 아이를 낳고 기르는 대신 이야기를 생산하고 문화를 창조하는 역할을 부여받는다. 바야흐로 대지의 충만함을 표현해야 할 때가 온 것이다. 남성의 폐경기가 더 늦다고 부러워할 필요는 없다. 남성은 본디 양기조절이 가장 어렵다. 오랫동안 정자를 생산해야 하는 처지라 환갑이 넘어서도 성적 충동을 감당해야 한다. 그러다 보니 정작 폐경기가 지나도 충동을 조절하기가 쉽지 않다. 이것은 넘어야 할 장벽이지 남성에게 주어진 특권은 아니다. 결국 여성은 여성대로, 남성은 남성대로 감당해야 할 운명의 몫이 있는 셈이다. 그것을 어떻게 넘어가느냐에 따라 노년의 삶이 결정될 것이다. 유연하게 늙어 갈 것인가 아니면 고집스럽게 쇠락할 것인가.

자본은 후자의 길을 부추긴다. 갱년기가 되어도 화폐를 열망하고 성욕을 분출하라고 명령한다. 현대의학이 그 파수꾼이다. 호르몬제를 통해 폐경기를 늦추도록 권하고 이제는 여성에게도 비아그라를 권한다. 오르가슴, 엑스터시를 만끽하라고. 그래야 젊음이 유지된다고. 과연 그럴까? 『동의보감』은 정반대로 말한다. "절제하여야 하는데 절제할 줄 모르고 끊어야 하는데 끊지 못하면 생명을 잃게 되니, 이는 스스로 화를 불러들이는 격이다." "한 번 참으면 욕망의 불길이 한 번 꺼지게 되고 기름을 한 번 아낀 셈이 된다. 만약 참지 못하고 욕망에 몸을 맡겨 정을 내보낸다면 등잔의 불이 꺼지려고 하는데 기름을 없애는 격이니, 스스로 막아야 하지 않겠는가?" 심지어 "나를 태어나게 한 행위가 도리어 나의 적이 될 수도 있다"(『내경편』, 『동의보감』)고 엄포를 놓는다. 그렇다고 금욕을 강요하진 않는다. 이치를 깨쳐 스스로 절제하는 훈련을 하라는 것이다. 양생술이 자기배려의 윤리 혹은 수행에 해당하는 이유다. 자본주의는 정반대다. 욕망을 부추기면서도 공적 담론의 장에선 철저히 억압한다. 마치 사회적 활동은 성욕과는 아무 상관이 없는 듯이 말이다. 이 또한 심각한 엇박이다. 실제로 노동과 자본, 성욕은 삼위일체다! 노동은 화폐를, 화폐는 성을 열망한다. 그러지 않고서야 이토록 노동에 집착하고 화폐를 증식하기 위해 온 생을 바칠 수가 있겠는가.

명리학에서도 재물운과 성욕은 오버랩되어 있다. 돈을 원하는 마음은 곧바로 성적 욕구로 이어지게 되었다. 그래서 멈추기가 어려운 것이다. 적당히 일하고 적당히 벌고 적당히 쓰는 삶이 그토록 어려운 것도 화폐와 에로스가 맞물려 있기 때문이다. 폐경기가 되어야 비로소 이 지독한 '이중구속'에서 벗어날 수 있다. 신체가 발산에서 수렴으로 벡터를 바꾸면 그때부터 화폐와 에로스의 블랙홀에서 빠져나올 수 있다. 비움과 충만함의 변주가 가능해지는 것이다. 고로, 폐경기는 축복이다! 남성과 여성 모두에게.

'가족삼각형'으로부터의 탈주!

70세 가까운 노인이 16세의 처녀와 야합을 통해 애를 낳았다. 그 아이가 바로 공자다. 세 살 때 부친을 잃고 열 살 때 어머니가 세상을 떠났다. 열아홉에 결혼을 했지만 부인은 일찌감치 집을 나갔다. 아들 하나를 얻었지만 그 역시 공자보다 먼저 세상을 떠났다. 한마디로 결손가정의 극치다.

　하지만 그게 어떻단 말인가. 그것이 인생과 진리에 대한 질문을 막을 수는 없다. 오히려 그 반대다. 가족의 품에 머무를 수 없었기에 온전히 자신의 길을 갈 수 있었다. 56세 때부터 69세까지 무려 14년 동안 공자는 고국 노나라를 떠나 천하를 떠돌았다. 공자의 생애에서 가장 감동적인 장면이다. 말하자면 50대 후반에 출가를 감행한 셈이다. 어디 공자만 그럴까. 인도의 문화에서도 50대 이후는 임서기林棲期 : 숲에 들어가 명상하는 시기라 부른다. 가족과 사회적 책무로부터 벗어나 존재와 우주의 소리를 들어야 할 때라는 뜻이다. 그렇다! 청년기엔 짝을 만나고 장년기엔 가족을 이루지만 갱년기 이후엔 혈연과 가족의 그물망으로부터 탈주해야 한다. 그것이 인간에게 주어진 보편적 코스다.

　명리학적으로 가족삼각형은 상극의 구조다. 먼저, 부부는 자식을 낳기 위한 강렬한 욕망으로 서로를 끌어당기지만 그 열정에도 생로병사가 있다. 당연히 갱년기가 되면 부부지간도 가을이 되고 겨울을 향해 간다. 그것을 결정하는 건 취향이나 이념 따위가 아니라 생리적 속성이다. 말하자면 신체(혹은 무의식)가 만나고 헤어지는 시절인연을 결정한다는 뜻이다. 그것을 터득하지 못하면 부부 사이는 서로에게 상처가 될 뿐이다. 이런 악순환에서 벗어나려면 중년 이후엔 해혼解婚을 준비해야 한다. 이혼에서 해혼으로! 결혼이 인연의 매듭이라면 해혼은 그 매듭을 자연스럽게 푸는 것을 의미한다. 최근 늘어나고 있는 황혼이혼도 해혼의 일종이다. "3년 전 이혼했을 때, 내 나이가 예순일곱이었어. 가슴에 멍울이 크게 잡혀 병원에 갔더니 유방암이라데. 절제해야 한다는데, 생뚱맞게 이혼을 해야겠다는 결심이 서더라고" "혼자서 3년을 살았는데, 너무 좋아. 이 좋은 걸 왜 진작 안 했을까 싶을 정도로 그렇게 좋아. 낮에는 구청 문화센터에 나가 장구랑 사교 댄스를 배워. 친구들 만나 차도 마시고, 맛집도 찾아 다니고" "그 지옥 같은 생활을 왜 또 해? 애들 다 키우고 할 일 다 했으면 이혼하는 것도 나쁘지 않아."(70세)「황혼이혼? 나는 이래서 선택했다」,『한국일보』, 2015년 11월 6일자 기사. 이 기사에 따르면 2014년 황혼이혼은 전체 이혼의 28.7%를 차지, 사상 최고를 기록했다.

한 사회학자의 말에 따르면, "많은 결혼이 끔찍하지는 않다.

하지만 더 이상 만족스럽지도, 사랑하지도 않는다. 양육의 과업은 끝마쳤고, 30여 년의 생이 남아 있다. 이걸 계속해야 하는 걸까, 사람들이 고민하기 시작한 것이다." 그래서 사랑에는 우정이라는 윤리가 반드시 필요하다. 좋은 부부란 '친구 같은' 부부이지 '연인 같은' 부부가 아니다. 후자의 관계는 반드시 구속으로 이어질 테니 말이다. 그럼에도 노후대책과 가족정책은 언제나 '건강과 경제력' '맹목적 사랑'만 강조할 뿐 관계의 중요성은 방치하고 있다. 이 관계의 윤리학이 정치경제학의 포인트여야 한다.

부모-자식 간도 마찬가지다. 자식은 엄마의 기운을 뺏고 아버지의 기운을 극하면서 태어난다. 결코 아름다운 상생의 관계가 아니다. 하지만 스위트홈의 망상은 엄마에게 무한한 모성을 요구하고 심지어 아버지에게조차 모성을 강요한다. 자식은 소중하다. 하지만 이 관계에서 핵심은 자식의 자립이다. 그 이상은 부질없다. 특히 아버지와 아들은 처절한 라이벌이다. 장년기의 아버지와 사춘기 아들이 편안하게 대화하기란 불가능하다. 양기와 양기가 팽팽하게 맞서기 때문이다. 그래서 학교가 필요한 것 아닌가? 그런데 어찌된 일인지 학교가 많아질수록 부모가 할 일이 많아진다. 성적은 물론이고, 친구관계, 욕구불만, 온갖 것을 다 챙겨야 한다. 부모 자식이 서로에게 깊이 간섭하는 것을 민주주의요 가정교육이라고 생각한다면, 그건 정말 난센스다. 그럴수록 부모-자식 간

감정의 골은 깊어만 간다. 그러므로 생명주권의 차원에서 보면 부모와 자식도 우정의 관계로 거듭나야 한다. 천륜으로 맺어졌으나 서로 다른 길을 가는 벗!

그렇지 않을 땐 부모-자식 간은 '원수지간'이 될 수밖에 없다. 과잉보호를 받고 자라면 결국 부모의 재산을 약탈할 생각밖에 더 하겠는가(요즘 초등학생의 꿈이 부모로부터 빌딩을 상속받아 '부동산 임대업'을 하는 것이라는 기막힌 현실도 그와 무관하지 않다). 또 그렇게 자식을 키운 부모는 자식의 인생을 좌지우지하고 싶은 욕망에서 벗어날 수가 없다. 이 지독한 집착의 사슬이 그 많은 신경증의 원천임을 잊지 말라!

트랜스 제너레이션(*Trans Generation*)을 향하여!

가족삼각형, 사유재산의 신성함, 성적 욕망의 판타지. 이것이 현대인을 움직이는 욕망의 코드다. 이 코드는 생명의 우주적 판타지를 일거에 봉쇄하고 모든 흐름을 화폐로 향하도록 재영토화했다. 하여, 사람들은 망각해 버렸다. 존재하는 모든 것은 생로병사를 한다는 사실을. 재물도 권력도 가족도 사랑마저도. 그런 점에서 세대갈등은 필연적이다. 경제가 살아나고 일자리가 늘어난다고 해서 해결될 사안이 아니다. 중요한 건 리듬의 회복이다. 동일한 속도로 달리는 것은 평행선이다. 평행선은 결코 만나지 못한다. 청년이 불꽃처럼 달려간다면, 노년은 물처럼 흘러야 한다. 그러면 청년과 노년은 마주칠 수 있다. 이름하여, 트랜스 제너레이션*Trans Generation*!(트랜스G로 약칭)

예컨대, 프랑스의 '코아비타시옹'cohabitation은 노인과 청년이 함께 사는 주거 형태다. 2003년 유럽에 몰아친 폭염으로 1만 7천여 명이 사망했는데, 대다수가 독거노인이었다. 동시에 파리의 집값 폭등으로 청년주거난 역시 심각했다. 고독사와 청년주거난을 동시에 해결하는 것이 이 제도의 장점이다. 청년들에겐 방값을 저렴하게 제공하는 대신, 청년들은 일정 시간을 노인들의 말벗이 되어야 한다. 그 과정에서 노인과 청년이 새로운 관계를 맺게 된다. 11년간 총 3,700쌍이 연계되었다고 한다. 한편, 한 청년의 아이디어로 시작된 용산구의 화상채팅을 통한 한국어 교육프로그램 '세이'SAY: seniors and youth 역시 일종의 트랜스G다. 프린스턴대와 예일대에서 교양수업으로 한국어를 배우는 학생들이 참여하는데, 대학별로 8명씩 16명의 학생과 용산구의 어르신 16명이 1 대 1로 만나 한 학기 동안 대화를 이어 간다. 세대와 국경을 넘는 흥미로운 실험이다.

이런 사례들이 보여 주듯, 마주침이 가능하려면 광장과 비전이 필요하다. 시설이야 공공기관을 활용하면 되지만 문제는 '어떤 활동을 공유할 것인가'이다. 지금까지는 다양한 이벤트가 주를 이루었다. 음악회나 전시회, 각종 공연 등등. 하지만 그런 식의 활동은 명백히 한계가 있다. 비용이 너무 많이 들고, 일상적으로 지속하기가 어렵다. 더 중요한 건 그 경우, 노년층은 구경꾼 이상이 될 수 없다는 사실이다. 결국 가장 좋은 비전은 책과 지혜다. 책보다 더 저렴한 상품도 없고, 책보다 더 원대한 비전도 없다. 결정적으로 책 속에선 누구든 주인공이 된다.

"나이가 많은데 괜찮을까요?" 15년간 공동체를 운영하면서 이런 질문을 수도 없이 받았다. 그러다가 문득 알게 되었다. 우리 사회에선 나이도 열등감의 원천이구나! 계층이 높고 연금이 많아도 마찬가지다. 늙는 것이 부끄럽다니, 이런 기막힌 일이 있나. 이런 인식의 배치가 바뀌지 않는 한, 어떤 복지정책도 미봉에 불과하다. 그래서 감이당의 다른 이름은 'Tg스쿨'이다. '1080세대공감'을 모토로 한다. 실제로 다양한 세대가 참여한다. 배움이야말로 노년과 청년을 연결해 주는 최고의 메신저다. 일단 이렇게 마주치면 아주 새로운 길이 생성된다. 노년층의 부와 자산이 청년들에게 흘러갈 수 있기 때문이다. 청년들은 그걸 발판으로 다양한 실험(더부살이, 어학공부, 해외유학)을 시도할 수 있고, 노년은 그 길 위에서 또 다른 배움을 열어 갈 수 있다.(자세한 내용은 mvq.kr을 참고)

물론 배움에는 여러 가지 유형이 있다. 요리와 댄스, 목공과 바리스타 등등. 하지만 'Tg스쿨'의 핵심은 의역학과 인문학이다. 몸과 우주, 문명과 생명이 마주치는 현장을 배우는 것이다. 특히 노인에게 중요한 건 죽음의 지혜다. 생사는 하나다. 태어나는 순간 죽음은 시작된다. 이것은 직관지이자 자연지다. 인간은 매일, 매순간 죽음에 직면한다. 삶과 죽음을 관통하는 것이 지혜다. 하지만 자본주의는 죽음을 내팽개친다. 노동하지 않는 신체, 욕망하지 않는 몸은 눈앞에서 치워 버린다. 그래서 두렵고 아득하다. 살아서는 불안을 견디고, 죽으면 비참하기 이를 데 없는! 이것이 삶이라면 참으로 허무하지 않은가? 복지제도가 과연 이런 배치를 바꿀 수 있을까? 그래서 노년은 참으로 소중한 시간이다. 본격적으로 죽음과 마주할 수 있기 때문이다.

명리학이 말하는 운명의 스텝도 그렇다. 청년기엔 '식상(재능)—재성(재물운)'으로 가야 하지만 중년을 지나면 '관성(리더십)—인성(공부운)'으로 향해야 한다. 전자가 발산의 흐름이라면 후자는 수렴의 흐름이다. 청년기는 성취를 향해 달려야 하는 시기다. 하지만 중년 이후에도 그래야 한다면 그건 참 흉하다. 중년 이후엔 그간에 성취한 것들——재물이건 혹은 경륜이건——을 순환시켜야 한다. 그래야 노년에 인성의 스텝을 밟을 수 있다. 인성이란 지혜에 대한 갈망이다. 가장 인간적이고 고귀한 본능이다. '식상－재성'이 에로스라면 '관성－인성'은 로고스다. 에로스에서 로고스로 가는 여정! 이것이 인생이다.

덧붙여, 현대인이 가장 두려워하는 질병이 뇌졸중과 암, 치매 등일 것이다. 그걸 예방하기 위한 최고의 방편도 책을 읽고 언어를 배우고 운동을 하는 것이다. 그런 점에서 노인복지의 핵심은 양로원이 아니라 도서관이나 평생 아카데미가 되어야 한다. 칠곡군에선 '인문귀촌'이라는 용어가 생겼을 정도로 공부가 지역으로 사람들을 끌어들이고 있다. '배움은 사람을 부른다'는 사실을 증명해 준 셈이다.

장자와 조르바 : 마주침의 윤리학

중국 공산당이 공자를 부활시켰다면, 우리나라는 2008년 이후 인문학이 붐을 이루고 있다. 출발은 서로 다르겠지만 '21세기적 비전탐구'라는 점에서는 분명 상통한다. 하지만 공자의 담론이건 인문학 열풍이건 자본이나 국가장치에 포획되면 언제든 상품 아니면 도그마로 화할 수 있다. 거시정치란 늘 분자적 흐름을 '재영토화'하기 때문이다. 그래서 언제 어디서건 미시정치 혹은 분자적 운동이 필요하다. 즉, 국가, 이윤, 제도에 포획되지 않는 자유의 새로운 시공간을 확보해야 한다. 하여, 늘 시대조류보다 한걸음 더 나아가야 한다. 공자를 넘어 장자와 조르바를 만나야 하는 이유다. 장자와 조르바는 '절대적 탈영토화'의 벡터를 지니고 있다. 특히 장자는 마음과 자연, 그리고 죽음에 대한 최고의 멘토다. 그의 사유 안에선 인간과 동물, 인간과 무생물의 경계도 훌쩍 넘는다. "대자연은 내게 몸을 주어 나를 이 세상에 살게 하고, 삶을 주어 나를 수고롭게 하며, 늙음으로 나를 편안하게 해주고, 죽음으로 나를 쉬게 한다. 그러므로 나의 삶을 좋은 것으로 여기는 것은 곧 나의 죽음을 좋은 것으로 여기는 것이다." "지금 한번 천지를 커다란 용광로로 삼고 조화를 대장장이로 삼았으니, 어디로 가서 무엇이 된들 좋지 않겠는가? 편안히 잠들었다가 화들짝 깨어날 뿐이다."「대종사」(大宗師), 『장자』 너무 심오하다고? 하지만 이런 배움과 접속하는 순간, 죽음은 아주 매혹적인 테마가 된다. 그래서 배움은 그 자체로 구원이다.

한편, 『그리스인 조르바』는 노인과 청년의 마주침에 관한 훌륭한 지도다. 조르바는 65세, 두목은 35세. 둘은 크레타로 들어가는 항구에서 운명적으로 마주친다. 조르바는 조국이나 신, 이념 등 어떤 권위에도 의존하지 않는다. 두려움과 충동으로부터 벗어난 충만한 신체! 그에 반해, 두목은 오직 책과 개념을 통해 진리를 추구한다. 둘은 격렬하게 맞서고 어울린다. 조르바는 두목의 이상에 '피와 살'이 도는 육체를 부여해 준다. 헤어지면서 조르바는 말한다. "두목, 사람을 당신만큼 사랑해 본 적이 없어요." 이런 마주침이 도처에서 일어날 수 있다면! 노년기가 '장자-되기', '조르바-되기'의 프로세스가 된다면! 마주침의 광장이 윤리적 혁명이 되는 건 바로 그런 순간이리라.

8장

자본의 황혼, 몰락의 에티카

"마르크스는 혁명이 세계의 기관차라고 말했다.
그러나 어쩌면 사정은 그와는 아주 다를지 모른다.
아마 혁명은 이 기차를 타고 여행하는 사람들이
잡아당기는 비상 브레이크일 것이다."

—— 발터 벤야민
(『역사의 개념에 대하여 외』, 최성만 옮김, 길, 2008, 356쪽)

에드바르드 뭉크, 「불안(Anxiety)」, 1894

민주주의가 정착되면 모두가 주인이 될 줄 알았다. 고도성장을 이루면 소외에서 벗어날 줄 알
았다. 둘 다 아니라는 건 짐작하는 바대로다. 오히려 여기에 도달하기 위해 너무 많은 희생을 치
른 탓인가. 겉은 번드르르한데 속은 문드러졌다. (……) 다시 '호모-에렉투스'가 되려면 나를 압
박하는 것과도 싸워야 하지만 그 이전에 나를 사로잡고 있는 미망에서 벗어나야 한다.

개미는 일을 하고 베짱이는 노래를 한다. 추운 겨울이 오자 베짱이가 개미를 찾아간다. 식량을 좀 나눠 먹자고. 개미는 일언지하에 거절한다. "내가 일할 때 넌 놀았잖아?" 하면서. 결국 베짱이는 굶어 죽는다. 이게 한국식 버전인데, 이 우화를 이렇게 전복한 경우도 있다. 여기선 베짱이 대신 매미가 등장한다. 역시 식량을 나눠 먹자는 매미에게 개미가 묻는다. "내가 땀 흘리며 일할 때 너는 무얼 하고 있었지?" "열심히 노래해서 모두를 즐겁고 신명나게 만

※ '몰락의 에티카'는 문학평론가 신형철의 평론집 제목이다. 그는 이 평론집의 머리말에서 "각각의 몰락은 하나씩의 질문을 낳고 그 질문과 더불어 새로운 윤리학이 창안된다. 그러나 한국어 '윤리학'은 다급한 질문보다는 온화한 정답을, 내면의 부르짖음보다는 외부의 압력을 떠올리게 한다. 그 뉘앙스가 버성겨서 나는 저 말의 라틴어인 '에티카'를 가져왔다"(신형철, 『몰락의 에티카』, 문학동네, 2008, 6쪽)고 했다. 나는 이 장에서 황혼의 자본주의시대를 살면서 우리가 가져야 할 저물어가는 존재의 윤리학을 말하고자 했다. 비록 맥락은 다르지만, 나 역시 '윤리학'이라는 한국어가 갖는 뉘앙스에서 벗어나고자 '몰락의 에티카'라는 표현을 그에게서 빌려 온다.

들어 주었지." "오호, 그렇구나, 그럼 이제부터는 함께 춤추며 살자꾸나." 그렇게 해서 개미와 매미는 추운 겨울을 즐겁게 넘겼다는 이야기. 쿠바식 버전이다. 하긴 노래와 신명도 중요한 활동이지. 또 이왕 식량이 넉넉하니 같이 겨울을 나면 더 재밌겠군! 한편 잔혹 버전도 있다. "개미는 여름 내내 열심히 일하고 식량을 저축하고 있었습니다. 그리고 겨울이 오기 전에 과로사로 죽었습니다." 일본식 우화란다. 물론 베짱이(혹은 매미)도 죽었을 것이다. [이상 쿠바와 일본의 우화는 요시다 타로, 『몰락선진국 쿠바가 옳았다』, 송제훈 옮김, 서해문집, 2011, 8쪽을 참조했다] 거기에 비하면 한국식 버전은 그나마 나은 셈인가? 그래도 개미는 살아남았으니. 하지만 아주 외롭고 서글프게 겨울을 났으리라.

한국, 쿠바, 일본——이 중에서 고르라고 하면 대개 쿠바식 버전을 선택할 것이다(만약 일본을 선택한다면 그건 일종의 "변태성향"이니까 옆으로 치워 두자). 인간 본성에 가장 부합하기 때문이다. 그런데 왜 현실의 정치경제학에선 그 자연스러운 일이 안 되는 걸까? 솔직히 우리에게 익숙한 결론은 일본식 버전이다. 개미는 일하다 죽고 매미는 배고파 죽는! 그만큼 생명의 본성에서 멀어졌다는 뜻이다. 그 간극만큼의 '변태성'을 감당하자니 갈등과 번뇌가 끊이질 않는 것이다. 이 시점에서 '다시 본성을 회복하자'는 말은 공허할 수 있다. 하지만 적어도 이 '변태성'을 넘어서려고 시도는 해봐야 하지 않을까. 왜? 달리 길이 없기 때문이다. 한데, 그러기 위해선 노동과 신명, 활동과 소비, 삶과 죽음에 대한 전제를 몽땅 뒤집어야 한다. 그래야 누구는 '일'을 하고 누구는 '노래'를 한다는 차이를 인정할 수 있다. 차이를 인정해야 비로소 교감이 가능하다. 차이와 감응의 경제학!

'부드러운' 몰락은 가능한가?

그 이전에 더 중요한 사항이 하나 있다. 이 계절이 겨울임을 받아들이는 것이다. 겨울은 천지가 닫히는 계절이다. '생장'生長을 향한 흐름을 멈추고 '수장'收藏으로 방향을 바꾸는 시간이다. 그때 필요한 건 노동과 축적이 아니라 휴식과 순환이다. "좋은 것은 끝이 있고, 끝이 있어야 좋은 것"『홍루몽』이라는 말이 있다. 인생만사 그러하다면 문명과 자본이라고 다르겠는가. 문제는 '어떻게 몰락할 것인가?'이다. 겨울이 오고 있는데도 미친 듯이 '지붕 뚫고 하이킥'을 날리다 곤두박질칠 것인가? 아니면 리듬을 조율해서 '부드럽게' 몰락할 것인가? 선택지는 둘뿐이다!

　아주 일찌감치 몰락의 코스를 밟은 나라가 있다. 다들 성장에 미쳐서 날뛸 때 자의반 타의반으로 몰락할 수밖에 없었고, 그 운명을 기꺼이 받아들인 나라. 다름 아닌 쿠바다. 제국주의의 오랜 압제에 맞서 혁명에 성공했지만 1962년 케네디의 '쿠바봉쇄령'으로 교역과 원조가 다 막혀 버렸다. 1991년 원조국 소련마저 무너지자 그야말로 고립무원의 상태가 되고 말았다. 자립말고는 어떤 출구도 없었다. 하지만 성장을 포기한 대가로 수많은 실험이 가능했다. 그리고 드디어 전 세계가 몰락의 스텝을 밟게 되자 쿠바는 하나의 '길'이 되었다. 쿠바 경제는 말 그대로 몰락했다.

하지만 이 이상의 경제성장은 지구환경적으로는 한계를 넘는 것이고, 또 성장이 곧 행복으로 이어진다는 보장도 없다. 프랑스에서는 성장을 부정하고 오히려 '검소한 사회'를 향한 반反성장이 시민권을 얻어 가고 있다. '몰락이야말로 진보'라고 하는 역발상에서 보면, 물질적으로는 빈곤하다고 해도 쿠바는 반성장의 선두주자, 몰락선진국인 셈이다.[요시다 타로, 『몰락선진국 쿠바가 옳았다』, 15쪽.]

몰락선진국? 형용모순의 극치다. 몰락선진국이 있다면 몰락후진국도 있다는 말인데, 그렇다! 몰락에도 품격이 있다. 아니, 개인이든 국가든 몰락할 때 비로소 품격의 진가가 드러난다. 우리나라를 포함하여 소위 선진국들은 쿠바보다 훨씬 부유함에도 '저성장'이라는 말만으로도 두려움에 떨고 있다. 우리에게도 과연 '부드러운 몰락'이 가능할까? 쿠바로부터 그 기예를 배워야 할 때다.

정치경제학과 점성술

대서大暑는 절기상 가장 무더운 때다. 대서의 끄트머리, 더위로 숨이 막힐 때 입추가 된다. 하늘이 문득 높아졌건만 사람들은 실감하지 못한다. 여전히 대지가 남은 열기를 내뿜고 있기 때문이다. 하지만 절기의 변화를 계속 겪다 보면 몸은 절로 안다. 아무리 무더워 봤자 곧 가을바람이 불고 겨울이 온다는 사실을. 그런데 유감스럽게도 역사와 문명에 대해서는 그런 슬기를 발휘하지 못한다. 수많은 징후와 경고음이 울려도 여전히 미련을 버리지 못한다. 왠지 자본은 계속 성장할 것 같고, 다 망해도 나는 성공할 것 같은 기분을 떨치지 못한다. 하여, 몰락의 기예를 제대로 터득하려면 징후의 포착이 우선이다. 다음은 한때 일본 벤처신화의 주인공이었던 한 CEO의 술회다.

"출자한 회사는 20여 군데나 됐다. 놀랍게도 그 모두가 몇 년만에 사라졌다." "'투자 위원회'를 만들고 유명한 IT기업의 경영자와 인터넷 전문가, 대형 광고회사의 컨설턴트가 구성원으로 참여했다. 그런 '성공한 자들'의 눈에 든 회사가 모조리 무너진 것이다. 세상에는 잘나가는 기업의 경영전략을 최고로 치는 사람들이 있는데, 같은 전략과 이론을 적용한다고 해서 후발 주자가 선발 주자의 영광을 그대로 재현할 수 있는 것은 아니다." "결국 회사가 잘 되느냐 안 되느냐는 사람에 달린 것이고, 대부분 성공에는 운이 따라야 한다. 투자회사는 아무리 그럴듯한 이유를 대더라도 본질상 도박과 별반 다르지 않다."(히라카와 가쓰미, 『소비를 그만두다』, 정문주 옮김, 더숲, 2015, 80쪽) 이것이 '5억 엔이라는 거금과 10년이라는 시간을 낭비하면서 배운' 교훈이다. 결국 기업의 성공이란 '운빨'이라는 뜻인가? 그렇다!

중요한 건 망했다는 것이 아니다. 더 큰 문제는 최고의 경영 엘리트들의 예측이 고작 이런 수준에 불과하다는 사실이다. 글로벌 경제라고 다를 바 없다. 1995년 노벨 경제학상을 수상한 로버트 루카스는 2003년에 "공황을 예방하는 문제는 이제 해결이 되었다"라고 선언했지만, 그로부터 5년 뒤 2008년 금융위기가 터졌다. 갤브레이스[John Kenneth Galbraith]는 "경제학적 예측의 유일한 기능은 점성술을 점잖고 존경할 만한 분야로 보이게 하는 것이다"라는 농담을 한 적이 있다.(장하준, 『장하준의 경제학강의』, 25쪽)

하긴 자본주의 역사 자체가 예측불허, 좌충우돌의 연속이다. 『장하준의 경제학강의』에 따르면, 서기 1000년에서 1500년, 중세

서유럽의 1인당 소득은 1년에 0.12퍼센트씩 증가했다. 그만큼 미미했던 셈이다. 물질적 발달 정도만 놓고 보면 현재 중국의 1년은 중세 서유럽의 83년과 맞먹는다. 그러다 자본주의는 1820년경부터 비상을 시작하여, 1870년 즈음에 속도가 붙기 시작하면서 중화학 공업 및 자유무역 등이 발달하기 시작했다. 하지만 이런 상승국면에서 문득 대공황과 양차대전이 발발한다. 쉽게 말해 부의 폭발적 증가가 파국과 전쟁을 초래한 것이다. 당연한 노릇이다. 문명의 동력은 불이고, 자본주의는 그 중에서도 화력이 가장 센 불이다. 많은 것을 이루기도 하지만 동시에 그 이상을 파괴하기도 한다. 그 방향과 힘을 제대로 가늠하기란 거의 불가능하다.

1945년 세계 이차대전이 끝나고 1973년까지 자본주의는 다시 황금기를 구가했지만, 그때 역시 전 세계가 냉전으로 고통받던 시기였다. 양진영 중에서 사회주의가 먼저 쇠락의 길을 가고, 자본주의는 신자유주의로 갈아탄다. 금융자본이 지배하는 시대가 도래한 것이다.

1980년에서 2007년 사이 전 세계 생산량 대비 금융자산 총량은 1.2배에서 4.4배로 증가했다. 시스템이 얼마나 복잡해졌던지 상품 하나를 완전히 이해하려면 무려 10억 페이지가 넘는 정보를 독파해야 한단다. 맙소사! 어떻게 이런 어이없는 시스템이? "계약의 자유를 많이 보장하면 금융시장의 주체들이 자산 가격을 효율적으로 매기는 방법을 생각해 낼 것이고 그를 통해 금융 시스템 전체의 안정성이 높아질 것"이라고 믿었다는 것이다. 물론 어불성설이다. 2008년 가을 미국 정부의 구제금융을 받은 보험회사 AIG의 금융책임자였던 조 카사노라는 사람은 회사가 무너지기 바로 6개월 전에 이렇게 호언장담했다. "경박하게 들릴지 모르지만 어떤 거래든 1달러라도 손해를 보는 시나리오는 이성의 한도에서 상상할 수가 없다."(장하준, 『장하준의 경제학강의』, 291~293쪽)

자, 일단 여기까지. 이런 정책을 담당한 이들은 나쁜 사람도, 둔한 사람들도 아니었다. 오히려 "대학 전공과 상관없이 가장 유능한 사람들"이었다. "불행히도 이로 인해 공학, 화학 등 다른 분야에서 훨씬 더 생산적인 일을 할 수 있었을 재능 있는 사람들이 파생상품을 거래하고 그 상품의 가격을 책정하는 수학 모델을 만드는 데 시간을 보내게 되었다." 그럼에도 위기와 파국이 코앞에 오기 전까진 아무도 예측하지 못했다는 사실이다. 수학 모델이고 '나발이고' 차라리 운에 맡기는 게 나은 셈이다. 하긴 그래서 정치가든 기업가든 역술가를 그렇게 찾아다니는지도 모르겠다. 자본의 유동성이 커질수록 이 불확실성은 더더욱 심화된다. 한치 앞을 가늠할 수 없다는 점에서 미세먼지와 여러 모로 닮았다.

미세먼지와 '인터스텔라'

미세먼지가 지구를 덮치자 지구에선 더 이상 곡물이 자라지 않는다. 살아남기 위해선 지구를 버리고 다른 행성으로 가는 수밖에 없다. 2014년 겨울 천만 관객을 동원한 공상과학영화 〈인터스텔라〉의 콘셉트이다. 핵전쟁도 아니고 스타워즈도 아닌 미세먼지 때문에 지구를 떠나야 하다니. 설정 자체가 놀라웠다. 한데, 그게 공상과학이 아니라 목전의 현실이 되어 가고 있다. 알다시피, 베이징의 스모그가 거의 재앙 수준이다. 주기적으로 덮쳐 올 뿐 아니라 범위도 엄청나서 한반도의 3배 면적에 해당하는 지역의 태양을 가려 버렸다. 이미 수조 원이 넘는 돈을 풀었건만, 별무소용이다. 해결책은 오직 바람뿐이다. 하여, 베이징에선 "매霾장군의 습격을 막는 건 풍風국장뿐"이라는 농담이 유행이란다. 세계경제를 뒤흔드는 중국의 부富도, 산천초목을 떨게 하는 미사일 행진도 미세먼지 앞에선 속수무책이다. 물론 자업자득이다.

연암 박지원의 『열하일기』를 보면, 압록강을 건너 요동으로, 요동에서 연경으로, 연경에서 열하로 이어지는 여정에는 끊임없이 강이 출현한다. 오죽하면 「일야구도하기」一夜九渡河記: 하룻밤에 아홉 번 강을 건너다 같은 명문장이 나왔겠는가. 그로부터 불과 230여 년 사이에 중국 전역에서 수만 개의 강이 사라졌다고 한다. 석탄·석유·자동차·건설 등의 산업이 주범임은 말할 나위도 없다. 결국 그동안 우리가 누린 부가 공짜가 아니었던 것이다. 강물이 사라지면서 대기가 오염되는 징후는 충분했다. 하지만 부의 총량이 늘어나면 다 해결되리라 믿었을 것이다. 그러니 재앙이 목전에 닥치기 전에는 알아차릴 수가 없는 것이고. 또 하나, 가장 위협적인 것은 가장 작고 미세한 것들이라는 사실이다. 더구나 이것은 지진이나 해일처럼 당장의 대환란을 초래하지도 않는다. 이름대로 미세하게 일상을 잠식해 들어간다.

그것은 중국 북방에 한정된 문제만도 아니다. 바람이 불면 미세먼지는 우리나라 상공으로 이동한다. 심지어 미국 서부까지 영향권에 들어간다고 한다. 일본 대지진으로 후쿠시마 원전이 폭발하자 핵물질이 섞인 바람이 불어올까 노심초사했는데, 이젠 중국발 미세먼지까지 걱정해야 하는 처지다. 우리가 배출하는 오염물질도 상당한데 거기다 양국에서 불어오는 발암물질까지, 그야말로 엎친 데 덮친 형국이다. 〈인터스텔라〉에선 결국 지구를 버리고 다른 행성으로 떠나 버린다. 그럼 지구를 떠날 수 없는 우리는 어떻게 해야 할까? 대안을 찾는 것도 중요하지만 그 전에 먼저 알아차려야 한다. 우리는 지금 문명의 가을, 아니 초겨울에 들어섰다는 사실을. 지금 필요한 건 발산이 아니라 수렴이라는 것, 성장이 아니라 몰락이라는 것을.

'음허화동'의 신체 — 새로운 '마이너'들의 출현

언급했듯이, 문명의 원천은 불이다. 『주역』에서도 '중화리'重火離괘
는 두 개의 불이 겹쳐져 있는 형상인데, 그것은 문명의 빛을 의미
한다. 하지만 자본주의는 빛의 단계를 넘어 열에 해당한다. 하여,
자본이 증식될수록 지구상의 물은 점점 고갈되어 간다. 현대인의
몸 역시 마찬가지다. 거듭 말하지만, 양생의 핵심은 수승화강이
다. 신장의 물(水)은 위로 올라가고 심장의 불(火)은 아래로 내려가
면 된다. 위아래가 잘 순환하면 몸은 대체로 항상성을 유지할 수
있다. 하지만 물이 부족하고 불이 치성하면 순환에 치명적인 문
제가 생긴다. 이런 상태를 '음허화동'陰虛火動이라고 부른다. 『동의
보감』에서 가장 심각하게 거론되는 증상이다. 지구가 팍팍해지는
만큼 현대인의 몸 역시 '사막화'되고 있다. 이것은 그 어떤 경제지
표 못지 않게 중요한 사안이다. 몸의 상태가 감정을 일으키고, 그
감정의 파노라마에 따라 행/불행이 교차하기 때문이다. 생명주권
과 에콜로지가 분리될 수 없는 이유다.

비정규직, 이주노동자, 성소수자—우리에게 익숙한 마이너
그룹이다. 하지만 이들을 마이너로 규정하는 기준은 국가, 민족,
계급, 성 같은 거시적 범주다. 만약 생명주권을 잣대로 하면 어떻
게 될까? 아주 색다른 '마이너들'이 출현한다.

1. '밤과 잠'을 약탈당한 자들 과로 때문에 그럴 수도 있고, 회식과 유흥 때문에 그럴 수도 있다. 혹은 그냥 먹방을 보면서 야식하느라 그럴 수도 있다. 사회적 계층과 직업은 다양할 수 있지만 생명주권의 차원에서 보자면 이들은 분명 마이너다. 이집트의 노예도 이렇게 살지는 않았다. 결정적인 이유는 과도한 조명 탓이다. 라스베이거스의 룩소르 광선은 양초 400억 개의 불빛이라고 한다. 밤의 완벽한 실종! 대부분의 도시 역시 휘황찬란한 조명으로 치장하고, 그러다 보니 전 세계가 빛공해에 시달리고 있다. "몇 백만 년 동안 낮에는 밝고 밤에는 어두운 환경에서 진화해 왔다. 이런 오랜 리듬이 깨진 것은 고작 지난 100여 년 사이에 일어난 갑작스러운 현상이다." 불면은 멜라토닌의 생성을 방해한다. 멜라토닌은 발암물질을 억제하는 호르몬이다. 그런 까닭에 '주요 질병은 어느 것이든 부족한 잠과 연관되어 있다.' 그뿐이랴. 잠을 빼앗기면 사유의 회로 역시 막혀 버린다. "서구문명사는 야생성— 미지의 것, 신비로운 것, 창조적인 것, 여성적인 것, 동물적인 것, 어둠에 관련된 것— 을 짓밟으려는 시도로 가득하다."(폴 보가드, 『잃어버린 밤을 찾아서』, 노태복 옮김, 뿌리와이파리, 2014 참조)

2. 중독된 신체들 밤과 잠을 빼앗기면 일상의 사이클은 교란된다. 교란되면서 하나의 사물이나 사건에 꽂혀 버린다. 이것이

중독이다. 이전에는 술, 도박, 게임, 아편 등 아주 강력한 자극을 주는 것들에 한정되었다. 하지만 요즘의 중독은 그야말로 전방위적이다. 쇼핑중독, 몰카중독, 연애중독, 카톡중독, 치킨중독, 쓰레기중독 등등. 시사 프로그램에 단골로 등장할 정도로 사회적 치유가 필요한 이들이다.

3.언터처블 '사람한테는 오직 사람이 필요하다'는 생명의 원리에서 배제된 이들. 흔히 1인가구, 독거노인, 비혼족을 떠올리겠지만, 그보다는 일상(밥, 말, 발)을 공유할 친구가 없는, 누구와도 '터치'(접촉)하지 않는 이들을 말한다. 이들에게 빈부격차란 아무 의미없다. 부자가 오히려 더 위험하다. 사회적 배려와 연민의 대상조차 되지 못하기 때문이다.

4.'성적' 소수자들 트랜스젠더나 게이, 레즈비언 등을 지칭하는 게 아니다. 말 그대로 연애와 성이라는 영역에서 배제된 자들. 대학 가서 좋은 곳에 취업하면 연애도 하고 결혼도 할 수 있다는 감언이설에 속아서 모태솔로가 된 모범생들. 연봉도 많고 직업도 확실하지만 에로스가 고갈된 신체들. 이들이야말로 시대의 희생양이다. 참고로, 『걸리버 여행기』를 보면 '세금을 거두는 효과적이고 능률적인 방법'이 등장한다. 예를 들면, 과세의 대상은 악행

과 지혜, 패션 등 다양한데, 그 중 최고는 "남성의 경우, 여성에게 인기가 많은 사람, 그들이 받는 구애의 횟수나 구애의 성격에 의해서 결정되어야 한다"는 것. 아주 기막힌 농담이다. '증세냐, 복지냐'를 따질 때 우리는 오직 화폐의 양만을 기준으로 삼는다. 그래서 늘 삶의 현장과는 어긋난다. 일례로 여교사는 결혼상대 1순위에 드는 직업이다. 하지만 교사직 자체가 여성 편향이 심하다 보니 주변에 남성이 거의 없다. 짝짓기의 가능성이 그만큼 희박하다는 뜻이다. 물론 그것 때문만은 아니지만 그러다 보니 우리나라 교사들의 경우, 봉급 수준은 유럽보다 높은 편인데도 교사가 된 걸 후회하는 비율은 최고 수준이란다.

이외에도 타임 푸어(연봉은 높지만 늘 시간에 쫓기는 이들), 지혜로부터 소외된 자들 등등, 이런 식으로 항목이 계속 늘어날 수 있다. 계급과 신분, 인종 같은 굵직한 선분을 벗어나면 삶의 '맨 얼굴'이 리얼하게 드러난다. 보다시피 삶이 잠식된 범위는 전방위적이고 전인격적이다. 그럼에도 이것은 정치경제학적 과제에서 늘 배제된다. 거기에 착목하면 자본을 향해 마구 달려갈 수가 없기 때문이다. 경제를 살리자니 삶이 위태롭고, 삶을 지키자니 경제가 무너지겠고. 정치경제학적 신파의 탄생! 이거야말로 몰락의 가장 두드러진 징후다.

몰락의 에티카 1 : 이 사람을 보라!

여기 한 사내가 있다. 이름은 산초 판사. 시골 무지렁이 농부로 살
다 방랑기사 돈키호테의 감언이설 —자신이 공을 세우면 섬의
총독 자리를 맡기겠다는 것 —에 취해 시종이 되었다. 덕분에 온
갖 개고생을 다 한다. 한데, 이게 웬일인가. 2권에 가면 산초가 한
공작부인의 장난질에 의해 정말로 한 마을의 총독으로 임명된다.
농부에서 총독으로! 인생역전에 성공한 산초는 총독의 임무에 매
진한다. 송사를 물흐르듯 매끄럽게 처리하고 마을의 살림을 알뜰
히 챙긴다. 대신 마음껏 먹고 마시는 기본권이 박탈당해 괴로워하
던 차, 마침내 공작부인의 하수인들이 전쟁이 났다며 갑옷을 입힌
채로 두들겨 패자 그 자리에서 바로 총독직을 사임한다. 신분상승
이고 총독의 권위고 다 필요없다! "길을 여시오, 여러분. 나의 오
랜 자유로 되돌아가겠소이다. (……) 나는 총독이 되려고 태어난
사람이 아니올시다. 기습하려 하는 적들로부터 섬이나 도시를 방
어하려고 태어난 것이 아니외다." "주인이신 공작님께는 내가 벌
거숭이로 태어나 벌거숭이로 남았다고 전하세요. 얻은 것도 없고
잃은 것도 없지요. 말하자면 땡전 한 푼 없이 이 섬에 들어와 땡전
한 푼 없이 떠나는 거지요. 섬의 다른 통치자들이 보통 떠날 때와
는 다르게 말이지요. 저리 비켜요. 나 좀 갑시다."[세르반테스, 『돈키호

테』2,632쪽) 놀라워라~. 산초 역시 대박 꿈에 '절긴' 했지만 결코 생명의 본성을 잃진 않은 것이다.

현대인이 진정 귀기울여야 할 사항이다. 현대인들은 너무 쉽게 기본권을 포기한다. 법적, 제도적 권리에 대해서는 지극히 민감하지만 생명주권의 차원에선 자기를 배려하는 힘이 거의 없다. 돈키호테는 미치광이다. 기사도 소설을 읽느라 뇌수가 마른 탓이다. 잠도 자지 못하고 식욕은 전혀 돌보지 않고 늘상 에로스를 떠들어 대지만 성욕 자체는 희박하기 짝이 없다. 그런 점에서 현대인은 돈키호테의 충실한 후예다. 돈키호테의 웅변술은 대단하다. 논리정연하고 드높은 이상에 불탄다. 누구라도 그 웅변을 들으면 탄복할 지경이다. 그런데 왜 미치광이로 간주되는가? 시대가 완전히 달라졌기 때문이다. 기사도의 이상주의가 사라진 지 오래됐건만 자신만 그걸 모른다. 생명주권을 놓치자 인식의 차원에서도 공중부양을 해버린 것이다.

바야흐로 문명의 황혼이다. 정치경제학이 먼저 그렇게 선언하고 있다. 저출산, 고령화, 저성장, 저물가 등등. 그럼에도 여전히 자본의 '대박'을 향해 몸을 혹사한다면 그거야말로 정말 미친 짓이다! 부디 명심할 일이다. 이 몰락의 시대에 필요한 건 돈키호테의 망상이 아니라 산초의 양생술임을.

몰락의 에티카 2 : '호모 에렉투스'-되기

인간은 '호모 에렉투스'다. 왜 두 발로 섰는가? 천지를 연결하기 위해서다. 두 발로 서는 순간 위는 하늘, 아래는 땅이 된다. 말하자면, 인간은 하늘과 땅을 잇는 존재다. 뇌세포가 이토록 많은 것도 그 때문이다. 천지는 무한하니 그 무한을 탐색하려면 이 정도는 되어야 하지 않을까. 머리에서 얼굴이 탈영토화된 것, 구강구조가 직각이 된 것 역시 다 같은 원리다. 그런 점에서 언어야말로 SNS의 원조다. 결국 인간은 사유하고 말하고 움직이는 존재다! 생각과 언어, 발의 삼중주! 그것이 직립의 구체적 내용이다.

이것은 생리적 원리이자 윤리적 비전이기도 하다. 농업혁명이건 산업혁명이건 소비에트혁명이건 인간은 두 발로 걷기 위해, 즉 모두가 자유인이 되기 위해 달려왔다. 민주주의가 정착되면 모두가 주인이 될 줄 알았다. 고도성장을 이루면 소외에서 벗어날 줄 알았다. 둘 다 아니라는 건 짐작하는 바대로다. 오히려 여기에 도달하기 위해 너무 많은 희생을 치른 탓인가. 겉은 번드르르한데 속은 문드러졌다. 두 발로 서기가 더더욱 난감해졌다는 뜻이다. 왜 직립보행을 하는지도 까먹은 듯하다. 다시 '호모-에렉투스'가 되려면 나를 압박하는 것과도 싸워야 하지만 그 이전에 나를 사로잡고 있는 미망에서 벗어나야 한다. 미망의 그물은 넓고도 깊지만 현대인에게 가장 치명적인 건 소비욕구다. 왜 가족의 울타리를 벗어나지 못하는가? 소비를 포기하기 싫어서. 왜 아이를 낳지 않는가? 소비를 줄이기 싫어서다. 왜 기꺼이 삶을 저당잡히는가? 소비, 소비를 위해서다.

자본주의는 "지역과 가정을 잘게 쪼개서 '개인'을 만들었고, '개인'의 욕망을 환기해 '소비자'를 만들어 냈다."(히라카와 가쓰미, 『소비를 그만두다』, 89쪽) "현재 주류인 신고전주의 경제학 이론에서는 궁극적으로 소비하기 위해 일을 하는 것으로 간주한다. 일에 대한 논의는 공장 문 혹은 가게 입구에서 끝나고 만다. 일 자체가 갖는 가치는 그것이 창조하는 즐거움이 되었건 자기 성취의 기쁨이 되었건 사회에 유용한 일을 한다는 데서 얻는 자존감이 되었건 간에 별 인정을 받지 못한다."(장하준, 『장하준의 경제학 강의』, 360쪽) 상품의 이미지가 뇌수를 채워 버린 격이다. 소비에 미쳐 버린 돈키호테의 후예들!

따라서 지금 시급한 건 소비병에서 벗어나는 길이다. 내수경제가 어떠느니, 블랙 프라이데이가 어떠느니 하는 말에 휘둘리지 말라. 국가나 기업은 결코 소비를 줄이라고 말하지 못한다. 어떻게든 내수경제를 살려야 하니까. 하지만 이젠 알지 않는가? 삶은 결코 통계수치가 아니라는 사실을. 성장과 혁명의 시절엔 국가와 기업이라는 큰 틀이 중요했다. 하지만 몰락의 시절엔 '각자도생'^各

自圖生이 핵심이다. 모두가 자기 삶의 게릴라가 되어야 한다. 게릴라의 저력은 지형·지물을 적절히 활용하는 데 있다. 앞서 나온 벤처신화의 주인공 히라카와의 결론 역시 "소상업, 탈소비자"다. 규모는 줄이고 소비의 마수에서 벗어나는 것, 두 발로 서기 위해선 반드시 필요한 노하우다.

몰락의 에티카 3 : 유연하게 유쾌하게!

쿠바는 지형학적으로 열대 허리케인의 통로에 해당한다. 재난을 피할 도리가 없는 곳에 위치했다는 뜻이다. 2008년 두 개의 태풍이 연속해서 내습을 했을 때였다. "전자의 경우에 사망자는 전무했고, 후자도 7명이 목숨을 잃었을 뿐이었다. 허리케인 미셸로 국토의 52%가 피해를 입고 국민의 53%에 해당하는 약 500만 명이 재해를 입었을 때도 사망자는 5명에 지나지 않았다."(요시다 타로, 『몰락선진국 쿠바가 옳았다』, 187쪽) 와우~ 세월호참사 때 우리가 겪었던 재난과는 달라도 너무 다르다. 어떻게 이런 기적이 가능할까? "바람이 점점 강해지기 시작하면 정전으로 TV 방송이 멈추리라 예측해서 미리 꺼 버립니다. 이후부터는 라디오가 중심이 됩니다. 허리케인이 상륙해서 지역이 폭풍권에 들어가면 가스와 전기 등의 라인도 멈춥니다." 허리케인이나 지진, 해일 등은 지구의 자연스런 운동일 뿐이다. 다만 그것이 전기와 가스, 고층빌딩, 고속도로 등과 마주칠 때 대참사를 일으키는 것이다. 그런 점에서 모든 재난은 문명이 초래하는 인재일 수밖에 없다. 그걸 막으려면 방법은 오직 하나! 미리 멈추는 것이다.

우리나라를 포함하여 선진국이 절대 하지 못하는 것이 이 점이다. 재난이 오기도 전에 멈추려면 엄청난 손해를 감수해야 한다. 해서 끝까지 버티다가 결국엔 빼앗기는 방식으로 재난을 겪는 셈이다. 쿠바는 이 점을 간파한 것이다. 더 중요한 사실 하나. 재난이 꼭 비극이기만 할까.

"대피자의 78%는 안전하다고 여기는 친구나 친척 집에 머물렀다. 이 연습을 통해서, 우선해야 할 사항과 물자의 적절한 분배 방법이 확실해질 뿐 아니라 정부와 협동하기 위한 사회관계자본도 축적하게 된다. 실제로 경험한 재해의 기억은 그것이 좋든 나쁘든 중앙정부의 기록보다도 오히려 피해자의 마음속에 또렷이 남아 있다. 지역공동체나 지방정부의 차원에서 지도만들기와 방재 훈련을 실시하면 과거의 기억을 둘러싼 논의들도 한층 더 왕성해진다. (······) 매년 각자가 맡은 역할의 기억을 새롭게 하고 상황 변화에도 능동적으로 대응할 수 있도록 준비하는 것이다."

{요시다 타로, 『몰락선진국 쿠바가 옳았다』, 207쪽}

　재난을 통해 사람과 사람이 연결되고 그것이 다시 신체적 능력이 되고 공동체의 자산이 된다는 사실. 생각만 해도 멋지다.

　이것이 바로 고양이의 낙법이다. 고양이는 아무리 높은 곳에서 떨어져도 다치지 않는다. 떨어지면서 무게중심을 유연하게 옮기기 때문이다. 무게중심은 확고해야 한다. 하지만 위기가 오면 유연하게 중심을 옮길 수 있어야 한다. 그것이 낙법의 진수다. 몰락의 시대에 필요한 기예도 이것이다. 평생 하나의 정체성만으로 사는 건 위험천만하다. 미래엔 수많은 직업이 사라지고 생겨날 것이다.

　가족관계도 재배치되어야 한다. 1인가구가 늘어나면 혈연을 넘어서는 건 물론이고 인간과 동물, 인간과 기계 사이의 가족도 탄생할 것이다. 따라서 한없이 유연해야 한다. '내가 왕년에' 같은 해병대식 어법이나 '이 나이에 뭘? 배울 만큼 배웠어~' 같은 꼰대식 담론은 치명적이다. 이런 화법 자체가 온몸을 경직시킨다. 경직은 비장함을 낳고, 비장함은 '원한과 자책'의 이중구속을 초래한다. 그러니 어깨에 힘을 뺄 것. 어떤 경우에도 유머를 잃지 말 것. 허리케인이건 금융위기건 혹은 그 어떤 모순이건, 자신이 맞서 싸우는 대상이 아무리 힘겹고 역겹더라도, "투사가 되기 위해서는 슬퍼야 한다고 생각하지 말라"(푸코, 「서문」, 들뢰즈·가타리, 『안티 오이디푸스』, 9쪽)는 푸코의 조언을 환기할 것. 진정 삶을 바꾸는 건 비장한 포즈가 아니라 "욕망과 현실"의 유연한 연결이기 때문이다.

* * *

요약하면 이렇다. 생명원리를 토대로, 두 발로 선 다음, 유연하게 유쾌하게 흘러가야 한다. 이것이 '부드러운 몰락'의 기예다. 개미와 매미가 겨울을 함께 날 수 있는, 차이와 감응의 경제학도 그때 비로소 가능하다. 자, 윤리적 워밍업은 여기까지. 이제 현대인의 희로애락, 생로병사를 주관하는 초월적 기호인 화폐와 맞짱을 뜰 때가 되었다. 화폐란 무엇인가? 화폐의 잠재력은 무엇인가? 화폐는 과연 영성과 조우할 수 있는가? 등등. 다음 장에서.

9장

화폐와 영성은 어떻게 조우하는가?

"편집증자가 사랑으로 열망하는 것은 전제군주의 몸만이 아니라, 또한 그것이 권력과 군집의 형식인 순간의 돈-자본의 몸 또는 새로운 혁명적 몸이다."
—— 질 들뢰즈＋펠릭스 가타리
(『안티 오이디푸스』, 김재인 옮김, 민음사, 2014, 602쪽)

오시마 나기사 감독, <감각의 제국>(1976)의 한 장면

전쟁의 상처는 끔찍하다. 하지만 전쟁이 끝나도 그 리듬과 강밀도는 신체에 '진한' 여운을 남긴다. 전투의 스릴, 살인의 추억을 재음미하고 싶어진다. 자본주의는 이런 욕망을 최대한 고양시킴으로써 신문명을 열어젖혔다. 시장은 늘 전쟁터고, 자본은 '거대한 남근'이다. 게임과 로또, 야동과 막장, 열광과 환호가 교차하는 일상의 배치는 '남근'에 대한 향수를 끊임없이 환기한다. 그래야 제대로 '살맛'이 나니까. 그 모든 중심에 화폐가 존재한다. 화폐라는 남근이 지배하는 '감각의 제국'이.

어두침침한 여관방, 두 남녀가 알몸으로 뒤엉켜 있다. 누워 있던 남자가 신음하듯 말한다. "사다, 내 목을 졸라줘." 여자가 무심하게 남자의 목을 조른다. 남자는 죽고, 여자는 칼로 남자의 성기를 자른다. 이불 위에 피가 흥건하다. 그 피로 시신 위에 이렇게 쓴다. "기치조, 당신은 영원히 나의 것!" 1970년대 일본열도를 떠들썩하게 했던 영화 〈감각의 제국〉의 대단원이다. 1930년대 도쿄에서 실제로 일어났던 사건을 바탕으로 했다. 당시 사다는 잘려진 성기를 들고 3일간 도쿄 시내를 배회하다 경찰에 체포되었는데, 그때까지도 그녀는 황홀경에 빠져 있었다고 한다. 대체 이 남녀는 사랑을 한 것인가? 서로를 열렬히 원했으니 일단 그렇다고 해두자. 그런데 왜 죽고 죽여야 하는가? 성기절단은 또 뭔가?

감각의 제국 — 화폐와 에로스

이 '하드코어 영상'에 대한 통상적인 해석은 이렇다. 대동아전쟁을 향해 달려가던 일본 군국주의의 파시즘적 광기를 포르노그래피로 형상화했다고 보는 것이다. 천황, 팔굉일우八紘一宇, 대동아공영권 등 그들이 내세운 기호가 그렇지 않은가. 대체 거기에 뭐가 있는가? 그저 '텅 빈' 기호일 뿐! 그럼에도 당시 일본인들은 그 기호를 향해 미친 듯이 달려갔고, 기꺼이 목숨을 던졌다. 이데올로기적 세뇌 때문만은 아니다. 중요한 건 그 '텅 빈 기호'들이 사람들의 신체를 격발시켰다는 사실이다. "히틀러가 파시스트들을 발기시킨"(들뢰즈·가타리) 것과 마찬가지로. 사다의 행로 역시 그렇다.

사다는 처음엔 기치조의 하녀였다. 기치조에게 봉사하다가 사랑하게 되고, 그 다음엔 그의 몸, 아니 그의 남근을 열렬히 원하게 되었다. 그러자 기치조의 몸 전체가 남근이 되었다. 삶을 창조하지도, 아이를 낳지도 못한 채 오직 남근이 주는 쾌락만이 목표가 될 때 두 남녀는 '죽음의 선'을 타게 된다. 기치조는 죽음을 욕망했고, 사다는 기치조의 성기를 열망했다. 다만 그뿐이다!

잔혹하게 묘사되었지만 상당히 익숙한 패턴이다. 전쟁의 상처는 끔찍하다. 하지만 전쟁이 끝나도 그 리듬과 강밀도는 신체에 '진한' 여운을 남긴다. 전투의 스릴, 살인의 추억을 재음미하고 싶어진다. 자본주의는 이런 욕망을 최대한 고양시킴으로써 신문명을 열어젖혔다. 시장은 늘 전쟁터고, 자본은 '거대한 남근'이다. 게임과 로또, 야동과 막장, 열광과 환호가 교차하는 일상의 배치는 '남근'에 대한 향수를 끊임없이 환기한다. 그래야 제대로 '살맛'이 나니까. 그 모든 중심에 화폐가 존재한다. 화폐라는 남근이 지배하는 '감각의 제국'이.

가장 위대하고 가장 허무한!

이 감각의 제국에선 자본이 신이고 이념이고 삶의 모든 것이다. 신들 중의 신 제우스도 이 정도의 지위에 오르지는 못했다. 하여, 이 제국의 신민들은 돈을 향해 달려갈 때는 더할 나위 없이 역동적이다. 80년대를 풍미한 한 시의 구절처럼 "화살이 되어 온몸으로" 간다! '접신'을 갈망하는 선무당의 포스가 느껴진다. 문제는 다음이다. 그래서 어떻게 살 건데? 라고 물으면 멍~해진다. 집·땅·차, 그리고 주식을 산다. 이건 다시 '접신'의 연속이니 답이라고 할 수 없다. 상품을 만들어 이윤을 확대하고, 기술을 개발해서 이윤을 확대하고, 주식을 사서 이윤을 확대하고… 계속 '돈 놓고 돈 먹기'에 대한 이야기뿐이다. 사다와 기치조가 여관방으로 들어간 뒤, 먹고 섹스하고 똥 누고 섹스하고 걷다 섹스하고 그랬던 것처럼.

그 다음은 물론 죽음이다. 아니, 죽음에 대한 충동이다. 화폐를 향해 달려가고 자본을 증식하는 과정까지는 놀랍도록 생산적이다. 모든 촉수를 돈의 흐름에 집중하고 어떤 고강도의 스트레스도 기꺼이 견디고 즐긴다. 언뜻 보면, '생생불식'生生不息 하는 천지의 순환과 닮았다. 차이는 딱 하나! 돈이 낳는 건 돈이지 생명이 아니라는 것뿐!

해서, 그 다음은 없다. 돈으로 타인의 '마음'을 얻을 수 있나? 자연과 소통할 수 있나? 죽음의 지혜를 터득할 수 있나? 자식을 내 맘대로 키울 수 있나? 오 노! 이건 우리시대가 그 증거다. 마음은 병들고 자연과는 불통이며 자기구원은 아득히 멀어졌다. 사방에서 돈타령이지만 살아보면 안다. 돈으로 되는 건 거의 없다는 것을. 돈 위의 돈, 화폐 중의 화폐, 자본! 위대하고 또 위대하도다! 하지만 '무한증식'이라는 레일을 벗어나는 순간 그것은 한낱 사물에 불과하다. 잘려진 남근이 그런 것처럼. 오, 이토록 허무할 수가!

약탈 아니면 절도

#삽화 1 : 우리나라 초딩의 꿈은 '빌딩임대업'이란다. '트랜디한'

빌딩을 물려받아 임대수익으로 외제차를 몰고 골프와 쇼핑을 즐기는 것이 최고라 여긴다는 것. 이건 상속이 아니라 약탈이다.

#삽화 2 : 연휴가 되면 직장여성들은 바쁘다. 성형외과로 원정을 가야 하기 때문이다. 연휴가 끝나면 그녀들은 전혀 '다른' 얼굴로 나타난다. 볼우물이 생기고 눈이 더 커지고 뱃살이 쑥 들어가고. 돈이 아주 많이 든다. 하지만 걱정없다. 왜? 얼굴이 예뻐지면 돈 많은 남자가 자신을 선택할 테니까. 역시 약탈의 일종이다.

#삽화 3 : 30대 여성이 악착같이 저축을 해서 1억을 모았다. 그 돈으로 은을 사재기했다. 조만간 세계경제가 나락으로 떨어질 때 은값이 폭등할 것이라는 예측 때문이다. 그녀가 노리는 건 폭등, 곧 차익에 대한 욕망이다. 약탈경제의 전형이다.(그녀는 이 은덩이를 지키느라 여행 한 번 변변히 가지 못하고 있단다. 헐~)

최근 거리에서 주워들은 돈에 대한 삽화들이다. 〈감각의 제국〉 못지 않게 '엽기적'이다. 경제가 어렵고 불안하니까 그런 것 아니냐고? 과연 그럴까. 『걸리버 여행기』에 나오는 장면이다. 걸리버가 말들이 다스리는 '후이늠의 나라'에 갔을 때다. 거기서 인간의 원시적 종족인 '야후'를 만난다. 그들에겐 특이한 점이 몇 가지 있었다. 먼저 먹이를 충분히 나누어 주어도 기필코 싸워서 한놈이 독차지하기를 원한다. 또 하나는 어떤 '빛나는 돌'에 대한 집착이다. 후이늠 하나가 실험 삼아 그 돌을 몰래 감추었다. 그러자 그 야후는 울부짖고 쥐어뜯고 하면서 먹지도 자지도 못했다. 다시 그 돌을 몰래 제자리에 묻어 놓자 이내 원기를 회복했다. 또 하나, 자기 집에서 제공해 주는 좋은 음식은 놓아두고 다른 곳에서 강탈해 온 음식이나 도둑질한 음식을 더 좋아한다.

보다시피 돈에 대한 욕망은 맹목이다. 돈으로 뭘 하려고 하는 것이 아니다. 그냥 좋은 것이다. 존재 자체만으로 좋다니, 진정한 사랑이다.^^ 그리고 그것은 약탈 혹은 절도와 결합될 때 더 큰 만족을 준다. 이미 소유한 것이 아니라 남에게서 빼앗을 때의 쾌감이 더 크다는 것. 쾌감과 약탈 사이의 은밀한 연대! 하여, 근대 이전에는 이 원초적 고리를 끊기 위한 윤리적·문화적 장치를 다각도로 마련해 두었다. 조선시대의 경우, 사대부는 부와 명예 가운데 하나를 선택해야 했고, 일본의 경우, 도쿠가와德川 바쿠후幕府는 '힘 있는 자는 녹을 적게, 녹이 있는 자는 힘을 적게' 하는 방식으로 재력과 권력을 분산시켰다. 하지만, 자본주의는 거꾸로 욕망의 다양한 흐름을 화폐 하나로 집중시킨다.

인트로에 언급했듯이, 자본주의는 '설탕지옥'에서 시작되었다. 사탕수수에 대한 욕망은 인디언들의 멸종과 흑인노예의 착취를 불러왔다. 즉, 서양인들의 미각이 착취와 학살을 낳았고, 그 위에서 '부의 빅뱅'이 일어난 것이다. 근대문명이 이룩한 가치들——민주주의, 자유와 평등, 휴머니즘 기타 등등—— 을 아무리 강조한다 한들 이 '시초축적'에 내장된 원죄를 상쇄하기란 불가능하다. 불교식으로 말하면 '업장 구만리'다. 그 결과, 야후가 지녔던 약탈과 절도의 쾌감이 모든 문명인들의 생리적 메커니즘이 되고 말았다. 그게 아니고서야 어떻게 하루아침에 수십, 수백조의 돈이 나타났다 사라졌다 하는 이 버블경제가 가능할 수 있으랴.

부의 절벽과 빚의 일상화

놀랍게도 부의 규모가 커질수록 격차는 더더욱 벌어진다. 알다시피, 세계 인구의 상위 1%가 나머지 99%보다 많이 가졌다고 한다. 이 정도면 격차나 차별이 아니라 절벽이다. 어떤 명분을 내세운다 한들 이건 약탈 경제가 아니고선 불가능하다. 아무리 대단한 능력을 가졌기로, 또 아무리 열정적으로 분투했기로 한 사람의 경제력이 수십억의 인구보다 뛰어날 수 있단 말인가? 어불성설!

그럼에도 소위 자본주의의 또 다른 짝인 민주주의는 이런 격차를 해소할 의욕도, 능력도 없어 보인다. 더 불편한 진실은 대중들 역시 이런 식의 격차를 '즐긴다'는 사실이다. 그래야 성공을 향해 달려가는 '맛'이 있기 때문이다. 언젠가 저 벼랑 위에 서고 싶다는 충동이 엔돌핀, 테스토스테론 같은 공격적 호르몬을 강력하게 분비한다. 그 짜릿함이 주식시장을 달구고, 부동산업, 대부업을 부흥시키는 것이리라.

소수가 부를 독점한다는 건 달리 말하면 다수는 빚에 허덕인다는 뜻이다. 전 세계가 다 채무에 시달리지만, 특히 우리나라는 개인부채가 무려 120조에 육박한다. OECD 23개국 평균보다 40%가량 높은 수준이란다. 전화 한통이면 제3금융권에서 즉각 돈을 빌릴 수 있다. 담보, 직업, 연령 등의 제한이 점점 낮아지고 있다니, 그야말로 박애와 평등이 구현되는 세상이다. 한마디로 '채무노예'를 양산하는 시스템인 것.

이런 점에서 보자면, 금융자본은 버블과 롤러코스터의 기묘한 조합이다. 모두가 버블자산을 향해 달려가도록 허파에 바람을 잔뜩 넣은 다음 미친 듯이 '널뛰기하는' 경주에 참여하게 하는 것. 그럴 경우 상하 양쪽 다 부를 통제하는 능력을 상실해 버린다. 부가 폭발적으로 증가할 때 그 리듬을 적절히 조율할 수 있는 부자는 없다. 속수무책으로 그 부의 파도에 휩쓸릴 따름이다. 그런 점에서 독점은 탐욕이자 무지의 소산이기도 하다. 채무에 허덕이는 대중들 역시 통제력이 없기는 마찬가지다. 전자가 태과라면 후자

는 불급이다. 태과는 불급만 못하다. 그러니 부자들에 대한 적대
감이 커지는 건 당연지사. 그럼에도 그것이 계급적 분노로 이어지
지는 않는다. 왜? 사람들이 원하는 건 공정한 분배가 아니라 이 현
란한 롤러코스터에서 '내가 승자가 되는 것'이기 때문이다. 이유
는 없다! 야후가 '빛나는 돌'에 대해 그랬던 것처럼.

절도에서 증여로!

손오공은 72가지 변신술에 근두운을 타고 여의봉을 휘두른다. 한
마디로 무소불위의 파워를 지닌 존재다. 한데, 그 다음에 그가 한
짓은? 하늘나라를 쑥밭으로 만들었다. 최고의 능력을 터득한 다
음에 하는 짓이 고작 '또라이짓'이라니, 야후의 후예답다! 천군들
의 힘으론 제압이 안 돼 결국 석가여래가 등장했다. 여래는 오공
이한테 경주를 제안한다. 근두운을 타고 죽어라고 달렸건만 부처
님 손바닥 안이었다. 여래의 압승! 이 게임의 의미는 간단하다. 유
위有爲가 극에 이르면 무위無爲와 마주치게 된다는 것, 유위법은 결
코 무위법을 이길 수 없다는 것.

절도 아니면 증여, 이것이 들뢰즈가 말하는 경제의 본질이다.
절도가 타자를 먹어 치우는 것이라면, 증여는 '타자가 되는' 것이

다.——'먹기'와 '되기'. 동일한 욕망이 방향만 바꾼 셈이다. 이것이 돈에 대한 우주적 이치다. 한 생명이 태어나려면 우주적 질료가 필요하다. 즉, 태어난다는 것 자체가 이미 하나의 절도다. 질량불변의 법칙 혹은 $E=mc^2$에 따르면, 이것이 생겨나려면 저것은 사라져야 한다. 곧, 나의 탄생은 누군가의 죽음을 전제로 한다. 영웅이나 천재, 미인들이 박명한 이유가 여기에 있다. 자연의 입장에서 보면 그들은 너무 많은 정기를 '훔친' 자들이다. 또 누구든 일단 태어나면 자립할 때까진 먹이고 입히고 가르쳐야 한다. 부모가 일차적으로 이 소임을 맡지만 그 이전에 천지자연의 서포트가 있어야한다. 그야말로 '무상원조'다. 자립을 한 다음엔 방향이 바뀐다. 이젠 내가 누군가를 먹여 살려야 한다. 그것이 우주가 생생불식하는 원리이자 모든 종교와 영성의 원천이다.

이런 이치에 따르면 존재는 생명을 유지하는 것만으로도 충분하다. 그 이상은 다 덤이고 잉여다. 당연히 순환시켜야 한다. 그렇지 않고선 생과 사의 경계를 관통할 수가 없다. 더 많이 가지려하고, 영원히 지속하려고 하는 것. 그것이 손오공이 간 길이다. 자연은 이런 욕망을 결단코 용납하지 않는다. 올림포스의 신들이 가장 미워하는 것, 『주역』의 64괘가 가장 경계하는 것은 하나같이 교만hybris이다. 꽉 채우려는 속성, 흐름을 멈추려는 양태 말이다. 교만은 파멸을 부른다. 로마제국이건 혹은 진시황의 통일천하건.

그런 점에서 자본은 교만의 극치다. 인류역사상 자연으로부터 이토록 '순수하게' 동떨어진 사회체는 없었다. 그러니까 부의 빅뱅에 성공한 것이리라. 특히 금융자본주의는 그 절정에 해당한다.

하나, 유위법은 결국 부처님 '손바닥 안'이다. 화폐는 시장을 욕망하는 이들에겐 'God of God'이지만 자연의 흐름 앞에선 하나의 물질에 불과하다. 약탈의 짜릿함 역시 극에 이르면 반대방향으로 선회한다. 인류학자 및 미래학자들이 하나같이 '소유의 종말', '소유에서 공유로!'를 외치는 것도 같은 맥락일 터, 앞으로 이런 담론은 더더욱 무성해질 것이다.

실제로 자본주의 역시 수많은 증여들로 이루어져 있다. 수조 원의 재산을 기꺼이 자식에게 넘겨주고, 수억의 연봉을 자식교육에 아낌없이 투자하고, 부모의 병원비를 벌기 위해 이주노동자가 되기도 한다. 그런데 왜 이런 행위들이 증여가 아니라 절도의 일종으로 느껴질까? 돈 놓고 돈 먹는 '홈 파인 회로'에 막혀 있기 때문이다. 핏줄과 핵가족이라는 굴레, '사적 소유'라는 견고한 성벽에 갇혀 있기 때문이다. 그래서 늘 비슷한 한계에 봉착한다. 준 사람은 억울하고 받은 사람은 부채감에 시달리는!

방법은 간단하다. 회로를 틀면 된다. 핏줄과 가족의 울타리를 넘어 내가 지금 맺고 있는 네트워크 전체로 시야를 확장하는 것이다. 돈이 우정이 되고 지혜가 되고 인생이 되는 길을 모색하는 것이다. 그럴 때 돈은 물이 된다. "만물을 이롭게 하면서도 다투지 않는"『도덕경』 물! 경제가 우주 혹은 영성과 마주치는 지점이다.

"자동차를 사다니, 바보 아냐?"

그러므로 증여는 기부와 다르다. 기부는 "얼마?"가 중요하지만 증여는 화폐와의 관계, 화폐에 대한 인식을 바꾸는 것이 핵심이다. 그래야 화폐와의 맞짱이 가능하다. 무척 어려운 일이다. 하지만 가장 쉬운 일이기도 하다. 왜냐면 여기에는 돈이 들지 않으니까. 내가 가진 최고의 자산인 '마음의 자리'만 바꾸면 되니까. 그래서 누구나! 언제나! 할 수 있다. 그것이 곧 '경제적(경제로부터의)' 자립이고 증여의 출발이다. 이것을 증명하는 징후들은 도처에서 발견된다. 오랫동안 저성장의 그늘에 있었던 일본의 젊은이들은 자동차에 대한 욕구가 거의 없다고 한다. "자동차를 사다니, 바보 아냐?" 이게 그들의 유행어란다. 산업자본주의가 노동에 올인했고, 전후세대들이 소비에 눈을 떴다면, 금융자본주의 이후엔 카드를 긁는 데 미쳤다. 하지만 지금 일본의 청년들은 소비기피세대가 되었다. 생활과 밀착된 의·식·주 소비에만 집중한다는 것. 지극히 당연하다. 그동안 발산만 했으니 이젠 수렴을 할 때가 된 것이다.

"'경제성장을 하지 않는 사회'를 재설계하는 것만이 우리 사회에 남은 유일한 해결책이다."——2012년 6월, 브라질의 리우데자네이루에서 열린 지구정상회담에서 우루과이의 대통령 호세 무히카가 한 연설이다. 그는 묻는다. "독일인 가정이 소유한 자동차 수만큼을 인도인 가정도 보유해야 한다면 이 지구는 어떻게 되겠습니까?" 답은 간단하다. 지구의 파멸이다.(히라카와 가쓰미, 『소비를 그만두다』, 206쪽) 그럼 어떻게 해야 하지? 소비를 멈추면 된다. 소비는 생필품이 아니다. 물건과의 교감도 아니다. 소비가 야기하는 건 오직 소유에서 오는 쾌감뿐이다. 사다를 미치게 한 기치조의 남근이 그런 것처럼. 이걸 멈추는 것만으로도 우리는 지구를 파멸로부터 구할 수 있다.

그런 점에서 소비로부터의 해방은 단순히 저성장의 그림자가 아니라 자본에서 생명으로의 대전환을 의미한다. "소비에 대한 욕망은 안정적이고 리드미컬한 생활 속에서는 고개를 들지 않는다." "소비욕은 상품 더미 속을 오갈 때 커지고 불규칙한 생활, 스트레스로 가득 찬 업무, 그리고 삐거덕대는 인간관계를 메우려 할 때 더욱 자극을 받아 커진다. 현대인의 과잉 소비는 과잉 스트레스에서 오는 공허감을 메우기 위한 대상행동이다."(히라카와 가쓰미, 앞의 책, 226쪽) 그래서 소비중독을 벗어난다는 건 일상의 리듬을 회복한다는 것과 같은 의미다. 의역학적으로는 '수승화강'이 가능한 신체가 된다는 뜻이다.

　가장 비싼 소비재는 아마도 주거공간일 것이다. 우리의 주거공간은 너무 비싸고 너무 크고 너무 폐쇄적이다. 집의 기준은 몸에 딱! 맞는가에 달려 있다. 공간이 너무 넓으면 '정기신'精氣神이 흩어져 버린다. 늘 공허함과 피로감에 절게 된다. 그러면 인테리어로 공간을 꽉 채운다. 이번엔 온갖 가구들의 기운에 눌려 기를 펴지 못한다. 그 스트레스를 물건들로 메우다 보면 집은 어느새 쓰레기더미로 꽉 차 있다. '저장증후군'이라는 질병의 출현이 그 단적인 증거다.

　쿠바의 '집짓기 에코 프로젝트!'가 세계인의 이목을 끌게 된 것도 그 때문이다. 쿠바는 많은 사람들이 변변치 못한 집에서 생활하고 있다. 하지만 적어도 홈리스는 한 사람도 없다. 부동산업 자체가 없기 때문이다. "토요일 아침이 되면 쿠바 속어로 '페르무타'라 불리는 물물교환을 통해 새로운 집을 찾으려는 시민들이 카피토리오에서 아바나만을 향해 난 큰길인 파세오데르프라도에 모여든다. 1959년 혁명 이래 과거 40년간 건설된 주택은 260만 호. 그 가운데 50만 호는 이러한 주민 스스로의 노력에 의한 것이다." 그 중 16만 호가 정부와 공동으로 지은 것이고 4만 8천 호는 각자 지은 집이다.[요시다 타로, 『몰락선진국 쿠바가 옳았다』, 83쪽] 부동산 투기가 일상화된 우리나라에선 불가능하다고? 그럼 일단 '집이란 무엇인가?'를 생각해 보자. 집은 '사는'buying 것이 아니라 '사는' living 것임을 환기하라. 또 삶이란 결국 신체와 일상의 리듬을 지키는 것임을. 이것을 망각하는 순간 둘 중 하나가 된다. 하우스 푸어가 되거나 아니면 저장증후군 환자가 되거나.

증여는 '운명'이다!

앞서도 말했지만 명리학의 십신十神이란 개념은 인생을 주도하는 열 개의 운동에너지를 지칭하는데, 그 가운데 '겁재'劫財라는 항목이 있다. 말 그대로 '재물을 약탈해 가는 존재'라는 뜻이다. 육친六親으로 풀면 형제, 동업자, 친구, 남편의 여인, 아내의 남자 등이 거기에 해당한다. 그럼 이 운을 타고난 이들은 늘 재물을 약탈당할 테니 참으로 흉하지 않겠는가. 그렇긴 한데, 반전이 있다. 겁재는 재물을 털어 가는 대신 내 명줄을 튼튼하게 해준다. 이건 또 뭔 소리? 겁재가 많다는 건 내가 관장하는 재산(혹은 능력)이 그만큼 많다는 뜻이다. 뜯어갈 게 있어야 겁재들이 몰려오지 않겠는가? 해서, 겁재에 둘러싸여 있으면 고단하긴 하지만 훨씬 긴장된 삶을 살게 된다. 그래서 나를 살리는 기운이라 하는 것이다. 그렇기 때문에 큰 부자가 되려면 오히려 겁재가 있어야 한다는 명리학적 임상이 도출된다. 요컨대, 부를 일구려면 많이 뜯겨야 한다는 뜻. 오호, "인생 도처유반전!"이라더니, 이런 걸 두고 하는 소린가 보다.

아닌 게 아니라 우리는 겁재들로 둘러싸여 있다. 좀 잘나간다 싶으면 사방에서 가족, 친지가 몰려든다. 혹은 갑자기 새로운 파트너가 생겨 돈이 빠져나가기도 한다. 한데, 다시 생각해 보면, 그게 돈을 버는 목적이 아닐까. 돈을 버는 이유는 자립이 첫째지만 그 나머지는 다 관계를 위해서다. 친구를 만나고 아이를 낳고 회사를 차려 사람들을 거느리고… 기타 등등. 그게 바로 겁재다. 그러므로 겁재운이란 수많은 사람들과 관계를 맺고 싶다는 욕망의 발로다. 사람을 만나려면 당연히 재물을 써야 하지 않겠는가. 만약 뜯기고 싶지 않다면 방법은 간단하다. 재물을 모으지 않으면 된다. 그러면 내가 누군가를 뜯어먹게 된다. 그게 더 좋은가? 절대 그렇지 않다. 누구든 뜯기고 싶지 뜯어먹고 싶지는 않다. 겁재운을 자연스럽게, 당당하게 수행하면 그게 곧 증여다. 고로, 증여는 운명이다! 실제로 이 끔찍한 버블경제 속에서도 조건 없는 증여를 수행하는 이들이 있다. 자본주의는 영혼까지 먹어 치웠지만 그렇다고 뿌리까지 잠식하지는 못했다. 그게 유위법의 한계다. 손오공이 여래를 결코 이길 수 없는 것과 같은 이치다.

①우루과이 대통령 무히카는 일하는 사람들에게 대통령궁을 양도하고 자신은 작은 오두막에서 산다. 대통령 월급의 90%를 무

주택자를 위한 집짓기에 기부했다. 그는 말한다. "우리의 돈은 우리가 말하는 것을 실천하는 데 써야 한다." 겁재의 운명을 기꺼이 즐기고 있는 것이다. 놀랍기는 하지만 극히 자연스럽기도 하다. 그가 잃은 것은 없다. 오히려 전 세계인의 마음을 얻었으니 '돈의 용법'으론 최고다.

②"친구 중에 돈은 통 벌지 않고 그림만 그리는 화가가 있다. 그의 생활이 하도 신기해서 '넌 그러고도 잘도 산다. 어떻게 생활비를 충당하냐?'라고 물어본 적이 있는데, 대답이 재미있었다. '히라카와, 돈을 빌리지 말고 그냥 받아. 힘들 때 1만 엔쯤 주는 친구가 10명만 있으면 버틸 수 있어.' 그 비결의 핵심은 '빌리지' 않고 '받는 데' 있었다. 생각해 보면 승려들의 탁발 같은 방식이다."(히라카와 가쓰미, 『소비를 그만두다』, 191쪽) 그렇다. 모두가 부자가 될 필요는 없다. 중요한 건 돈을 잘 '돌리면' 된다. 하여, 잘 '받는' 것도 증여다! 증여의 소용돌이를 일으키는 데 적극 참여했으므로.

③빌 게이츠, 스티브 잡스, 팀 쿡, 마윈, 마크 주커버그. 이들은 '슈퍼리치'다. 평범한 서민에서 어느 날 문득 전 세계 상위 1%에 들어간 존재들이다. 전통적인 부르주아라기보다 생산방식 및 삶의 형식을 혁신하는 선도자에 가깝다. 마윈은 말한다. 자신의 성공비결은 세 가지라고. "돈이 없고 기술이 없고 계획이 없었다!" 이거야말로 노마드 아닌가. 소크라테스와 대화할 수 있다면

모든 부를 기꺼이 포기하겠다던 스티브 잡스. 그의 패션은 성직자보다 더 소박했다. 빌 게이츠는 기부의 달인이자 책전도사다. 자신을 키운 건 '팔할이 도서관'이라고 말한다. 한편, 애플의 CEO 팀쿡은 동성애자다. 조카의 교육만 마치면 전 재산을 사회에 환원하겠다고 선언했다. 마크 주커버그는 첫아이의 탄생 기념으로 주식의 대부분을 기부하기로 했다. 그런가 하면, 자신의 연봉 12억여 원을 90% 삭감해 전 직원의 최저 연봉이 8천만 원이 되게 한 CEO도 있다. 이 모든 예들은 자본주의 원칙을 무너뜨린 경우에 속한다. 물론 그럼에도 자본주의 시스템엔 어떤 타격도 입히지 못했다. 그렇다고 절망할 필요는 없다. 그것은 이들이 하는 어마어마한 액수의 기부나 보통사람의 증여나 큰 차이가 없다는 뜻이다. 그러니 얼마나 공평한가!

④ 일본의 유명기업인 이나모리 가즈오稻盛和夫 교세라京セラ그룹 명예회장은 이렇게 말한다. "자본과 기술력만으로 회사를 경영할 수 없다. 가장 중요한 건 사람의 마음이다." 그래서 '이윤 중심' 경영에서 '필로소피 경영'으로의 전환을 시도했다. 누군가 물었다. "앞을 내다볼 수 있는 비결이 무엇인가?" "미리 예측해 거둔 성과가 아니다. 엄청난 천재가 아니면 미래를 정확히 예측할 수 없다." "자벌레처럼 지금 일을 한 걸음 한 걸음씩 충실히 나아갈 때 비로소 자연스럽게 앞이 보인다." 그의 경영원칙 중에 이런 항

목이 있다. "직원이 경영자에 반하도록 마음을 얻어라. 비전을 높이 내걸라. 경영자는 철학을 배우고 그릇을 키워라." 또 전 조직을 아메바식으로 운용한다. 다시 말해 조직을 아메바처럼 소집단으로 나누어 현장직원이 전원 참가하는 방식을 시도한다.(「기술력만으론 안 돼… 직원들 마음 잡아야 1+1=10 된다」, 『중앙일보』 2015년 9월 24일자 기사) 들뢰즈가 말하는 분자운동 혹은 리좀을 연상시킨다. 이 정도의 철학이라면 회사라기보다 거의 수행처라고 해야 하지 않을까. 그렇다. 감옥에서도 깨달음을 얻는데 하물며 직장에서랴! '버블'의 한가운데서 자신을 지키고 삶을 돌보는 철학이 가능하다면 그것이 곧 증여다! 물질에서 정신으로, 유형에서 무형으로의 도약, 증여란 무엇보다 그런 것이기 때문이다.

화폐와 영성, 그 '돌연한' 마주침!

장주가 가난하여 감하후에게 곡식을 빌리러 갔다. 감하후는 머지않아 백성들에게 세금을 거둬들이면 삼백금쯤 주겠노라고 호언을 했다. 그러자 장주가 발끈했다. 곡식 한 말이면 되는데 웬 삼백금? 주기 싫으면 싫다고 할 것이지. 장자가 돌직구를 날린다. "제가 이리로 올 때 도중에 부르는 자가 있었습니다. 돌아보니 수레

바퀴 자국에 붕어가 있더군요. 붕어가 말하길, 약간의 물만 주면 살아날 거 같다고. 그래서 내가 말했죠. 오월의 왕에게 가서 촉강의 물을 밀어 보내주지. 그러자 붕어가 발끈 화를 내며 지금 내가 필요한 건 한 되의 물인데, 그렇게 말하다니 차라리 나를 건어물전에서나 찾으시오!"

이것이 장자식 경제학이다. 중요한 건 돈의 액수가 아니다. 지금 당장 생명을 살리고 삶을 창안할 수 있는가, 핵심은 그것이다. 화폐에 중독되면 이 지점에서 맹목이 된다. 현장이 보이지 않고 돈의 액수, 화폐의 규모만 보이기 때문이다. 그때부터 화폐가 생명을 잠식하기 시작한다. 그러므로 이 지점에서 멈춰 서는 것, 그것이 증여의 출발이다. 과격할 것도, 급진적일 필요도 없다. "내가 왜 이토록 돈을 열망하지?"라는 질문 하나면 족하다. 대신 집요해야 한다. 그러면 곧 화폐의 왕국이 선사하는 '거대한 허무'와 마주하게 될 것이다. 그 순간 슬그머니 발을 빼면 된다. '슬그머니'가 중요하다.

지금까지의 모든 혁명은 너무 과도하게 피를 흘렸다. 자본이 오직 '무한증식'에만 매달린 것처럼, 혁명 또한 단숨에 자본의 숨통을 끊으려 했다. 하지만 그것은 '미션 임파서블'이다. 자본이 위대하고 거창해서가 아니다. 자본의 거처가 다름 아닌 사람들의 몸과 마음이기 때문이다(프랑스 68혁명 이후 들뢰즈·가타리가 욕망을 생산과 혁명의 준거로 삼았던 것도 그런 맥락이다). 그러니 그런 식의 무모한 전략은 이제 그만! 슬그머니, 또 경쾌하게! 피를 부를 것도 없고 영웅이 될 것도, 희생양이 될 필요도 없다. 다만 신체적 동선, 마음의 파동을 바꾸면 된다. 화폐를 열망하지 않는 신체들이 자꾸 늘어난다면, 그것이 자본에는 치명타가 될 것이다. 또 화폐를 열망하지 않고도 태평하게 살아갈 수 있다면, 글로벌 경제의 요동에도 아무런 동요없이 살아간다면, 이보다 더 '과격한' 혁명이 있을까? "니가 깜짝 놀랄 만한 얘기를 들려주마, 나는 별일없이 산다"는 장기하의 노랫말처럼. 화폐와 영성이 마주치는 지점도 바로 여기다.

궁즉통窮則通, 통즉변通則變이라 했던가. 그 다음엔 저절로 무소유無所有, 무주상보시無主相布施, 무외시無畏施 등 인류가 수천 년 동안 가꾸어 온 영적 매트릭스에 접속하게 될 것이다.(구체적 내용은 고미숙, 『돈의 달인 호모 코뮤니타스』를 참조.) 왜? 그것이 약탈과 절도의 블랙홀을 통과할 수 있는 유일한 길이기 때문이다. 화폐보다 매혹적이고 쾌락보다 더 강렬한 '인터스텔라'! 자본이 탐진치貪瞋癡의 순수한 발로라면, 영성은 탐진치에 대한 역동적 거부다. 이 양극단의 '돌연한' 마주침이 가능하다면, 누구든 약탈에서 증여로의 대선회가 일어날 것이다. 사다가 기치조의 남근에서 벗어나는 길 또한 거기에 있다, 고 나는 믿는다!

10장

백수는 미래다!

"길은 무한하다.
아무것도 뺄 수 없고, 아무것도 더할 수 없다."
──── 프란츠 카프카
(『죄, 고통, 희망, 그리고 진실된 길에 대한 관찰』, 신교춘 옮김,
실천문학사, 1997, 28쪽)

파울 클레, 「미래의 사람」(Future Man), 1933

핵심은 노동에 대한 표상의 전복이다. 죽도록 일해서, 혹은 남들보다 폼나는 일을 해서 더 많은 화폐로 보상받는 것은 무의미하다. 그것은 과로사 아니면 공황장애, 나아가 인격파탄에 이르는 코스다. 그것이 어찌 해방이고 혁명일 수 있으랴. 따라서 이제 노동은 생명의 차원에서 다시 규정되어야 한다. 마르크스의 비전과 에도시대의 프리타를 넘어 장자의 '신생'을 구현하는 것, 인류에게 남은 최후의 혁명은 오직 이것뿐이다. 그리고 그 혁명의 주체는 백수다. 고로 백수는 미래다!

드디어 마지막 장이다. 몸과 우주, 그리고 정치경제학. 낱말 하나하나는 평범하기 그지없다. 하지만 이 낱말들이 서로 연결되는 순간, 좀 뜨악해진다. 한 번도 서로의 이웃항이 되어 본 적이 없기 때문이다. 사유의 강물이 어떻게 흘러왔는지 잘 모르겠다. 다만 몸이 됐건 우주가 됐건, 혹은 정치경제학이 됐건 그 모든 것의 회향처가 나 자신이라는 것만은 분명하다.

"자기 스스로에게 진실한 것이 정말 중요하다. 자기 스스로에게 진실할 수 있으면, 여러분은 어느 누구와도 진실해질 수 있다. 여러분은 자기 자신에게 온 마음으로 진실할 수 있는가? 모든 비난을 넘어서, 모든 분별을 넘어서, '해야 한다' 혹은 '해서는 안 된다' 따위를 넘어서 그 경지에 다다를 수 있는가?"(아디야샨티, 『깨어남에서 깨달음까지』, 정성채 옮김, 정신세계사, 2011, 94~95쪽)

하여, 마지막 주제는 나 자신이다. 나의 몸과 나의 우주, 또 나의 정치경제학에 대해 말해 보겠다.

나는 백수다!

나는 백수다. 박사학위를 가진 중년백수다. 고전평론가에 인문학자 아니냐, 고 반문하겠지만 그건 직업군에 속하지도 않거니와 정규직과는 거리가 멀다. 게다가 나의 백수경력은 연원이 아주 깊다. 1984년, 대학을 졸업했으나 갈 곳이 없었다. 간신히 작은 잡지사에 들어갔지만 월급을 주지 않는 곳이었다. 3개월 만에 때려치우고 대졸백수로 떠돌다 좀 큰 출판사에 들어갔다. 아침 9시에 출근하여 종일 교정지만 쳐다보다가 6시가 땡! 치면 벌떡 일어나 퇴근하는, 마치 카프카의 소설을 연상시키는 그런 회사였다. 8개월쯤 다니다 역시 때려치우고 대학원 진학으로 방향을 틀었다. 결국 정규직 진입에 실패한 셈이다. 전공을 바꾼 탓에 대학원 진학도 만만치 않았다. 한 달 동안 4·19탑 근처에 있는 대학의 도서관에서 하루 열두 시간씩 시험준비를 했다. 간신히 통과했지만 입학하자마자 부모님이 빚보증을 잘못 서는 바람에 집안이 풍비박산이 났다. 한 학기만 다니고 관둘 생각이었는데, 희한하게도 매학

기 등록금이 어디선가 굴러 왔다. 취업은 그렇게 기를 써도 안 되
더니만 학업은 그닥 애를 쓰지 않았는데도 박사과정까지 무사히
마쳤다. 천지신명이 도왔다고밖에는 달리 할 말이 없다.

그렇게 나의 학창시절은 끝났다. 남은 길은 오직 하나! 교수
가 되어 대학에 다시 진입하는 것. 나름 분투했지만 장벽이 너무
높았다. 어느 순간, 이제 그만두라!는 내면의 목소리가 들리기 시
작했다. 계속 이렇게 임용에 목을 매다간 심신이 다 파산할 것 같
은 예감이 들어서다. 공교롭게도 그 즈음 결혼생활을 접었다. 취
업과 결혼, 두 사건은 아무 관련성이 없다. 한데, 40대를 앞두고 두
사건이 동시적으로 일어난 것이다. 돌이켜 보면 그때 나는 소위
'출가'를 한 것 같다. 머리를 깎고 산으로 들어갔다는 뜻이 아니라
가족과 직업이라는 두 가지 표상에서 탈주했다는 뜻에서다.

갑자기 '한소식'한 거냐고? 아니다! 그저 욕망의 새로운 출구
를 발견했을 뿐이다. 자유롭게 읽고 쓰고 먹고 걷고… 한마디로
생명주권에 대한 열망이 솟구친 것이다. 누구든 이런 삶을 원할
것이다. 다만 그 출구를 찾지 못했거나 찾으려 하지 않을 뿐이다.
나는 운이 좋았다. 주변에 나 같은 처지의 친구들이 좀 있었고, 그
들 덕분에 '수유연구실'이라는 네트워크가 자연스럽게 만들어졌
다. 단연코 영적 계시나 실존적 결단 따위는 없었다. 그냥 '몸이 가
는 대로' 했을 뿐이다. 그 이후 지금껏 백수로 살고 있다.

작가로 '잘 먹고 잘 살지' 않느냐고 묻고 싶겠지만 그건 아주 최근의 일이다. 백수로 살다 보니 그 길이 생긴 것이지 작가가 되기 위해 백수가 된 것도 아니다. 불안과 시기심에 사로잡히지 않았다면 거짓말이고, 거기에 더해 왜 나는 번번이 취업에 실패할까? 그 정도로 내가 덜떨어진 걸까? 라는 근원적 회의에 사로잡힌 적도 많았다. 불안과 질투, 운명적 열등감, 이런 데 사로잡혀 있으면 일상이 엉망이 된다. 아무리 근사한 이미지나 명분으로 포장해도 소용이 없다. 그럴 땐 일단 그 회로에서 벗어나야 한다. 자발적 백수가 된다는 건 그런 의미다. 정규직의 치열(아니 치사)한 전선에서 도주한 백수, 그들에겐 이제부터 '사는 것'이 직업이다. 직업 따로 인생 따로가 아니라 삶을 '통째로!' 살아야 한다. 그리하여 마침내 '인생의 고수'가 되는 것, 그것이 백수의 길이자 일이다.

나의 운명 사용설명서

삶은 '활동과 관계'로 압축된다. 공부방을 열었으니 두 가지는 충족되었다. 아침에 눈을 뜨면 갈 곳이 생겼고, 거기에 가면 세미나와 강좌, 식사와 산책, 기타 등등이 가능하다. 삶의 기본리듬을 지킬 수 있게 된 것이다(지금이라면 굳이 이렇게 공동체를 따로 만들 필요도 없다. 마을마다 도서관과 공부방이 넘쳐나고 있으니 거기를 발판으로 네트워크만 하면 된다). 물론 그게 다는 아니다. 돈도 돈이지만 그보다 더 심층적인 문제가 있다. 계속 이렇게 살아도 되나? 하는, 인생의 비전에 대한 회의가 그것이다. 이걸 해결하지 못하면 비록 돈문제가 해결돼도 떳떳하게 살아갈 수가 없다. 그 회의에서 벗어나게 된 건 니체와 연암, 루쉰 같은 수많은 스승들 덕분이지만 무엇보다 동양의역학이 결정적이었다.

40대 중반『동의보감』을 통해 의역학에 입문하게 되었다. 의학은 나의 체질과 질병에 대해 알려 주었고, 역학은 내 운명의 지도를 그려 주었다. 내 사주에는 식상과 재성이 없고, 비겁과 관성, 인성으로 구성되어 있다. 식상이 없으니 말과 밥, 자식복을 타고나지 못했고, 재성이 없으니 취업과는 인연이 희박하다. 설령 취업이 된다 해도 오래 견디기 어려운 팔자다.

한데, 이것들이 부재하는 이유는 내 욕망의 벡터가 비겁과 관성, 인성으로 흐르기 때문이다. 인성은 공부운이고, 비겁과 관성은 사람들에 대한 욕망이다. 그랬다. 나는 사교성이 없고 몹시 불친절한 캐릭터다. 그럼에도 어린 시절부터 늘 친구가 많았다. 어딜 가건 사람들을 모아 어떤 활동을 조직하곤 했다. 그럼에도 운동권에 들어가지 않은 건 타고난 소심함도 있지만 인성, 곧 공부운이 더 강렬했기 때문이다. 집안이 풍비박산이 났는데도 박사과

정까지 무사히 마칠 수 있었던 비밀이 드디어 풀린 것이다.

수유연구실을 만들 때 '몸이 가는 대로' 했다는 것도 이런 맥락이다. 그때 나를 움직인 건 이념이나 명분이 아니었다. 본능적인 자발성이었다. '관인상생'이라는 팔자를 한마디로 줄이면 '지식인공동체'가 된다. 그렇게 나는 내 운명, 아니 내 무의식의 심층을 읽어 버렸다! 그 순간 나는 사회적 표상이 부여한 각종 콤플렉스에서 해방되었다. 그렇다! 백수는 나의 운명이었다! 그때부터 나는 떳떳하게 백수생활에 진입했다. 운명을 더 능동적으로 활용하게 된 것이다. 그에 대한 중간 리포트로 냈던 책이 『나의 운명 사용설명서』다.

한데, 2008년 이후 갑자기 세상이 바뀌었다. 청년백수, 중년백수, 정년백수 등 바야흐로 '백수의 시대'가 도래한 것이다. 그와 더불어 백수에 대한 담론들이 쏟아져 나왔다. 부분적으로 맞지만 대개는 틀렸다. 담론의 배치를 약간만 틀어도 수많은 길이 열릴 텐데… 하는 목소리들이 자꾸 내 안에서 웅성거리기 시작했다. 그것이 몸과 우주, 그리고 정치경제학이라는 이 낯선 조합을 탄생시킨 배경이다.

모든 노동은 소외다!

한 매체에 따르면 전국 판사의 1인당 한 해 사건 처리 건수는 579
건(2013년 기준)이라고 한다. 이게 무슨 의미일까? 간단하다. 판
사도 과로사하는 시대라는 것. 대한민국에서 판사가 되려면 영재
에다 모범생이어야 한다. 이런 코스를 밟아 최상의 정규직에 진입
했으면 남들보다 '잘 살아야' 하는 거 아닐까? 그런데 과로사를 걱
정해야 하는 처지라니, 뭔가 이상하지 않은가. 판사는 공직이라서
그렇다 치고 의사는 또 어떤가. 페이닥터의 고달픔이야 말할 나위
도 없고, 운이 좋아 병원을 차린 경우도 대개는 경영난에 허덕인
다. 한해 동안 폐업이 가장 많은 직종이 병원이라고 하지 않는가.
증권맨이나 금융인의 상황도 위태롭기는 마찬가지다. 내 주변의
상류층은 주로 교수다. 교수가 된 다음에 경제적·학문적으로 더
여유로워진 경우를 거의 보지 못했다. 더 팍팍해졌을뿐더러 웬일
인지 다들 부채에 허덕인다. 이게 진정, 성공의 실체인가? 수많은
경쟁률을 뚫고 거기까지 올라갔으면 남들보다 더 충만한 삶을 살
아야 하지 않는가?

　화폐가 무능한 건 그 지점이다. 살아 있는 한 누구나 일을 한
다. 한 드라마의 대사처럼, 살아 있으면 '뭐라도 해야 하는' 거다.
거기에는 일과 몸, 일과 날, 일과 인생 등이 파동처럼 연결되어 있

다. 화폐는 그 연결고리를 싹둑! 잘라 버린다. 죽도록 노동에 헌신하게 하고 그 대가로 상품과 쾌락의 황홀경을 선사한다. 해서, 일을 하면 할수록 삶으로부터 멀어진다. 실상이 이렇다면 정규직과 비정규직, 상류층과 하층민의 차이가 대체 무슨 의미란 말인가. 하여, 들뢰즈·가타리는 말한다. 자본주의체제하에서 계급은 오직 하나, 부르주아지뿐이라고. 그때 부르주아는 "비길 데 없는 노예상태, 전례없는 종속"을 설정한다. "더 이상 주인조차 없으며, 지금은 다만 다른 노예들에게 명령하는 노예들만 있을 뿐이다. 더 이상 밖에서 동물에게 짐을 지울 필요가 없으며, 동물 스스로 짐을 진다. (……) 부르주아는 자기의 향유와 아무 관련도 없는 목적들을 위해 잉여가치를 흡수한다."(들뢰즈·가타리, 『안티 오이디푸스』, 428~429쪽) 더 중요한 건 이런 배치하에서라면 계급을 넘어 어떤 노동도 삶의 진면목과 연결되지 못한다는 사실이다. 직종이 뭐건 연봉과 연금이 얼마건 간에. '잃은 것은 충만함이고, 얻은 것은 화폐뿐'인 직업, 거기에 인생을 올인하는 한, 우리시대의 모든 노동은 소외다!

디지털은 백수를 갈망한다!

주지하듯, 산업혁명 이후 노동은 분업화, 파편화되었다. 찰리 채

플린의 〈모던 타임스〉가 잘 보여 주듯, 현대인에게 노동이란 부속품을 만드는 것에 한정된다. 동시에 중세의 도제제도에서와 같은 완제품의 창조라는 정신적 만족이 사라진다. 이것을 감수하면서까지 분업을 선택한 건 대량생산을 위해서다. 그 결과 모든 사람은 노동의 소외를 숙명처럼 감수하게 되었다. 이제 노동은 오직 노동시간과 임금의 관계로 환원된다. 일한 만큼 받는 것이 소외의 극복이라고 간주하는 것이다. 물론 난센스다. 거기에는 노동자의 신체성, 그리고 창조적 기쁨에 대한 고려가 생략되었다. 체질이 다르듯이 일에 대한 감각이나 만족감도 다 다르다. 그것을 균질화하여 동일한 부속품을 만들게 하는 것은 그 자체로 소외다.

디지털은 그나마 육체노동의 회로마저 지워 버렸다. 터치 아니면 파일 작성이 대부분이다. 육체노동의 고단함에서 해방되었지만, 이제는 거꾸로 육체적 에너지를 발산할 장이 없다는 모순에 직면했다. 과로해서 기진맥진하는 것도 문제지만 기운을 제대로 쓰지 못한 채 저녁을 맞이하는 것도 문제다. 과격한 회식과 쇼핑이 없이는 잠들지 못하는 것도 그 때문이리라. 하루종일 터치만 하면서, 또 서류작성만 하면서 삶을 긍정하기란 불가능하다. 정보화가 가속화되면서 불가피하게 겪어야 하는 이 소외는 CEO에서 알바생까지 다 겪어야 하는 시대적 숙명이다. 80년대엔 노동해방을 위한 기본조건이 노동시간의 단축과 주 5일제였다. 그것이 이루어지면 노동자가 자기 삶을 창조적으로 영위하리라 믿은 것이다. 하지만 지금 그렇게 생각하는 사람은 아무도 없다. 임금격차도 문제지만, 일과 신체, 일과 삶의 불일치라는 근원적 소외가 더더욱 심화된 탓이다.

게다가 현대의 상품은 거의 다 시장을 인위적으로 창출하고 욕망을 과도하게 끌어내야만 한다. 꼭 필요한 것이 아니라는 뜻이다. 필요하지 않은데 파는 것을 서비스업이라고 한다. 서비스업에 종사하게 되면 계속 사람을 속여야 한다. 속이는 정도가 아니라 현혹시켜야 한다. 이것을 감정노동이라고 한다. 감정노동은 착취의 더 심오한 단계에 해당한다. 남을 속이면서, 아니 자신의 영혼을 기만하면서 잘 살아갈 수 있는 인간은 없다.

어디 그뿐인가. 앞으로 인공지능의 시대가 열리면 대부분의 노동은 기계가 담당하게 될 것이다. 그럼 이제 인간은 무엇을 해야 하나? 구경꾼이 되거나 소비자가 되거나! 기계화와 더불어 덮쳐오는 쓰나미가 또 하나 있다. 여러 번 언급했듯이 저출산이 그것이다. "인구란 기업에게는 시장 그 자체이며, 이익의 원천이다. 인구감소는 시장의 축소를 뜻한다. 인류는 역사상 한 번도 그 같은 사태를 경험하지 못했다. 지금 같은 추세라면 다음 한 세기 동안 주식회사라는 존재는 아예 자취를 감추게 될지도 모른다."(히라카와 가쓰미, 『소비를 그만두다』 참조) 주식회사가 사라질 정도면 다른 직업군이야 말해 무엇하리. 이미 50대 명퇴자들은 차고 넘친다. 이들은 향후 2,30년을 백수로 살아야 한다.

마지막으로 디지털은 유동한다. 이 유동성은 물질에 한정되지 않는다. 사람들의 마음 또한 사방으로 흘러간다. 일자리 창출이 시대정신이라고 외치지만 이직률은 엄청나다. 이건 대체 무엇을 의미할까? 이제 하나의 직장, 한 가지 노동에 머무르는 시대는 지났다는 사실이다. 결국 디지털은 직업과 비직업의 경계조차 지워 버릴 것이다. 이 말은 백수가 모든 사람의 실존적 상태가 될 것이라는 의미이기도 하다. 디지털로 인해 직업이 해체되는 흐름과 직업의 궤도에서 기꺼이 일탈하고자 하는 흐름. 이 시대적 '파도타기'에서 추방과 탈주를 분별해 내기도 쉽지 않다. 그럼에도 한 가지 사실만은 분명하다. '디지털은 백수를 갈망한다!'는 것.

노동, 생명의 존재형식

1. "나는 감옥 독방에서 노동시간 제로인 나날도 많이 보냈습니다. 창살 밖으로 봄볕을 받은 마당에 파릇파릇 봄 싹들이 돋아나는 걸 바라보고 있으면 호미 들고 일하고 싶은 생각이 간절합니다. 장자의 신생神生입니다."(신영복, 『담론』)

2. "아무도 하나의 배타적인 활동의 영역을 갖지 않으며 모든 사람이 그가 원하는 분야에서 자신을 도야할 수 있는 코뮌주의 사회에서는 사회가 전반적 생산을 규제하게 되고, 바로 이를 통하여, 내가 하고 싶은 그대로 오늘은 이 일, 내일은 저 일을 하는 것, 아침에는 사냥하고 오후에는 낚시하고 저녁에는 소를 치며 저녁 식사 후에는 비평하면서도 사냥꾼으로도 어부로도 목동으로도 비평가로도 되지 않는 일이 가능하게 된다."(칼 마르크스, 『독일이데올로기』)

3. 일본의 중세인 에도시대의 경우, "순수한 에도 토박이는 대부분 일자리를 가지지 않고 있었고, 기혼자조차 생계가 곤란해지면 장작패기 등을 해서 하루 일당을 벌며 지냈다. 게이오 3년에 미야마스 거리에서 세대주의 직업을 조사했는데, 172명 중 69명인 40%가 일용직, 즉 프리타였"다. 사무라이들의 근무시간은 오전 10시부터 오후 2시까지. 그럼에도 문화생활은 충분히 누렸다. 이것이 가능했던 것은 오두막집일망정 월세가 목수의 일당 정도이고, 서당 수업료도 일당의 3분의 1 정도였기 때문이다.(요시다 타로, 『몰락선진국 쿠바가 옳았다』 참조)

모든 노동이 소외라면, 누구든 이 소외와의 전투를 벌여야 한다. 척도는 간단하다. '생명의 존재형식'으로서의 노동이 그것이다. 마르크스가 꿈꾼 노동해방도 이 비슷한 맥락이 아니었을까. 평생 하나의 직종에 종사하면서 높은 임금을 받는 것이 아니라 육체노동과 정신노동, 낚시와 목축, 비평과 사냥을 매끄럽게 넘나들 수 있는 유동성! 에도시대의 프리타나 사무라이들이 누렸던 자유도 마찬가지다. 자율성과 능동성, 이것이 노동해방의 전제조건이어야 한다. 하지만 지금, 그것을 구현할 수 있는 것은 백수뿐이다. 기업가도 정규직도 불가능하다. 복지정책, 분배정의로도 불가능하다.

핵심은 노동에 대한 표상의 전복이다. 죽도록 일해서, 혹은 남들보다 폼나는 일을 해서 더 많은 화폐로 보상받는 것은 무의미하다. 그것은 과로사 아니면 공황장애, 나아가 인격파탄에 이르는 코스다. 그것이 어찌 해방이고 혁명일 수 있으랴. 고로 이제 노동은 생명의 차원에서 다시 규정되어야 한다. 마르크스의 비전과 에도시대의 프리타를 넘어 장자의 '신생'을 구현하는 것, 인류에게 남은 최후의 혁명은 오직 이것뿐이다. 그리고 그 혁명의 주체는 백수다. 고로 백수는 미래다!

백수, 원초적 본능

처음 교수 임용을 포기하고 백수의 길로 들어설 즈음, 나 자신에게 물었다. 왜 교수가 되고 싶은가? 물론 교수라는 직업이 주는 소속감이나 안정감도 중요하다. 하지만 그건 포말에 불과하다. 핵심은 가르치고 배우는 일을 하고 싶어서다. 그것이 나의 '신생'이다. 그렇다면 이 활동과 관계가 가능하다면 굳이 교수가 되기 위해 몸부림치지 않아도 된다, 는 생각이 섬광처럼 지나갔다. 그 섬광 같은 깨달음이 나로 하여금 '지식인공동체'라는 길 위로 나서게 해주었다. 돈을 비롯하여 기타 다른 문제는 그 다음에 풀어 가면 된다. 대개는 거꾸로 생각한다. 일단 지위와 연봉이 해결되어야 삶의 비전을 탐구할 수 있다고. 하지만 앞서 언급했듯이 그런 케이스는 거의 보지 못했다. 돈과 지위가 해결되면 그 다음엔 거기에서 살아남는 것이 목표가 된다. 더 많이! 더 높이!

그게 바로 자본의 포획장치다. '삶과 생명'이라는 근원적 척도를 망각하게끔 유도하는. 백수의 계보학 혹은 인류학적 탐사가 필요한 지점이 바로 여기다. 백수의 원조는 공자다. 공자는 50대 중반 주유천하에 나섰다. 취업을 위해서였다. 하지만 어디서도 그를 채용해 주지 않았다. 결국 노년백수가 되어 고향으로 돌아와 제자들과 더불어 진리를 탐구하면서 여생을 보냈다. 한편, 또 다

른 스승인 붓다는 왕자로 태어났으니 금수저를 물고 태어난 처지
건만 기어코 왕궁을 떠나 탁발하는 수행자가 되었다. 공자가 타의
에 의한 백수라면 붓다는 자발적 백수에 해당한다. 노자야 뭐 더
말할 나위도 없고.

　유불도儒佛道 '삼교회통'의 이치를 연마했던 동아시아의 지식
인들 역시 비슷한 코스를 밟았다. 조선의 경우, 농암 김창협과 성
호 이익을 비롯하여 그 후배격인 '연암그룹'은 명실상부 '백수지
성의 향연'이었다.[길진숙, 『18세기 조선의 백수 지성 탐사』, 북드라망, 2016 참조]
18세기가 조선의 르네상스가 될 수 있었던 건 전적으로 그들로
인해서다. 서구 지성의 원조인 소크라테스, 디오게네스, 에피쿠로
스 등도 다 마찬가지다.

　그럼 이들은 대체 왜 그런 길을 갔던가? 무능해서? 아니면 시
대와 불화해서? 아니다! 그렇게 사는 것이 '인간의 길'이라 여겼기
때문이다. 다시 말해 백수로 살아가는 것이 가장 고귀한 삶임을
자각했기 때문이다. 솔직히 그렇지 않은가. 지금 이 치열한 경쟁
의 시대에도 우리는 잘나가는 정규직이 아니라 '길 위의 현자'들
을 멘토로 삼는다. 그거야말로 모든 사람이 추구하는 인생의 목표
가 결국은 정규직이 아니라 자유인이라는 증거가 아닐까.

　해서 우리 공동체(남산강학원&감이당)의 비전은 백수다. 청
년백수를 위한 '공자 프로젝트'('공부하며 자립하기'의 준말이자 '공

자-되기'라는 두 가지 뜻이 있다)를 특별히 만든 것도 그 때문이다. 남들이 다 부러워하는 정규직에 2,30년 있었던 사람도, 회사를 경영하던 사람도 자기 직업에 만족하는 경우는 별로 없었다. 그러니 직업을 통해 자기구원 같은 문제를 사유한다는 건 상상조차 하지 못한다. 참 이상한 노릇이다. 인간이 왜 그렇게 소심하게, 마지못해 살아야 하는가? 스피노자에 따르면 "수동적 정념은 타인의 본성에 대한 증오, 그리고 자기본성에 대한 증오, 결국 삶 전체에 대한 증오를 초래한다." 정말 그렇다. 그렇게 살면 결국엔 우울증과 냉소에 빠지고 만다. 그러니 나처럼 살라고, 나 같은 직업을 가지면 인생만사를 통찰할 수 있다고 어찌 말할 수 있으랴.

하지만, 나는 감이당에 오는 학인들에게 말할 수 있다. 정규직에 집착하지 말고 백수로 살아가라고. 인간에게 그 이상의 선택은 없다고. 왜? 백수는 인간의 원초적 본능이니까.

백수의 생존전략 ― 의역학과 글쓰기

마르크스는 노동자를 '프롤레타리아'라고 명명했다. 그 순간 노동자는 혁명의 주체로 우뚝 서게 되었다. 이런 전이가 일어나려면 먼저 마르크스의 저작을 읽어야 한다. 그럼 지금 백수가 자유인이 되려면 무엇을 해야 할까? 역시 읽어야 한다!『그리스인 조르바』와『장자』, 니체와 스피노자, 그리고 들뢰즈·가타리 등등. 조르바는 조국과 신, 혁명의 가치로부터 탈주했고, 자신 이외에는 어떤 것도 믿지 않는다. 그가 도달한 두려움과 충동으로부터의 자유는 백수에게 꼭 필요한 덕목이다. 또 백수는 물질적 욕망을 조율하면서 자신을 돌보는 능력, 곧 자기배려의 윤리가 필요하다. "평탄하게 균형을 유지하는 것이 행복이고 분에 넘쳐서 남아 돌아가는 생활은 생명을 해치는 짓이다. 그 중에서도 재물이 가장 심하다. 지금 부유한 자는 귀로는 종 소리, 북 소리, 피리 소리를 즐기고 입으로는 맛있는 고기와 술을 실컷 먹으며 자기의 정욕을 만족시키면서 한쪽으로는 자기가 해야 할 일을 잊고 있지만 이는 어지럽다고 할 만하다."('도척'(盜跖),『장자』) 이런 장자식 양생술과 니체의 차라투스트라, 스피노자의 '에티카', 혹은 들뢰즈·가타리의 '노마디즘'을 연결해 보라. 노동과 화폐의 표상으로부터 가뿐히 탈주할 수 있을 것이다.

물론 이 텍스트들은 출발에 불과하다. 세상은 넓고 고전의 세계는 무궁하다! 백수가 자유인으로 서기 위해선 이 지성의 매트릭스에 접속해야 한다. 특히 동양의역학은 '삶의 기예'를 익히는 데는 최고다. 양생과 수행, 이것이 결합하면 운명의 '지도그리기'가 가능하다. 자기 몸을 스스로 챙길 수 있고, 길흉화복을 스스로

혜쳐 나갈 수 있다면 이보다 더 실용적인 테크닉이 있을까. 또 하나 백수는 길 위의 존재다. 늘 낯선 존재들과 마주쳐야 한다. 이 마주침에 꼭 필요한 건 돈과 스펙이 아니라 인생의 지혜다. 의학과 역학은 질병과 번뇌라는 삶의 보편적 문제를 다룬다. 몸과 우주, 신체와 운명에 대한 이야기를 나눌 수 있다면 누구와도 벗이 될 수 있다.

이제 마지막 관문이 남아 있다. 백수의 지상과제인 경제적 자립이 그것이다. 디지털시대의 생산력은 창조와 연결(공유)에 달려 있다. "창조는 연결이다."[스티브 잡스] 생산수단은 인터넷이다. 하여, 스마트폰의 출현으로 누구나 생산수단을 전유할 수 있게 된 셈이다. 이제 남는 것은 창조자냐 소비자냐의 구별뿐이다! 자본에 매이지 않고도 창조가 가능한 노동으론 글쓰기가 최고다. 글쓰기는 소통과 순환의 최고 형식이다. 언어를 질료로 삼기 때문이다. 더구나 지금은 수많은 매체가 범람하지 않는가. 심지어 개인이 언제든 매체를 만들 수도 있다. 게다가 생산수단은 노트북 하나면 충분하다. 수많은 책들에 둘러싸일 필요도, 두꺼운 원고지도 필요하지 않다. 노트북 하나면 검색과 생산, 유통까지 모든 것이 가능하다. 이것은 그 자체로 혁명적이다. 그런데 왜 대학은 청년들에게 글쓰기를 훈련시키지 않을까? 글쓰기가 지성의 절정이자 자립의 토대가 될 수 있음을 왜 가르쳐 주지 않을까? 더 심각한 건 이런 교육적 모순에 대해서는 어떤 비판도 제기하지 않는다는 것. 좌파도 우파도.

또 하나. 글쓰기는 경제활동이면서 수행의 일환이 될 수 있다. 창조와 연결이라는 활동의 귀환처는 궁극적으로 자기 자신이다. 글쓰기는 이런 원운동을 생산의 동력으로 삼는다. 다른 활동과 직업은 굉장히 멀리 돌아서 자기에게로 간다. 자신을 돌아보는 순간 이미 늦었다!고 느끼는 경우가 대부분이다. 모든 노동이 소외일 수밖에 없는 이유도 거기에 있다. 하지만 글을 쓰기 위해선 매순간 자신과 직면해야 한다. (물론 그렇지 않은 글쓰기도 있다. 예를 들면, 영화나 드라마 작가들! 많은 돈을 벌 수 있는 대신 자본에 예속되어야 하고, 그 때문에 자신이 믿지도, 원하지도 않는 인간군상을 계속 그려내야 한다면 그 노동은 전적으로 소외다.) 노동과 수행의 일치! 직업이 도달할 수 있는 최고경지다.

나아가 백수는 직업이 없는 사람이 아니라 직업을 만드는 존재여야 한다. 혹은 직업과 직업 사이를 경쾌하게 오갈 수 있어야 한다. 이런 식의 리듬을 탈 수 있는 노동으로 글쓰기보다 더 좋은 것이 있을까?

백수의 지평선, 우정과 로고스

길은 가면서 만들어지는 법, 가다 보면 다른 길로 이어지게 되어 있다. 중요한 건 계속 가야 한다는 것. 그래서 지평선이 필요하다. 지평선은 도달하는 것이 목적이 아니라 달려감 자체가 목적이다. 지평선이라는 비전과 달려감이라는 행동이 동시적으로 일어나는 것, 그것이 바로 길이다.

사람들이 백수를 두려워하는 건 노후 때문이기도 하다. 지금 이 순간에도 각종 매체에서 고령화와 노인빈곤에 대한 담론이 쉬지 않고 쏟아진다. 하지만 잘 생각해 보자. 노후대책은 화폐만으론 절대 불가능하다. 반드시 관계망이 있어야 한다. 삶이란 '관계와 활동'이라는 사실을 환기하라. 그런 점에서 보자면 사실 정년 백수가 더 힘들다. 오랫동안 조직 안에 있다 보면 생각과 신체의 회로가 굳어지게 마련이다. 정년을 할 때쯤이면 이미 가족도 친지도 다 흩어졌다. 이때 무엇으로 살 수 있을까? 좋은 아파트와 연금보험이 있으면 가능할까? 결코 그렇지 않다. 그때 가장 두려운 건 고립과 단절이다.

결국 핵심은 '마음 둘 곳'이다. 마음과 마음이 연결되는 길, 그것이 곧 우정이고 로고스다. 우정이 사람을 연결하는 끈이라면, 로고스는 마음을 잇는 파동이다. 사람과 마음을 연결하려면 반드시 진리탐구라는 지평선이 필요하다. 함께 먹고 마시고 인생과 우주를 논하는 것, 수많은 현자들이 증언했듯이 이것은 노년이 연출할 수 있는 최고의 경지다. 많은 돈이 필요하지도 않다. 소비로부터 해방될 수 있고, 혈연과 서열의 그물망에서 벗어날 수 있는 유일한 길이다. 그러니 노후가 걱정된다면 지금 당장! 우정의 윤리를 연마하고 로고스적 열정을 이끌어 내는 훈련에 돌입하라!

그리고 사람이 움직이면 저절로 공유경제가 살아난다. 공유경제의 핵심은 사유재산을 침탈하는 것이 아니라 사적 소유와 공적 자산 사이의 경계를 해체하는 데 있다. 다시 말해 물질적 부가 흘러갈 수 있는 다채로운 경로를 탐색하는 데 있다. 그 메신저는 결국 사람일 수밖에 없다. 사람이 움직이면 돈도 함께 흐른다.

* * *

처음 백수였을 때는 돈이 없었다. 방법은 소비를 줄이는 것뿐! 지난 15년간의 실험 끝에 알게 된 사실 하나. 소비에서 해방되면 도심 한가운데서도 넉넉하게 살 수 있다는 것. 더 중요한 건 불안이 사라진다는 사실이다. 그러니까 불안은 가난이 아니라 소비에 대한 집착의 산물이었던 셈이다. 그러다가 2008년 이후 인문학 붐이 일면서 돈이 좀 생겼다. 글쓰기가 자립을 넘어 증여의 기회를 선사한 것이다. 그래서 고민이 시작되었다. 이 돈을 어떻게 쓸 것인가? 현재 내가 하고 있는 실험은 두 가지다. 청년백수를 위한 '글로벌 네트워크'와 '투자'전문회사. 전자는 청년들에게 '국경을 넘어' 우정과 지성을 연마하는 기회를 주는 것이고, 후자는 오직 '투자만 하고 이윤은 제로'인 사업을 벌이는 것이다. 현재는 폐광촌이 된 내 고향 함백에 '마을인문학'을 실험하는 중이다. 뭐가 됐건 핵심은 사람과 사람, 마음과 마음을 연결하는 것이다.

이것이 내가 그동안 갈고 닦은 인생의 지평선이다. 죽는 순간까지 나를 쉬임없이 달려가게 하는! 시작도 끝도 없이 오직 달려감이라는 '과정'만 있는!

부록

길 위의 인문학

전쟁, 인생의 압축파일
— 드라마 〈징비록〉 리뷰

적이 오기도 전에 짐을 싼다. 쉬지 않고 북으로, 북으로 도주한다. 심지어 국경을 넘어 요동으로 망명을 시도하기까지 한다. 말로야 사직을 지키기 위함이라고 하지만 사실은 두려워서다. 파죽지세로 달려드는 적과 맞설 용기가 없어서다. 이 사람은 바로 선조대왕이다. 임진왜란이 일어나자 왜적이 닥치기도 전에 '튀는' 바람에 분개한 백성들에 의해 도성이 불태워지는 수모를 겪었다. 전쟁의 주범인 도요토미 히데요시豊臣秀吉조차 당황한다. "아니, 왕도 도망을 가나?" 왕에 대한 최소한의 고정관념이 무너지는 순간이다. 그래, 사람이니까 두렵기도 할 테지, 목숨은 누구한테나 소중한 법이니까. 이렇게 이해하려는 순간, 또 한 번 '깨는' 일이 벌어진다. 북으로 도주하면서 선조는 세자인 광해에게 조정을 맡긴다. 조정을 두 개로 나눈 것이다. 이름하여 분조分朝. 그런데 이 아들이

의병들을 지휘하면서 왜적의 공세를 차단하자 당연히 민심이 그쪽으로 향한다. 그러자 이번에는 불타는 질투심에 휩싸인다. 끊임없이 아들의 진로를 방해하고 수시로 양위파동을 벌임으로써 아군의 전선에 막대한 차질을 빚는다. 이건 또 뭐지? 대동단결을 외쳐도 시원찮을 마당에 이 치졸한 파벌의식이라니. 더구나 광해는 자신의 아들이 아닌가. 한데, 또 그렇지가 않은가 보다. 대의는 대의고, 자신보다 더 백성의 신망을 얻는 건 용납할 수 없다. 그게 자신의 혈육이라 할지라도. 의병장 김덕령이 역적으로 몰려 희생된 것도 비슷한 맥락이다. 그러니 이순신 장군에 대한 심기야 말해 무엇하랴.

2015년에 방영했던 KBS 대하드라마 〈징비록〉의 주요 장면들이다. 오랜만에 참 좋은 사극을 만났다. 덕분에 본방을 사수하느라 '나의 시청률' 1순위였던 〈개콘〉개그콘서트을 포기해야 하는 아픔(?)을 겪기도 했다. 〈징비록〉은 서애 유성룡이 남긴 임진왜란에 대한 기록이다. '피로 쓴 교훈'이라는 부제처럼 장면마다 긴장과 비탄이 서려 있다. 배우들의 연기도 일품이었다. 변덕이 죽 끓듯 하는 선조, 광기에 사로잡힌 히데요시, 절제된 카리스마의 이순신, 그리고 단호함과 격정을 두루 갖춘 주인공 유성룡까지. 기록을 충실히 따르면서도 극적 긴장감을 유지할 수 있었던 건 다 배우들의 뛰어난 연기력 덕분이었다.

때는 바야흐로 16세기 후반. 선조가 제위에 오르면서 조선은 비로소 '사림의 시대'가 열린다. 하지만 사림파의 집권은 곧바로 붕당을 야기했다. 동인과 서인, 남인과 북인 등으로. 전쟁의 기미를 파악하기 위해 왜국으로 사신단을 파견했지만 사신단의 견해는 확연히 갈렸다. 반드시 전쟁이 일어날 거라는 쪽과 절대 일어나지 않을 거라는 쪽. 당색의 차이가 낳은 어처구니없는 결과였다. 양극단 사이에서 우왕좌왕하던 차, 1592년(임진년) 마침내 전쟁이 발발했다. 히데요시가 패권을 잡으면서 150년간의 내전이 끝나자 그 여세를 몰아 조선을 침략한 것이다. 대체 왜? 히데요시는 말한다. 허무해서, 삶이 너무 허무해서라고! 그래서 조선을 짓밟고 중원땅을 호기롭게 질주하겠다는 욕망에 사로잡힌 것이다. 전쟁에 대한 통념도 산산히 부서지는 대목이다. 하긴, 그렇다. 우리는 전쟁에는 대단한 명분과 역사적 의미가 있을 거라고 간주하지만, 과연 그럴까? 대체 어떤 명분, 어떤 의미가 그런 '피의 향연'을 정당화할 수 있을까? 차라리 히데요시의 말대로 '힘은 넘치는데 삶은 허무할' 때, 그때 전쟁을 일으키는 것이 아닐까?

조선에 구원병을 보내 준 명나라의 처지는 또 어떤가? 임진왜란 이후 명의 신종황제는 구세주처럼 떠받들어지고 이후 북벌론과 소중화사상의 이념적 근거로 원용되곤 했다. 하지만 그 황제의 '꼬라지'는 한심하기 이를 데 없었다. 주색잡기에 빠져 정사를 돌보지 않았고, 그러다 보니 중국 내의 반란을 진압하기도 벅찰 지경이었다. 겨우겨우 구원병을 꾸렸지만 명나라는 전쟁을 수행할 여력도, 의욕도 거의 없었다. 조명연합군 내의 갈등이 그치지 않았던 것도 그 때문이다. 그 와중에 명의 사신 심유경과 왜장 고니시 유키나가小西行長의 대사기극——조선과 일본, 명나라 조정을 다 속여 먹은 강화문건을 작성한——이 벌어졌고 그 덕분에(?) 임진왜란은 몇 년간의 소강상태를 맞이하다가 그 사기극이 들통나면서 정유재란이 발발했던 것이다. 참 놀라운 일이다. 제국간의 전쟁도 이렇게 좌충우돌에 중구난방이라니. 과연 여기에 역사의 법칙이나 필연성 따위가 들어설 여지가 있기나 한 것일까.

전쟁의 구체적 과정을 들여다보면 더더욱 기가 막힌다. 그야말로 우발성에 아이러니의 연속이다. 전쟁은 제국과 제국 사이의 대격돌이다. 하지만 그것을 수행하는 것은 어디까지나 개별 주체들이고, 이들의 욕망은 결코 제국적 표상으로 환원되지 않는다. 일단 왜장들부터 조선 침략은 물론이고 중국으로의 확전은 더더욱 원치 않았다. 명분 없는 전쟁에 동원되어 '개죽음'을 당하고 싶지 않았던 것이다. 또 왜장들 역시 경쟁심과 질투가 하늘을 찔렀다. 특히 선발부대를 이끈 두 장군, 고니시 유키나가와 가토 기요마사加藤淸正는 건건사사 대립했고 서로를 잡아먹지 못해 안달이었다. 후반부에 가토는 고니시를 향해 이렇게 절규한다.——"조선군

이나 명나라 군대보다 니 놈이 더 싫다! 너 같은 놈하고는 절대 같은 하늘을 이고 살 수 없다!" 선조만 질투심에 눈이 먼 게 아니라 왜장들조차 그랬던 것이다. 이렇듯 주체들의 욕망이 분열적으로 흐르다 보니 전선 또한 수시로 요동쳤다. 일사분란한 진행 따위는 애시당초 불가능했다. 아, 그래서 문득 알게 되었다. 전쟁이란 특별한 사건이 아니라는 것, 다만 인생의 연속일 뿐이라는 것을. 오히려 희로애락과 생로병사가 강도 높게 교차하는 인생의 '압축파일'이라는 것을.

가장 충격적인 사항은 '항왜'라는 존재였다. 항왜란 '항복한 왜'라는 뜻인데, 무려 1만 명이 넘는다고 한다. 전쟁 초반, 왜군이 승승장구하던 시절 가토 기요마사의 선발부대 3천 명이 조선에 투항을 한다. 이들은 이후 맹활약을 통해 왜적을 막는 데 혁혁한 공을 세웠다고 한다. 평소 조선의 고매한 문명을 선망하던 차 전란에 동원되었고, 해서 조선땅에 들어서자마자 바로 결단을 내린 것이란다. 아무리 그렇기로 이게 말이 되나? 이런 식의 운명적 엇갈림을 대체 어떻게 해석해야 할까. 역사담론에선 이런 사항들을 취급하지 않는다. 아니, 안 하는 것이 아니라 못하는 것이리라. 어쩌면 우리의 인식이라는 것이 전쟁의 원리와 리듬, 거기에 투여된 욕망과 행동을 파악하기에는 너무도 빈약한 것인지도 모르겠다.

당혹스럽기는 왜군도 마찬가지였다. 조선은 당쟁으로 전쟁에 대비하지 못해 그렇다 치지만 왜군들이야 군사적으로 압도적인 우위와 치밀한 전략을 갖추고 있었다. 그럼에도 그들의 전략과 예측은 번번히 어긋났다. '항왜'보다 더 그들을 곤혹스럽게 한 것이 두 가지 있었으니, 의병과 이순신이 그것이다. 의병은 일종의 게릴라다. 지형지물을 이용하고 사람들 사이를 이리저리 흐르는 존재들이다. 아무리 대규모의 병력이 있다 해도 이 미세하고 매끄러운 흐름을 차단하기란 결코 쉽지 않다. 또 전쟁 발발 전까지만 해도 이순신은 무명의 장수였다. 당연히 전략적 고려 대상이 아니었다. 하지만 막상 전쟁이 시작되자 이순신은 단번에 주역이 되었다. 마치 임진왜란을 위해 세상에 온 것처럼 보일 정도다. 그는 승리의 화신이다. 왜? 지는 싸움은 애초부터 하지 않기 때문이다. 정유재란이 발발하고 1년쯤 뒤, 히데요시가 허무하게 병사하자 왜군은 무조건적 철군을 단행한다. 전쟁이 끝난 것이다. 하지만 이순신은 말한다. 아직 전쟁은 끝나지 않았다고. 전쟁은 '내가 끝내야 끝나는 것'이라고. 드라마에서 가장 인상적인 대사였다. 이렇게 히데요시가 죽고 이순신이 죽고, 그리고 임진왜란이 끝났다! 히데요시와 이순신, 그들은 과연 필생의 적이었을까? 아니면 운명적 파트너였을까?

총 기간은 7년이었지만 실제 전투가 벌어진 건 임진년과 정유년, 두 해 정도였고, 나머지 기간은 서로 대치하는 소강상태였다. 5년이면 짧은 시간이 아니다. 과연 그 사이에 숱한 삶의 변전이 일어난다. 초반에 그렇게 한심하고 비열해 보이던 선조가 전란을 극복하기 위해 유성룡이 제시하는 각종 개혁정책——주로 사대부의 기득권을 내려놓는——에 동의하고 지지해 준다. 또 전쟁의 와중에도 남인과 서인, 남인과 북인의 대립은 여전히 치열하다. 자신의 정치적 입지를 다지기 위해 광해는 북인들과 손을 잡고, 북인들의 대공세 속에서 남인에 속한 유성룡은 전란의 책임을 지고 물러난다. 이후 정계 복귀를 거부한 채 『징비록』 집필에 들어간다. 이렇게 대단원의 막이 내린다.

2015년은 광복 70주년이었다. 달리 말하면, 2차대전이 종결된 지 70년이 되었다는 뜻이다. 특히 우리가 겪은 것은 일본이 일으킨 대동아전쟁이다. 대체 일본은 왜 그토록 무모한 전쟁을 또! 일으킨 것일까? 아시아를 피로 물들게 하고 종국에는 자신들의 땅에 원폭을 불러들인 그런 야만적인 전쟁을. 해마다 광복절 무렵이면 사죄와 반성을 둘러싼 정치적 공방이 무성하지만, 과연 일본의 군국주의자들은 자신들이 왜 그런 전쟁을 일으켰는지 그 이유를 알고 있을까? 혹시 그들 또한 히데요시처럼 삶이 허무했던 것은 아닐까? 허무가 광기를 낳고 그 광기가 죽음충동을 향해 달려갈 때, 그때 전쟁에 대한 욕망이 싹튼다는 것. 〈징비록〉에서 건져올린 화두다.

제왕교육의 함정
— 영화 〈베테랑〉과 〈사도〉에 대한 단상

최근 우연찮게 두 편의 영화를 봤다. 〈베테랑〉과 〈사도〉. 두 작품 모두 흥행돌풍을 일으켰고, 청춘스타 유아인이 주연이라는 공통점이 있다. 주제의식도 아주 선명하다. 전자는 '갑질'에 이골이 난 재벌 3세와 불의를 보면 참지 못하는 베테랑 형사 사이의 한판 승부를 다룬 사회극이고, 후자는 조선시대 최고의 궁중비극인 '임오화변'壬午禍變을 다룬 사극이다. 임오화변은 사도세자가 뒤주에 갇혀 죽은 비극적 사건을 이르는데, 지금까지는 사도세자의 죽음이 당파간 갈등에 의한 희생양으로 묘사된 경우가 많았다. 그와 달리 이번 작품은 역사기록을 충실히 따라가면서 '나랏일이 아닌 집안일'로, 다시 말해 부자간의 지독한 애증을 중심으로 사건을 재구성했다. 워낙 영화를 안 보다 갑자기 두 편을 같이 봐서 그런지 내게는 두 작품이 여러 모로 오버랩되는 지점이 있었다. 물론 작품의 미학적 성취와는 전혀 무관한 단상임을 밝혀 둔다.

먼저 자식교육에 대하여. 베테랑의 재벌 3세와 사도세자는 소위 "금수저를 물고" 태어난 인물들이다. 둘 다 첩의 자식이라는 약점을 지니고 있기는 하지만 그 정도야 뭐 장애라고 할 수도 없다. 그들이 해야 할 일은 오직 하나뿐이다. 후계자 수업을 완수하기만 하면 된다. 그러면 아버지의 기업과 왕국을 고스란히 물려받을 수 있다. 하지만 결과는 참혹하다. 재벌 3세는 살인에 환각파티로 감옥행에 처해지고, 사도세자는 8일간 뒤주에 갇혀 죽임을 당한다. 귀족으로 태어나 평민, 아니 천민들도 겪기 어려운 지옥행을 자초하다니 어떻게 이럴 수가! 정적과의 암투나 전쟁상황이 아닌데도 인생이 그렇게 망가진다는 사실이 이상하지 않은가? 더 놀라운 건 아무도 이런 질문을 던지지 않는다는 사실이다. 평소엔 늘 출신과 환경만 좋으면 만사형통일 것처럼 떠들어 대면서 이런 케이스에 대해선 침묵해 버린다. 워낙 특이하고 구제불능의 캐릭터라서? 그렇다면 이 작품들의 리얼리티와 흥행 돌풍은 한낱 오락적 유행에 불과하다는 건데, 그건 아닌 것 같다. 결론부터 말하면 재벌 3세건 사도세자건 다 제왕교육의 함정에 빠진 게 아닐까 싶다.

아버지의 관점에서 보면 참으로 귀한 자식이었을 것이다. 〈베테랑〉에선 아버지가 그다지 부각되진 않지만 자식교육에 힘을 쏟는 건 분명해 보인다. 주인공이 잘못하면 비서격인 사촌형을 무자비하게 패는 걸로 봐서 말이다. 사도세자의 아버지 영조는 또 어떤가. 첫아들을 잃고 나이 마흔이 넘어 아들을 얻자 너무 기쁜 나머지 법도를 어겨가면서 곧바로 세자로 책봉하고 두 살 때부터 제왕교육에 들어갔다. 요컨대 둘 다 최고의 스승들 밑에서 최상의 교육을 받았다. 통념대로라면 둘 다 최고의 인재로 키워져야 마땅하다. 유감스럽게도 결과는 그렇지 못하다.

재벌 3세는 학벌은 일단 높은 것 같다. 외국의 귀빈들과 유창하게 영어를 주고받는 것으로 봐서는. 하지만 취미는 경호원들과의 격투기 혹은 여배우들과의 애정편력이다. 영화의 결론부에 가면 베테랑 형사와 길거리에서 한판 승부를 벌일 정도로 싸움에는 도가 텄다. 무슨 뜻인가? 애시당초 공부는 접었다는 사실이다. 스펙을 위한 학습 외에 지적 능력은 제로인 셈이다. 사도세자 역시 마찬가지다. 유년기에는 제법 영민했지만 사춘기부터 엇나가기 시작한다. 책을 읽고 싶은 건 일 년에 "한두 번"이고 주로 활쏘기, 개 그림 그리기에 몰두한다.

자, 여기가 포인트다. 보통 이런 제왕교육을 받으면 당연히 훌륭한 지성인이 될 거라고 생각한다. 하나, 보다시피 전혀 그렇지 않다. 이유야 간단하다. 공부가 싫고 배움이 즐겁지 않아서다. 나아가 몸이 말을 듣지 않아서다. 이런 경우 학습부담이 커질수록 오히려 역효과가 난다. 공부가 독이 된다는 뜻이다. 우리시대 교육이 잘 보여 주고 있지 않은가. 선행학습에 사교육에, 보충수업에 EBS까지. 이 정도면 다들 최고의 엘리트가 되어야 마땅하다. 하지만 결과는 정반대다. 청년들의 지적 열정은 나날이 고갈되고 있다. 심지어 대학생들 사이에선 책을 읽으면 따돌림을 당한다고 한다. 제왕교육을 받고도 인격파탄에 이르는 두 주인공들과 다르지 않다. 그렇다면 이제 교육의 대전제를 바꾸어야 하지 않을까? 배움이란 스스로 깨치는 것이다. 다다익선의 법칙이 통하지 않는다는 뜻이다. 내가 걷는 한 걸음이 부모의 강요와 외부의 원조로 걷는 천 걸음을 능가하는 법이다.

또 하나, 아버지와 아들의 관계에 대하여. 아버지가 재벌이거나 왕이라면 과연 그게 행운일까? 아들이 할 수 있는 건 후계자가 되는 것뿐이다. 성공한다 해도 평생 아버지의 그늘에서 벗어날 수 없다. 이러면서 삶의 충만함을 누리기란 불가능하다. 특히 아버지가 자수성가형일 경우는 더 최악이다. 그런 아버지일수록 자식이 엇나가는 걸 용서하지 못한다. '내가 어떻게 이룬 건데' 라는 전제가 강력하게 작동하기 때문이다. 〈베테랑〉의 재벌총수도 그랬을 테지만 영조는 정말로 그런 왕이었다. 조선왕조에서 왕의 동생이 왕위에 오른 대표적 예는 태종과 세조(수양대군), 그리고 영조다. 앞의 두 경우엔 '대살육전'을 치렀지만, 영조는 직접 쿠테타를 지휘하진 않았다. 하지만 신임사화辛壬士禍: 경종 때 벌어진 소론과 노론의 정쟁로 그 못지 않은 피를 흘렸다. 이복형인 경종을 독살했다는 루머, 무수리의 아들이라는 출생 콤플렉스 등 각종 장벽을 뚫고 왕위에 올랐을 뿐 아니라 역대 왕들 중에서 재위기간과 수명이 가장 길다. 이렇게 '운이 센' 아버지의 아들은 행복할까? 그렇지 않다. 운명론적으로 보면 아버지와 아들은 상극관계다. 아버지가 기세등등하면 자식이 주눅들게 마련이고, 자식의 기운이 왕성하면 아버지가 위축되는 법이다. 하여, 이럴 때 자식이 아버지의 뜻대로 자라기란 애시당초 불가능하다. 아버지의 거룩한 위업을 저버린 아들. 그럴 때 아들이란 영조의 말마따나 "존재 자체가 역모"다.

아들의 입장에서는 이보다 끔찍한 운명도 없다. 부와 권세를 타고났지만 그것을 제대로 계승하려면 감당해야 할 것이 너무 많다. 〈베테랑〉의 재벌 3세는 이복형제들과 경쟁하면서 또 기업의 실적을 올리기 위해 안간힘을 써야 한다. 사도세자가 받은 압박은 말할 나위도 없었으리라. 아버지 영조의 기대에 부응하려면 오직 공부! 공부!뿐이다. 성리학의 나라에서 왕권을 강화하고 탕평을 이루려면 사대부들보다 더 성리학에 통달해야 하기 때문이다. 그런데 몸이 말을 듣지 않는다. 타고나길 공부보다는 활쏘기와 사냥이 더 좋은 걸 어떡하란 말인가. 이 운명적 어긋남이 결국 부자 사이를 돌이킬 수 없게 만들었다. 아들은 아버지를 죽이겠다며 칼을 들고 설치고 그걸 빌미로 아버지는 아들을 기어코 죽여 버린다. 뒤주에 갇힌 사도세자는 절규한다. "나는 세자도 싫고 권력도 싫소!" 부귀영화도 자신의 힘으로, 자신의 몸에 맞게 누려야 좋은 것이지 아버지가 이룬 것을 억지로 누리려면 몸이 말을 들을 리가 없다. 사도세자가 앓았던 의대증衣帶症: 옷을 입지 못해 계속 찢어 버리는 증상은 운명의 어긋남을 상징적으로 보여 준다.

그럼 이렇게 기대에 부응하지도, 그렇다고 타고난 지위를 버리고 뛰쳐나갈 수도 없는 '진퇴유곡의 팔자'를 타고난 자식들이 할 수 있는 일이 무엇일까? 다시 말해, 부귀는 타고났지만 그것을 누릴 내적 동력이 없을 때 어떤 일이 벌어질까? 폭력과 환각이 전부다. 〈베테랑〉의 재벌 3세는 폭력중독자다. 여성들을 학대하고 경호원의 발을 부러뜨리고 그러다 마침내 살인까지 저지른다. 사도세자 역시 그랬다. 아버지의 눈 밖에 나자 밖으로 돌기 시작하면서 주색잡기에 몰두하고 폭력중독에 시달린다. 내시의 목을 치고 욕을 하고 고래고래 악을 쓰고. 요컨대, 지혜가 없는데 과도한 권세를 가질 경우, 선택지는 둘뿐이다. 약자들을 파괴하거나 아니면 자기 자신을 파괴하거나.

그렇다면 다시 정리해 보자. 좋은 환경에서 태어나면 고귀한 삶이 보장되는가? 학벌이 높으면 인격이 완성되는가? 계층 상승을 이루면 인생이 더 자유로운가? 통념적으로는 하나같이 "예스"

일 것이다. 하지만 두 영화가 보여 주다시피 현실의 응답은 "노"다. 특히 주목할 것은 아무리 훌륭한 가문도, 아무리 대단한 아버지도 자식의 운명을 구하진 못한다는 사실이다.

그럼에도 인터넷에선 금수저·은수저·흙수저 등의 담론이 유령처럼 떠돌고 있다. 참으로 비루한 논법이다. 자신이 이루지 않은 부귀를 누리고 왕국을 차지한다면 그것은 가짜다. 허깨비 인생일뿐더러 그걸 통해서 고귀하게 사는 건 불가능하다. 고귀한 삶따위는 필요없고 그저 부귀와 권세만 누리고 싶다고? 하지만 잊지 마시라. 그것으로 할 수 있는 건 폭력중독과 환각파티가 전부라는 걸.

이렇듯, 우리시대 역시 제왕교육의 함정에 빠져 있다. 다다익선의 매뉴얼 말고는 아무것도 없다. 앎의 즐거움이나 지혜의 파동따위는 상상조차 하지 못한다. 관계를 맺는 법은 고사하고 삶의기예 같은 건 배우지도 가르치지도 않는다. 결국 인격파탄의 코스를 밟아갈 수밖에 없다. 학벌이 높을수록, 많이 배울수록 삶에대한 무지가 증폭되는 이 지독한 아이러니! 과연 이 아이러니에서 해방되는 날이 올까? 아니, 그 전에 언제쯤이면 부모들은 자식의 인생을 좌지우지할 수 있다고 여기는 망상에서 벗어날 수 있을까? 또 언제쯤이면 자식들은 부모의 재산이 내 인생의 결정타라고 간주하는 무지에서 탈주할 수 있을까?

내 몸은 '나의 것'인가?
―'생명주권'에 대한 우울한 단상

"복숭아뼈 빼고 다 바꿔 드립니다." 강남의 한 지하철 역에서 본 광고문구다. 물론 성형수술에 대한 것이다. '비포/애프터'로 구성된 광고들도 참 엽기적이지만 자주 봐서 그런가, 어느새 식상해졌는데, 그보다 훨씬 과격하고 살벌한 광고가 등장한 것이다. 보톡스에서 양악수술을 넘어 이젠 전신을 다 시술의 대상으로 삼겠다는 뜻이다. 마치 게릴라 잔당들을 남김없이 소탕하고 말겠다는 정규군의 선전포고를 보는 듯했다. 대체 '외모'가 뭐길래 저렇듯 온몸을 '융단폭격'해 대는 것일까.

경쟁이 심한 데다 외모도 스펙의 하나라는 말에는 동의하기 어렵다. 21세기 들어 여성들의 약진은 눈부시다. 가히 '후천개벽의 시대'라 해도 무방할 정도다. 그럼에도 왜 여성들은 이렇게까지 몸을 괴롭히면서 아름답게(실제로는 '섹시하게') 보여야 하는 걸까. 여전히 잔존하고 있는 성차별 때문이라면 더더욱 이해할 수 없다. 그런 식의 통념은 맞서 싸워야 할 대상이지 이렇게 부화뇌동할 사항은 아니다. 성형수술이 만연할수록 차별은 더더욱 심화될 테니 말이다. 더구나 이젠 비단 여성들에만 국한된 사항도 아니다. 남녀노소 모두 이 '환골탈태'의 대열에 합류했기 때문이다. 이런 추세라면 전 국민의 몸이 다 시술의 타깃이 될 판이다. 이미 수십 년 전, '병원이 병을 만든다'며 의료권력의 부조리를 설파했던 이반 일리치도 이런 식의 '반생명적' 의료는 상상조차 하지 못했을 것이다.

누구나 알고 있듯이, 마취를 하고 메스를 대는 수술은 최후의 수단이어야 한다. 그런데 생명이 위험한 것도 아니고 심하게 아픈 것도 아닌데 단지 남들에게 '예쁘게' 보이겠다는 이유만으로 이렇게 온몸을 '깎고 자르고'하는 것은 의료의 기본을 일탈한 행위다. 당연히 부작용 및 의료사고의 소지가 아주 높다. 이미 수술 부작용으로 외모는 물론 삶을 송두리째 훼손당한 사례도 적지 않다. 그럼에도 도무지 이 '광란의 질주'는 멈출 줄을 모른다. 세월호 참사 이후 안전이 사회정치적 화두로 부상했건만 이런 '일상적 재난'에 대해서는 어찌 이리도 무감각한 것일까.

『동의보감』에 따르면, 얼굴은 밖으로 드러난 오장육부다. 눈은 간, 눈빛은 심장, 코는 폐/대장, 입은 비위, 혀는 심장, 귀는 신장

등등. 그래서 얼굴빛을 보고 병을 진단하는 '망진', 얼굴을 통해 운명의 흐름을 짚어 내는 '관상' 등이 얼마든지 가능한 것이다. 그런 점에서 얼굴의 꼴을 과격하게 변형하는 건 내부와 외부, 몸과 삶, 얼굴과 운명 사이의 연결고리를 끊어 버리는 일에 속한다. 하여 수술 부작용도 부작용이지만 무엇보다 정신적으로 공황상태가 올 수 있다. '여긴 어디? 난 누구?'라는 유행어가 그런 징후를 반영하는 셈이다.

그러니 정말로 바꾸고 싶다면 차라리 내장을 성형하시라, 고 농담처럼 말한 적이 있었다. 그런데 이 '말도 안 되는' 농담이 현실이 될 줄이야! 위밴드, 위축소술, 위풍선 등은 최근 사회적으로 큰 논란을 일으킨 용어들이다. 대체 왜 이런 짓을? 다이어트를 위해서란다. 식탐은 줄이기 어렵고, 살이 찌는 건 싫고⋯ 그래서 일단 먹고 토하는 여대생들이 많다는 이야기는 들은 바 있다. 점심시간에 여대생 화장실에 가면 곳곳에서 웩!웩!거리는 소리들도 가득하다는 괴담과 함께. 참 힘들게들 산다, 싶었는데 그 정도가 아니라 아예 내장까지 '들었다 놨다' 하고 있었던 것이다. 이 문제가 불거진 건 2014년 세상을 떠난 가수 신해철 씨의 죽음으로 인해서였다.

그의 죽음을 둘러싼 미스터리는 여전히 진행형이지만 그걸 파헤치는 과정에서 더 놀라운 사실을 알게 되었다. 분명 '장협착'

때문에 수술을 했는데 그 과정에서 의사가 환자의 동의 없이 담낭을 절제했다는 사실이다. 담낭이 없으면 육식이 안 '땡겨서' 다이어트에 좋다나. 정말 이 대목에서 헉! 하고 비명을 지를 뻔 했다. 담낭이 그런 용도였단 말인가? 그밖에도 위밴드 수술을 하면서 맹장을 떼어 낸 경우도 많았다고 한다. 역시 환자의 동의는 없었다. 이유는 간단하다. 위밴드 수술은 보험이 안 되니까 보험료를 청구하기 위해서 이런 편법을 쓴 것이다. 맙소사! 결국 문제는 돈이었던 것. 돈을 위해서라면 담낭이나 맹장쯤이야 떼어 내도 무방하다 여긴 것이다. 그야말로 '복숭아뼈 빼고 다 바꿔 드립니다'가 실제로 구현되고 있는 셈이다.

미적 기준에 맞지 않으면 밀어 버리고, 날씬해지기 위해서는 내장도 조였다 풀었다 하고, 별 쓸모가 없어 보이면 가차없이 제거하고… 이것이 현대의학, 특히 성형외과가 개척한 '신세계'다. 누가 봐도 생명의 존엄성이라는 의학적 전제와 완벽하게 어긋난다. 나아가 이런 배치는 '생명주권'에 대한 심각한 손상에 다름 아니다.

가장 큰 문제는 이런 배치하에선 환자에게 어떤 결정권도 없다는 사실이다. 미와 추, 질병과 치유, 유용성과 무용성 등을 가르는 기준은 전적으로 의사에게 달려 있다. 따라서 병원에 들어서는 순간 누구든 의사의 프레임에 걸려들고 만다. 검진을 하고 견적을 내고 결국엔 어딘가를 절개해야 한다. 환자 스스로 자기 몸을 탐구하고 돌본다는 설정은 어디에도 없다. 환자가 준비해야 할 것은 오직 돈뿐이다. 그래서 정말 궁금하다. 이러고도 과연 내 몸은 '나의 것'인가? 또 내 몸이 '나의 것'이 아니라면 과연 나는 내 '삶의 주인'이라고 할 수 있을까?

보다시피 신해철 씨 같은 유명인도 의료사고에 속수무책이었다. 시술과정도 어이없지만 수술이 끝난 후 여러 차례 복통을 호소했으나 묵살당했다. 고의로 그랬을 리는 없다. 아마도 그럴 여유가 없었을 것이다. 그 큰 병원을 운영하려면 얼마나 바쁘고 분주하겠는가. 그렇다면 앞으로도 의료사고는 빈발할 것이다. 대형병원이라고 예외일 수 없다. 오히려 어떤 점에선 더 많은 위험에 노출되어 있다. 법에 호소하면 된다고? 법정싸움은 지리할 뿐만 아니라 환자가 이길 확률이 거의 없다. 설령 이겨서 몇 푼의 보상금을 받는다 한들 이미 훼손된 몸과 삶은 어디서 보상받는단 말인가? 소위 민주주의사회에서 이토록 부조리하고 이렇게 '파쇼적인' 관계가 또 있을까?

아울러 의료가 이렇게 공격적으로 마케팅을 해대면, 사람들은 자기도 모르게 끊임없이 결핍을 양산해 낸다. 성형중독에 빠져든 것도 그때문이 아닌가. '눈이 작아, 코가 납작해, 입이 삐뚤어졌어' 등등. 어떻게 생겼든 그 모든 걸 긍정해야 하는 건 다름 아닌 자신이다. 내가 나를 부정하는데 어떻게 타인이 나를 인정해 주겠는가. 게다가 그렇게 스스로 결핍을 생산한 다음엔 모든 문제를 다 그 '덜떨어진' 외모 탓이라 여긴다. '눈이 작아서 실패했어', '뚱뚱해서 차인 거야', '턱이 넓적해서 취직이 안 됐어' 등등. 결론은 뻔하다. 더 큰 병원, 더 유명한 의사를 찾아가서 '환골탈태' 하는 것.

문제는 거기서 끝나지 않는다. 자신에 대해 이렇게 불만이 많은 이들이 과연 타인을 받아들일 수 있을까? 그럴 리가 없다. 제도와 서비스에 중독되면 자기도 모르게 '인정욕망의 화신'이 되어 버린다. 목숨 걸고 성형을 하는 이유도, 죽어라고 카톡을 해대는 이유도 다 타인의 시선을 끌기 위해서다. 타자는 나를 인정해 주는 대상일 뿐이다. 예쁘다고 칭찬해 주고, 나의 상처를 위로해 주고, 나에게 서비스를 제공해 주는 존재. 그게 아니면 다 나의 적이거나 경쟁자다. 이런 전제하에서 어떻게 친교와 소통이 가능하겠는가.

특히 사랑과 연애는 더더욱 불가능하다. 사랑은 에로스에 토대하지만 더 근본적으로는 관계에 대한 열망이다. 타자와 온전히 연결되고자 하는 욕망. 하여 몸 전체가 동의해야만 한다. 몸을 조각조각 나누고 기계의 부속처럼 여기는 사고방식으로는 결코 가능하지 않다. 결과는 고립과 불통! 거기에서 또 만병이 싹튼다. 그러면 또 다시 병원과 전문가를 찾아 헤매고… 이 '마의 사슬'에서 내 몸의 권리, 생명주권은 들어설 자리가 없다!

언급했다시피 얼굴과 오장육부, 오장육부와 칠정七情, 생리와 심리는 하나로 어우러져 있다. 어디 그뿐인가. 우리의 몸에는 꿈, 성음聲音, 충蟲 등 정체불명의 타자들도 득시글거린다. 무의식과 자율신경은 또 어떤가. 이것들은 거의 대부분 나의 통제 밖에 있다. 거기에 더해 '오운육기'五運六氣라는 외부의 기운과도 끊임없이 교감해야 한다. 그런 점에서 몸이야말로 타자들의 향연이자 무상하게 흘러가는 '유동성의 바다'다. 외부와 끊임없이 소통해야 하는 것도 그 때문이다.

예쁜 이목구비를 다 모아놓는다고 미인이 되는 것이 아니듯 핵심 장기만 있다고 해서 오장육부가 원활하게 돌아가는 것은 아니다. 심장이나 폐처럼 생명의 유지에 결정적인 역할을 하는 장기도 있고 반대로 담낭이나 맹장처럼 별다른 역할이 없어 보이는 장기도 있는 법이다. 중요한 건 이들 사이의 네트워크이지 개별 장기들의 기계적 결합이 아니다. 강한 것과 부드러운 것, 큰 것과 작은 것, 꽉 찬 것과 텅 빈 것, 이 낯설고 이질적인 것들 사이의 '어울림과 맞섬', 그것이 곧 생명의 자율성이다. 또 그것이 창조와 순환의 원동력이다. 그러므로 그 이치를 체득하여 자기 몸의 결정권을 회복하는 것이 생명주권의 출발점이다. 삶과 운명의 주체가 되는 길도 거기서부터 가능하리라. 하지만 성형열풍과 의료권력의 진군 앞에서 '생명주권'의 복원은 요원하기만 하다. 생각할수록 우울하고 또 우울하다.

'보지 않을' 권리, '덜 먹을' 자유를 허하라!

거리에 나서면 사방이 모니터다. 버스를 타도 지하철을 타도 마찬가지다. 지방강연이 잦다 보니 기차를 많이 이용하는 편인데, KTX는 친절하게 칸마다 서너 개나 있어서 잠깐 방심하면 어느새 시선이 모니터를 향한다. 서울역이나 부산역 같은 역사에는 대형 전광판에서 쏘아 대는 광고로 눈이 어질어질하다. 심지어 택시 안에도 모니터는 '살아 있다'. 그래서인가. 온종일 눈에서 빛이 명멸한다. 스마트폰을 쓰지 않는데도 이럴진대 하루 종일 스마트폰의 빛에 노출된 이들이야 말해 무엇하리.

지방과 도시의 차이도 거의 없다. 불과 몇 년 사이에 전국의 역사와 건물이 비슷해졌다. 모니터가 늘어나고 전광판이 들어서고, 한마디로 '스펙터클의 시대'가 된 것이다. 이런 외형으로만 본다면 우리나라는 정말 부자다. 경제가 어렵고 실직자가 늘어난다는 말이 믿기지 않는다. 살림이 팍팍하면 그게 감각으로 느껴져야 하지 않나. 나날이 이렇게 '럭셔리'해지는데 뉴스에선 날마다 힘들다고, 어렵다고 하니 참 헷갈린다. 빛의 폭주와 저성장의 위기론, 이 엄청난 간극을 대체 어떻게 받아들여야 할지. 환경이 이렇다 보니 사색은 고사하고 주변을 돌아볼 여유조차 없다. 계절의 변화를 감지하기도 어렵다. 한마디로 신체가 점점 무감각해지는 것이다. 또 본의 아니게 온갖 잡다한 정보를 다 접해야 한다. 당연히 머릿속은 뒤죽박죽이다. 베르나르 베르베르가 말한 "정보의 바다에 빠져 익사"한다는 게 이런 걸 두고 한 말이리라.

그런가 하면, 바야흐로 '먹방전성시대'다. 부엌에 들어가는 걸 죽기보다 싫어하던 중년 남성들이 갑자기 요리전선에 뛰어들었다. '셰프'라는 생뚱맞은 이름으로. 물론 맛집을 소개하는 채널들도 헤아릴 수 없이 많다. 한번은 지리산 올레길을 갔다가 한 무리의 인파가 줄을 서 있는 걸 본 적이 있다. 그 집 앞에는 대통령 선거 때나 볼 법한 대형 현수막에 〈1박 2일〉 멤버들의 얼굴이 걸려 있었다. 그들이 다녀간 식당이란다. 지리산 계곡까지 그럴 지경이면 시내의 맛집들이야 말해 뭣하랴. '대체 식욕이 뭐길래' 이런 과열을 초래하나 싶었는데, 이젠 한술 더 떠 직접 '셰프들'이 나와 요리실력을 뽐내는 시대가 도래한 것이다.

잘 먹는 일은 분명 중요하다. 세상에서 가장 아름다운 소리가

"내 자식 목구멍에 밥 넘어가는 소리"라는 말도 있지 않은가. 하지만 그건 먹거리 자체가 부족해서 한끼 밥조차 맘 놓고 먹기 힘들 때 소리다. 지금도 그런가? 하기사 지금도 입만 열면 "먹고 살기 어렵다"들 한다. 하지만 그건 '배고프다'는 말이 아니라 소비생활이 녹록지 않다는 뜻이다. 다시 말하지만, 우리나라는 정말 부자다. 세계 어느 도시도 이렇게 '삐까번쩍'하지 않다. 정말로 '배가 고픈' 시대라면 당장 저 모니터들을 팔아서 '먹거리'로 바꾸어야 한다. 한데 그게 아니지 않는가? 솔직히 사방에 먹을 게 지천이다. 오히려 식탐과 과식을 걱정해야 할 때다. 실제로 청춘남녀는 물론이고 대부분의 사람들에겐 다이어트가 일생일대의 미션이다.

나아가 동서고금을 막론하고 모든 의학은 말한다. 적게 먹으라고. 소식만이 살 길이라고. 암이 그 결정적 증거다. 암에 걸리면 무조건 '식이요법'에 돌입해야 한다. 그럴 때 가장 고통스러운 것이 식탐이다. 식탐을 이기지 못해 암을 더 키우는 환자들도 수두룩하다. 그런 이들에게 먹방과 맛집의 범람은 고문이나 다를 바 없다. 거기에 저항하는 건 알코올중독자가 술을 끊는 것이나 도박중독자가 도박을 끊는 것 못지않게 처절하다. 더구나 먹방은 대부분 밤에 나온다. 먹방을 보면서 야식을 먹으라는 뜻이리라. 과식도 문젠데 하물며 야식이라니. 이쯤 되면 '전파낭비'가 아니라 '전파테러'에 가깝다.

모니터와 먹방의 범람, 둘은 기묘하게 연동되어 있다. 시각은 오장육부 중에서 간과 심장, 즉 불의 기운과 연동되어 있다. 하여, 빛의 폭주에 노출되면 몸에서는 화火기가 치성해진다. 화기가 치성해지면 물이 마른다. 수水기운은 신장이 주관하고, 신장은 귀와 연동되어 있다. 따라서 화기를 많이 쓸수록 청력이 떨어진다. 난청과 이명, 이석 등의 질병이 다 거기에 해당한다. 현대인은 대체로 청력이 약하다. 듣는 만큼 말한다. 잘 듣지 못하면 언어능력도 그만큼 떨어진다는 얘기다. 더 심각한 건 맥락 파악을 잘 못하게 된다. 이미지로 소통하면 되지 않느냐고? 인스타그램이 인기를 끄는 것도 그 때문일 것이다. 한두 장의 멋진 사진으로 소통하겠다는 건데, 그 이미지가 과연 삶의 실상을 얼마나 반영할까? 이미지는 '환幻'이다. 그 환을 쫓다 보면 공중부양하기 십상이다. 기사도 소설만 읽다가 뇌수가 말라 버려 세상을 온통 '소설 속 이미지'로 읽어 버린 '또라이' 방랑기사 돈키호테처럼. 돈키호테가 그랬다. "기사도의 시대는 끝났다"고 했지만 절대 듣지 않았다. 자신의 뇌수를 채운 이미지들과 한몸이 된 탓이다. 돈키호테는 그래도 웅변실력만큼은 빼어났지만 현대인은 청력과 함께 목소리를 잃고 화법 자체를 잃어 가고 있다. 모니터가 범람할수록 스토리는 사라진다는 사실, 깊이 환기할 일이다.

한편, 야식은 대개 기름지고 달다. 하여, 야식을 먹으면 오장육부가 맹렬하게 움직여야 한다. 에너지 소모가 아주 극심하다. 그래서 술을 곁들이게 된다. 기름에 불을 붙이는 격이라고나 할까. 당연히 화기가 망동하면서 쉽게 잠들지 못한다. 안 그래도 휘황찬란한 야간조명 때문에 '빛공해'를 운운하는 시대인데, 거기다 야식까지 곁들이면 불면증은 불보듯 뻔하다. 불면증은 만병의 근원이다. 잠 못이루는 밤처럼 괴로운 것도 없다. '잃어버린 밤'을 찾는 것이 문명적 과제로 떠오른 것도 그 때문이다. 숙면이야말로 우리 몸을 정화시키는 최고의 양생술이다. 암세포를 억제하는 멜라토닌과 충만감을 유발하는 세로토닌도 다 '깊고 단 잠'과 관련된 호르몬임을 명심하라.

결국 빛의 폭주와 야식의 향연은 우리 몸을 '상화相火망동'의 상태로 만든다. 수승화강이 깨지면서 화기가 항진된다는 뜻이다. 당연히 심리적 균형과 조절능력도 깨진다. 특히 성욕과 분노조절이 어려워진다. 그런 상태에서 타인들과 수평적인 관계를 맺고 매끄럽게 소통하는 것이 가능할 리 없다. 이것이 과연 사소한 문제인가? 국민건강을 명분으로 공공시설에서 담배를 추방하고 발암물질 하나만 나와도 식품업계 전체가 들썩이면서 이런 근본적 이치에 대해서는 어찌 이리도 '무개념'일까.

혹시 모니터가 늘어나는 것이 복지정책이고, 기름진 야식을 즐기면 국민들의 행복지수가 높아진다고 생각하는 건가? 그렇다면 그거야말로 무지요 난센스다. 시각의 폭주와 식탐의 향연이 주는 건 충만함이 아니라 쾌감이다. 전자는 삶의 현장과 접속하게 하지만 후자는 현장에서 이탈하도록 부추긴다.

열하의 한 장터에서 요술쟁이의 현란한 요술을 감상한 뒤에 연암은 묻는다. 아무리 멋진 요술일지언정 요술은 눈속임에 지나지 않는다. "옳고 그름, 참과 거짓을 분별하지 못한다면, 눈이 대체 무슨 소용인가?" 그리고 이렇게 답한다. "이럴 땐 거꾸로 눈으로 밝게 본다는 게 도리어 탈이 되는 법, 요술쟁이가 눈속임을 해서 속는 것이 아니라, 실은 보는 자가 제 자신을 속이는 것일 따름이다"라고. 눈을 떴으나 빛의 폭주 속에서 길을 잃은 장님에게 "도로 눈을 감고 가라"는 서화담의 일화가 나오는 것도 이 대목이다. 정말 그렇다. 모니터에 시선을 빼앗길수록 사고는 정지된다. 성찰은 고사하고 사유하는 능력 자체가 멈춰 버린다. 그러다 마침내 제 자신에게 속는, 곧 망상과 맹목의 상태가 되어 버린다.

한편 『동의보감』은 양생의 원칙을 이렇게 정리한다. "양생에는 다섯 가지 어려움이 있다. 첫째 명예와 이익을 버리지 못하는 것, 둘째 기뻐하고 성내는 것을 없애지 못하는 것, 셋째 음악과 여색을 버리지 못하는 것, 넷째 기름진 음식을 끊지 못하는 것, 다섯째 정신이 허약하고 정기가 흩어지는 것이다." 요컨대, 양생이란 삶의 방식 전체와 관련된 윤리적 수행이라는 뜻이다. '기름진 음식을 끊는 것'도 거기에 포함된다. 식탐을 부귀와 성욕에 대한 집착, 감정의 오르내림 등과 같은 차원에서 보고 있는 것이다. 그만큼 중요하고 어렵다는 뜻이다. 그래서 훈련과 수행이 필요하다. 이것을 집합적 차원에서 함께 해나가면 문화가 된다. 윤리적 혁명 혹은 삶의 질이 도약하는 지점도 바로 거기다.

'저녁이 있는 삶'이라는 정치적 구호가 있다. 참 좋은 말이다. 노동의 스트레스에서 벗어나 충만하고 여유로운 시간을 갖고 싶다는 바람이 담겨 있기 때문이다. 한데, 그 저녁을 빛의 폭주와 불타는 야식으로 채운다면? 또 그로부터 야기되는 비만과 불면증을 감내해야 한다면? 단언컨대, 누구도 그런 저녁을 원하지는 않을 것이다.

개인들이 알아서 할 문제라고? 그렇다면 민주주의나 복지정책은 왜 필요한지 묻고 싶다. 감각이 오직 시각으로 쏠리고, 욕구가 다 식욕으로 향하는 이런 문화적 배치를 바꾸는 것이 그토록 어려운 일인가? 볼 권리가 있다면 '보지 않을 권리'도 있다. 굶주림으로부터의 해방이 중요한 만큼 '덜 먹을 자유'도 있다. 판타지에 눈 멀고 식탐에 시달리면서 삶의 능동적 주체가 되는 길은 단연코 없기 때문이다. 그러니 부디 '보지 않을' 권리, '덜 먹을' 자유를 허하라!

'저출산·고령화'에 대한
유쾌한 상상력

한때 KBS 〈동물의 왕국〉의 열렬한 팬이었다. 아프리카 세렝게티 초원을 주름잡는 동물들의 생태를 보면서 인간과 문명의 한계를 통감하곤 했었다. 특히 충격적인 것은 인구의 급증으로 수많은 종들이 멸종되어 가는 상황이었다. 지구가 감당할 수 있고, 다른 종과 공존할 수 있는 인구는 2억 정도란다. 하지만 산업혁명 이후 폭발적으로 증가하여 현재 지구의 인구는 70억쯤. 많아도 너무 많다! 게다가 조만간 두 배로 늘어날 거란다. 그와 더불어 수많은 종들이 사라질 것이고. 인간이야말로 '지구의 종양'이라는 생태주의자들의 진단에 고개를 끄덕일 수밖에 없었다. 공룡도 그랬고, 바퀴벌레도 그렇다. 초원의 사슴도 그렇고, 도시의 길고양이도 그렇다. 자기 종의 개체수를 스스로 조율하는 경우는 없다. 천적과 먹이사슬이 필요한 이유다. 인간 또한 그 점에선 조금도 다를 바 없다. 하지만 인간에겐 천적이 없다! 심지어 인간이 '지구의 주인'이라는 통념에 사로잡혀 있기까지 하다. 그러니 대체 이 종의 '무한증식'을 어떻게 막을 것인가?

한데, 언제부턴가 아주 색다른 '인구론'이 등장했다. '저출산'이 그것이다. 지구적 관점에서 보면 저출산은 두 손 들어 반길 만한 사항이다. 그런데 그게 아니란다. 전쟁보다 무서운 재앙이라나. 어떤 점에서? 노동인구가 대폭 줄면서 산업생산력이 현저히 약화된다는 것, 또 시장 자체가 축소되기 때문에 일본에선 심지어 도시 자체가 사라진 경우도 있다는 것.

자, 여기서부터 좀 헷갈린다. 그럼 지구의 생태계를 위해 인구폭발을 막아야 하는 사안이랑 이 저출산은 대체 어떻게 연결되는 거지? 게다가 이 저출산 문제랑 항상 짝이 되는 단어가 있다. '고령화'가 그것이다. 요컨대, 청년인구는 줄어드는데 노인인구의 비율은 점차 늘어나고 있다는 것. 유럽은 이미 겪고 있고, 한중일 삼국에도 고령화의 그림자가 짙게 드리워져 있다. 특히 우리나라는 전 세계에서 가장 빠른 속도로 늙어 가고 있다나. 이 점도 역시 혼란스럽다. 그동안 100세 인생을 문명의 혜택인 양 예찬해 대지 않았던가. 그런데 이제 와선 장수로 인해 나라의 장래가 암울하단다. 그럼 대체 어쩌란 말인가. 100세 인생을 문명의 축복으로 누려야 하는가 아니면 '장수병'이라며 한탄해야 하는가. 그야말로 진퇴유곡이 따로 없다. 그렇다! 이것이 우리 문명의 수준이다. 기술과 생태, 물질과 정신, 청년과 노년, 이 이질적 항목들을 두루 만족시키는 건 불가능하다. 그런 태평성대는 오지 않는다. 따지고 보면 '저출산·고령화' 문제는 문명의 오만이 자초한 일종의 자업자득이다.

먼저 인구절벽에 대하여. 청년들이 왜 아이를 낳지 않을까? 간단하다! 교육기간이 너무 길어진 탓이다. 100년 전만 해도 결혼과 임신적령기는 '이팔청춘'이었다. 남자는 16세, 여자는 14세. 인생의 봄, 곧 에로스가 가장 충만한 시절이기 때문이다. 하지만 20세기 내내 교육과정이 대학, 대학원 등으로 세분화되면서 결혼적령기는 점점 지연되어 현재는 무려 30대 중반에 이르고 말았다. 무려 두 배로 연장된 셈이다. 그러다 보니 신체적으로는 성숙하지만 사회적으론 미성년자로 살아야 하는 것이 우리시대 청년들의 운명이다. 내 안의 자연과 문명의 척도가 심하게 어긋나게 된 것. 그러면 몸이 어떻게 될까? 일단 성욕은 항진되는데 그것을 자연스럽게 표출할 장이 없다. 이 어긋남을 안고 30대에 이르면 당연히 생명력은 저하된다. 거기다 성공에 대한 스트레스로 생식에 필요한 정기는 고갈되기 마련이다. 한마디로 몸이 '사막화'되는 것. 그러니 기껏 결혼을 할 수 있는 조건(직업과 아파트, 차)을 갖춘 다음에는 몸이 말을 듣지 않는다. 불임에 유산이 일상화되는 것이다. 요컨대, 정력이 넘칠 때는 임신을 엄두도 못 내고 조건이 대충 만들어지면 몸이 말을 안 듣는 형국이다. 당연히 결혼과 출산을 포기하는 세대가 등장할 수밖에. 이런 문제를 접근하는 방식은 언제나 경제적 지원이다. 일자리와 복지가 늘어나면 아이를 낳을 거라고 간주하는 것이다. 그게 바로 오만이라는 것이다. 그렇게 돈으로 생명을 좌지우지할 수 있다면 이런 지경에 이르지도 않았을 것이다.

그럼 어떻게 해야 하나? 가장 좋은 방법은 교육기간을 줄이면 된다. 즉, 모든 10대가 대학을 향해 달려가는 이 어이없는 질주를 당장! 멈춰야 한다. 지성의 향연을 원하는 이들은 대학을 가고 나머지는 직업학교를 가면 된다. 그렇게만 되어도 10대와 20대가 출산의 주체가 될 수 있다. 그 다음엔 미혼모, 혹은 비혼자녀를 적극 우대해야 한다. 어이없다고? 지금이야 혀를 차겠지만, 앞으로 인구절벽이 점점 심화되면 10대들에게 제발 아이만 낳아달라고 간청하는 때가 올지도 모른다. 이를테면, 여고생들에게 일단 아이부터 낳고 학교를 오라고 한다든가, 혹은 대학을 가려면 아이 둘은 낳아야 한다든가.^^ 인문학 강연장에서 이런 아이디어를 내놓으면 다들 손뼉을 치며 좋아한다. 통념이 전복되는 데서 오는 쾌감 때문이리라. 화제가 되었던 SBS 드라마 〈풍문으로 들었소〉에 이미 그런 징후가 포착되지 않았던가? 머리에 피도 안 마른 '고딩들'이 아이를 낳고 돈과 권세로 압박해 오는 기성세대와 맞짱을 뜨는 것이 이 드라마의 주요 콘셉트이다. 계급투쟁과 세대갈등이 오버랩되어 온갖 풍문이 난무하는데, 그 풍문의 배후조정자는 다름 아닌 '아기'다. 아기의 생명력이 그 모든 사건을 야기하고 이끌어 간다. 생명의 리듬을 다시 회복해야 할 때가 도래했음을 예고하는 징조가 아닐지.

그 다음, 고령화가 왜 문제인가? 노인이 많다는 건 그 사회가 훨씬 여유있고 부드럽다는 뜻이기도 하지 않는가? 그것이 왜 그림자고 어둠이고 재앙인가? 노동과 생산, 소비를 척도로 하는 시선 때문이다. 노인은 산업의 전선에서 은퇴한 세대다. 아니, 은퇴해야 한다. 노인인데도 전선에서 뛰고 있으면 그게 더 이상한 노릇이다. 인생을 오직 노동과 투자를 위해서 사는 것처럼 비참한 일이 있는가? 젊어서는 자립하고 가족을 부양하고 공동체에 복무해야 하지만 노인이 되면 이제 자연인으로 돌아가야 한다. 늙고 병들고 죽는다는 사실에 직면하기 때문이다. 늙고 병들고 죽는 것이 비참한가? 그건 아주 자연스러운 일일 뿐이다. 생명은 곧 질병과 공존하는 것이고, 생은 죽음이 건네는 최고의 선물이다. 그게 어디 쉽냐고? 맞다. 청년들이 정글 같은 세상에서 살아남기가 힘들 듯이, 노인들 또한 자연으로 돌아가기가 결코 쉽지 않다. 청년들이 성인이 되기 위한 통과제의를 겪어야 하듯, 노인들 역시 생사의 경계를 넘는 우주적 제의를 감당해야 한다. 그래야 그 사회에 생로병사의 파노라마가 구성될 수 있다. 노년의 지혜와 청년의 열정이 순환하는 것, 문명이 도달해야 할 최고의 경지다.

10대에게 결혼과 임신의 권리를 되돌려 주어야 한다고 말하면, 당장 이런 반응이 나온다! 애는 누가 키워? 간단하다! 마을에서 노인들이 함께 키우면 된다. 노인의 양생에 아기의 울음소리만큼 좋은 것은 없다! 더구나 동네 도서관, 마을회관, 노인정 등 전국 곳곳에 공적 자산들이 차고 넘친다. 이 공간을 적극 활용하여 노인들과 청년세대, 아기들이 공존하는 지혜를 모색해야 할 때다.

그럼 비용은 어쩌구? 맞다. 하지만 중요한 건 돈의 양이 아니라 용법이다. 동일본 대지진때 해일에 휩쓸려 250억에 달하는 금괴가 떠내려 왔다고 한다. 그 금괴의 주인은 대부분 노인세대였다. 노인들이 현금을 꽁꽁 움켜쥐고 있었던 것이다. 왜? 불안하기 때문이다. 사회적으로 무시당하고 고립될까 두려워서다. 개인이라는 단위로 살아가야 하면 당연히 그럴 수밖에 없다. 따라서 노동과 생산의 관점에서만 고령화사회의 담론이 구성되면 계층에 관계없이 모든 노인들은 불행해진다. 가난하면 짐이 되고, 부유하면 적이 될 테니까. 하지만 노인의 삶에 필요한 건 부가 아니라 관계다. 관계의 결핍만큼 서러운 게 또 있는가. 하여, 노인과 노인, 노인과 청년이 순환하는 사회적 네트워크가 다방면에서 구성되어야 한다. 이 순환의 장이 활성화되면 돈은 절로 흘러가게 되어 있다. "노인들이 외롭지 않으려면 자꾸 이야기를 해야 합니다. 복지가 거창한 게 아닙니다. 노인들이 함께 모여서 함께 이야기할 수 있는 장소를 많이 만들어 줘야 해요."(탤런트 박근형 씨) 그렇다! 마을이 탄생하는 곳도 여기고, 정치적 상상력이 발휘되어야 할 지점도 바로 여기다.

언급했듯이, 인구는 이미 폭발상태다. 저출산·고령화 현상이 지구가 스스로를 조율하기 위한 몸부림이라면 어쩔 것인가? 그 흐름을 되돌릴 기술 따위는 없다! 천지는 사계절로 운행한다. 봄에는 솟아나고 여름에는 피어난다. 가을에는 열매를 맺고, 겨울에는 씨앗으로 수렴한다. 여기에는 어떤 차별도 위계도 없다. 봄/여름이 있으니 가을/겨울이 오는 것이다. 문명 역시 이 주기에서 벗어날 수 없다. 그동안 줄기차게 상승하고 뻗어나갔으니 이제는 안으로 거두어야 할 때다. 바야흐로 가을이 도래한 것이다. 가을에 필요한 건 봄/여름에 대한 회고가 아니고 이 가을을 충분히 즐기는 것. 그래야 겨울의 적막을 거쳐 다시 봄을 맞이할 수 있으므로. 요컨대, 지금 우리에게 필요한 것은 '저출산·고령화'에 대한 대책 없는 한탄이 아니라, 이 수렴의 리듬을 유연하게 탈 수 있는 상상력이다. 유쾌하고도 발칙한!

장자와 조르바
— 길 위의 멘토

한 청년이 있다. 20대 중반의 고졸 기능공. 얼마 전 한 중소기업에 취직을 했다. 지방에 있는 공장 합숙소에 묵으면서 수습생활을 시작했다. 월급은 100만 원 남짓. 3개월 수습기간이 지나면 150만 원쯤 된단다. 근무시간은 꽤 길었다. 하루 열두세 시간은 기본이고 토요일 근무도 다반사였다. 그래도 첫직장이니 뭐든 배우는 자세로 임했고, 일단은 자립이 급선무였던 터라 불평없이 잘 참아냈다. 근데, 얼마 전 수습기간 세 달도 채우기 전에 해고를 당했다. 구조조정의 대상이 된 것이다. 세상에 뭐 이런 경우가 다 있지? 그렇게 금방 '짜를' 거면 대체 왜 뽑은 거지? 헐값에 잠깐 부려먹고는 확 내다 버린 느낌이었다. 이 청년은 나의 조카다. 나 자신은 평생 백수로 지낸 터라 구조조정이니 정리해고니 하는 말을 간접적으로만 체험해 왔는데, 조카 덕분에 노동현장의 열악함을 생생하게 엿보게 되었다.

마음이 크게 상하지 않았을까 싶어 격려차 만났는데, 녀석은 의외로 담담했다. 주변에 워낙 백수가 많기도 하지만, 일은 많고 월급은 적은데, 그렇다고 첫 직장을 금방 때려치울 수도 없던 차에 '잘리게' 되니 한편으론 속이 후련했단다. 인건비 몇 푼 아끼려고 제멋대로 쓰다 버린 회사와 기대에 맞지는 않았지만 최선을 다해 직장에 임한 청년. 자존심의 차원에서 보자면 후자의 승리다. 젊다는 게 참 좋구나, 싶어 흐뭇했는데, 그 다음 반응이 더 뜻밖이었다. 직장을 구하려고 서두를 줄 알았더니 이왕 이렇게 된 거 여행을 하고 싶단다. 그것도 해외여행을. 돈이 좀 들긴 하지만 그래도 꼭 가고 싶다는 것이다. 아, 그래서 새삼 깨닫게 되었다. 이 세대는 우리와는 아주 다른 감각과 신체성을 지녔다는 것을. 거침없이 길 위에 나서고 가볍게 국경을 넘는다는 것을.

하긴 대하소설 『임꺽정』에 나오는 칠두령도 그랬다. 꺽정이와 그의 친구들은 사농공상 어디에도 속하지 않은 마이너들이었다. 그런 처지면 신분적 열등감에 몸부림칠 것 같은데, 그들은 오히려 반대였다. 그들은 그 어디에도 귀속될 생각이 없었다. 각자 자기만의 공부(표창, 활쏘기, 돌팔매 등)를 익힌 다음 거리낌없이 길 위에 나섰다. 길이야말로 그들에겐 자유와 해방의 공간이었다. 벗을 만나고 라이벌과 맞짱뜨고, 웃고 떠들고 싸우고. 그들은 길에 내몰린 약자들이 아니라 스스로 길 위에 나선 '진짜 사나이'였다. 처음엔 그들이 아주 특별한 존재처럼 보였는데, 몇 번을 다시 읽으면서 생각이 바뀌었다. 그들은 지극히 평범한 청년들이었다. 왜냐하면, 그들의 욕망과 행로야말로 모든 청춘, 아니 모든 세대의 '원초적 본능'에 가깝기 때문이다.(자세한 내용은 고미숙, 『청년백수를 위한 길 위의 인문학』을 참조할 것)

현대인들은 정규직을 삶의 기준으로 삼는다. 하지만 과연 그게 진심일까? 안정된 직장에서 평생이 보장되는 삶을 '진짜로' 원할까? 단언컨대, 그렇지 않을 것이다! 왜냐면, 우리의 몸은 그런 식의 안정을 격렬히 거부한다. 생명은 운동과 순환을 원한다. 발산과 수렴, 상생과 상극, 노동과 휴식, 사랑과 미움 등등. 한마디로 희로애락의 파노라마를 원한다. 그러기 위해선 길 위에 나서야 한다. 하긴 인생 자체가 길이 아닌가. "고향을 감미롭게 생각하는 사람은 아직 허약한 미숙아다. 모든 곳을 고향이라고 느끼는 사람은 상당한 힘을 갖춘 사람이다. 그러나 전 세계를 낯설게 느끼는 사람이야말로 완벽한 인간이다." 12세기의 스콜라철학자 세인트-빅토르의 휴고Hugues de Saint-Victor가 한 말이다. 고향을 떠나고 익숙한 것에서 멀어지는 것이 곧 완벽한 인간으로 성장하는 과정이라는 것이다.

하지만 우리시대는 하도 정규직 타령을 듣다 보니 그것이 마치 삶의 척도인 양 착각이 일어난다. 경제적 자립은 중요하다. 하지만 화폐와 노동이 인간의 본성이거나 목표일 수는 없다. 삶의 목표는 삶 그 자체일 뿐 다른 것일 수 없다. 그럼에도 지금은 마치 정규직이 궁극의 과제인 것처럼 말해진다. 당연히 오산이다. 거기에서 오는 모순은 헤아릴 수 없이 많다. 고급 정규직을 얻은 이들은 연봉의 대가로 소외와 공허에 시달리고, 얻지 못한 이들은 거기에 집착하느라 삶 전체를 방기해 버린다. 그러다 보니 회사는 노동력을 효율적으로 착취하는 데만 골몰하고, 직원은 자신의 노동을 오직 연봉으로만 환산해 버린다. 그 과정에서 사람과 사람, 노동과 주체, 직원과 회사 등의 관계에 대한 성찰은 완전히 실종되어 버린다.

내 조카가 겪은 것도 그런 케이스다. 회사의 사정상 구조조정을 할 수도 있고, 해고를 당할 수도 있다. 하지만 최소한의 기본기는 지켜야 한다. 첫직장을 그런 식으로 겪어야 하는 청년의 입장 같은 것 말이다. 그 정도의 '역지사지'가 불가능하다면 그 회사는 이미 위험하다. 그렇게 해서 부를 증식하기도 어렵지만, 그렇게 축적된 부는 각종 갈등의 원천이 될 뿐이다. 그렇다면 참 이상한 노릇이다. 위아래 모두 고생은 고생대로 하고 결과는 갈등폭발이라니. 마치 "불행하기 위해 최선을 다한" 꼴이 아닌가.

솔직히 직장인들의 로망은 여행이다. CEO들이라고 해서 다를 건 없다. 청년도 그렇지만 중년들도 마찬가지다. 결국 모든 사람은 길 위에 나서기를 열망한다. 평생직장도 거의 없지만 평생 직장을 다니겠다는 사람도 아주 드물다. 그래서 가끔 이런 상상을 해보곤 한다. 미래산업은 오직 관광사업만 남게 되지 않을까. 예컨대, 요우커遊客: 중국인 관광객들이 한국으로 흘러오면 그들과 관련된 서비스업에 종사해서 돈을 벌고, 한국인들은 다시 그 돈으로 중국을 가거나 혹은 다른 나라로 여행을 떠난다. 쉽게 말해, 여행자가 되거나 가이드가 되거나! 그것이 자본의 획책이든 본성의 발현이든 앞으로 이런 흐름이 가속화될 것은 분명해 보인다.

그렇다면 이제 필요한 건 정규직을 위한 스펙이 아니라 여행의 지도다. 노동과 휴식, 정주와 유목, 만남과 헤어짐을 동시적으로 사유할 수 있는 지도. 언제든 길 위에 나서서 삶의 형식을 스스로 창안할 수 있는 지도! 쥐뿔도 없는 주제에 잘리자마자 여행을 하고 싶었다는 조카에게 기꺼이 노잣돈을 보태 준 것도 이런 맥락이다. 거기에 더하여 이렇게 길을 갈망하는 청년들에게 두 명의 멘토를 추천하고 싶다. 장자와 조르바가 그들이다.

장자가 보기에 세상은 카오스요 난세다. 당연히 삶은 더럽고 괴롭다. 그렇다고 피할 방법은 없다. 어차피 그럴 바에야 삶을 있는 그대로 받아들이자! 이것이 장자의 출발점이다. 그럼 그 다음엔? "아! 사물들은 본래 서로 연루되어 있구나. 이로움과 해로움은 서로를 불러들이는구나!" 얻는 것이 있으면 반드시 잃는 것이 있다. 이것을 얻으면 저것을 잃는다. 이것이 세상의 이치다. 그렇다면 '이것'과 '저것'을 조율하는 삶의 기예가 필요하다. 그것이 바로 양생의 도道다. '정기신精氣神'을 보존하고 본성을 잃지 않는 '자기배려'의 윤리! 그럴 때 비로소 낯선 세상과 거리낌없이 맞짱을 뜰 수 있다. 또 그 마주침 속에서 기꺼이 자신의 모습을 바꿀 수 있다.

> "명예도 없고 비난도 없이, 한번은 용이 되고 한번은 뱀이 되어, 시절인연에 따라 변할 뿐 한 가지만 고집하지 않는다. 한번은 올라가고 한번은 내려오며 조화를 도량으로 삼는다."(장자, 『낭송 장자』, 72쪽)

양생술과 변용력. 이 두 가지만 있다면 언제든 길 위에 나설 수 있다.

한편, 조르바는 60대 후반의 노인이다. 평생을 길 위에서 산전수전을 다 겪었다. 하지만 그는 어디에도 걸림이 없다. 국가나 신, 가족 등 그 어떤 초월적 척도나 규범에도 예속되지 않는다. 그가 터득한 이치는 간단하다. 인생에서 가장 중요한 건 '지금 여기'라는 것.

나는 어제 일어난 일은 생각 안 합니다. 내일 일어날 일을 자문하지도 않아요. 내게 중요한 것은 오늘, 이 순간에 일어나는 일입니다. 나는 자신에게 묻지요. "조르바, 지금 이 순간에 자네 뭐하는가?" "잠자고 있네." "그럼 잘 자게." "조르바, 지금 이 순간에 자네 뭐하는가?" "일하고 있네." "잘해 보게." "조르바, 자네 지금 이 순간에 뭐 하는가?" "여자에게 키스하고 있네." "조르바, 잘해 보게. 키스할 동안 딴 일일랑 잊어버리게. 이 세상에는 아무것도 없네. 자네와 그 여자밖에는. 키스나 실컷 하게.(카잔차키스, 『그리스인 조르바』, 391쪽)

그는 사랑의 화신이자 노동의 달인이다. 사랑하되 소유욕에 빠지지 않고, 노동하되 화폐에 종속되지 않는다. 소유와 소외로부터의 자유, 그것이 '지금 여기'를 살아내는 '현존성'의 원동력이리라.

우리시대는 청년들에게 꿈과 열정을 촉구한다. 그러면 성공할 수 있다고. 성공하면 저 높이 날아오를 수 있다고. 하지만 그것은 자유를 향한 비상이 아니라 현란하고 위태로운 게임일 뿐이다. 삶이 온통 화폐로 환원되는 머니 게임! 이 게임에선 사랑은 지독한 소유욕을, 노동은 끔찍한 소외감을 야기할 뿐이다. 하여, 그것은 결코 삶의 지도가 될 수 없다. 단언컨대, 인간은 성공하기 위해 태어나지 않는다. 정규직을 위해 태어나는 건 더더욱 아니다. 또 노후대책을 위해 청춘을 바쳐야 한다면 그건 너무 허망하다. 그러면? 길 위에 나서기 위해서다. 오직 두 발에 의지하여 자신만의 길을 열어 가기 위해서다. 그 길에는 목적지가 없다. 매순간이 곧 삶의 전부다. 요컨대, 길이 있어 가는 것이 아니라 가는 곳마다 길이 된다! 장자가 그렇고, 조르바가 그렇듯이.

참고한 책들

길진숙, 『18세기 조선의 백수 지성 탐사』, 북드라망, 2016

니코스 카잔차키스, 『그리스인 조르바』, 이윤기 옮김, 열린책들, 2013

루쉰, 『외침』(루쉰문고 03), 공상철 옮김, 그린비, 2011

리처드 랭엄, 『요리 본능: 불, 요리, 그리고 진화』, 조현욱 옮김, 사이언스북스, 2011

마크 애론슨 외, 『설탕, 세계를 바꾸다』, 설배환 옮김, 검둥소, 2013

마크 트웨인, 『주석 달린 허클베리 핀』, 박중서 옮김, 현대문학, 2010

미구엘 드 세르반테스, 『돈키호테』1~2권, 민용태 옮김, 창비, 2012

미셸 푸코, 『헤테로토피아』, 이상길 옮김, 문학과지성사, 2014

미셸 푸코, 『성의 역사』1권, 이규현 옮김, 나남, 2007

볼프강 작스 외, 『反자본발전사전』, 이희재 옮김, 아카이브, 2010

스콧 새비지, 『그들이 사는 마을』, 강경이 옮김, 느린걸음, 2015

신영복, 『담론』, 돌베개, 2015

아디야샨티, 『깨어남에서 깨달음까지』, 정성채 옮김, 정신세계사, 2011

예태일·전발평 편저, 『산해경』, 서경호·김영지 옮김, 안티쿠스, 2008

오승은, 『서유기』(전10권), 서울대학교 서유기 번역연구회, 솔, 2004

요시다 타로, 『몰락선진국 쿠바가 옳았다』, 송제훈 옮김, 서해문집, 2011

유아사 야스오, 『몸과 우주』, 이정배 옮김, 지식산업사, 2004

이반 일리치, 『누가 나를 쓸모없게 만드는가』, 허택 옮김, 느린걸음, 2014

이반 일리치, 『이반 일리치의 유언』, 이한 외 옮김, 이파르, 2010

이반 일리치, 『학교 없는 사회』, 심성보 옮김, 미토, 2004

장 보드리야르, 『소비의 사회: 그 신화와 구조』, 이상률 옮김, 문예출판사, 2015

장자, 『낭송 장자』, 이희경 풀어 읽음, 북드라망, 2014

장자, 『장자』, 안동림 역주, 현암사, 1998

장하준, 『장하준의 경제학 강의』, 김희정 옮김, 부키, 2014

조너선 스위프트, 『걸리버 여행기』, 박용수 옮김, 문예출판사, 2008

주희, 『낭송 주자어류』, 이영희 풀어 읽음, 북드라망, 2014

『주역』, 왕필 주, 임채우 옮김, 길, 2006

질 들뢰즈, 『시네마 2: 시간-이미지』, 이정하 옮김, 시각과언어, 2005

질 들뢰즈·펠릭스 가타리, 『안티 오이디푸스: 자본주의와 분열증』, 김재인 옮김, 민음사, 2014

클레어 콜브룩, 『들뢰즈 이해하기』, 한정헌 옮김, 그린비, 2007

토마스 휠란 에릭센, 『만약 우리가 천국에 산다면 행복할 수 있을까?』, 손화수 옮김, 책읽는수요일, 2015

토마 피케티, 『21세기 자본』, 장경덕 옮김, 글항아리, 2014

폴 보가드, 『잃어버린 밤을 찾아서』, 노태복 옮김, 뿌리와이파리, 2014

프란츠 카프카, 『죄, 고통, 희망, 그리고 진실된 길에 대한 관찰』, 신교춘 옮김, 실천문학사, 1997

프리드리히 니체, 『아침놀』, 박찬국 옮김, 책세상, 2004

프리드리히 니체, 『차라투스트라는 이렇게 말했다』, 정동호 옮김, 책세상, 2001

허준, 『동의보감』, 동의문헌연구실 옮김, 법인문화사, 2012

황태연·김종록, 『공자, 잠든 유럽을 깨우다』, 김영사, 2015

후루이치 노리토시, 『절망의 나라의 행복한 젊은이들』, 이언숙 옮김, 민음사, 2014

히라카와 가쓰미, 『소비를 그만두다』, 정문주 옮김, 더숲, 2015

NHK 무연사회 프로젝트팀, 『무연사회』, 김범수 옮김, 용오름, 2012